統一地方選挙の手引

令和５年

選挙制度研究会 編

ぎょうせい

序

地域住民の福祉向上と地域社会の発展のため地方公共団体の果たす責務は極めて重要であります。このため、住民の代表者を選ぶ地方選挙の有する意義は誠に重大であるといわなければなりません。

本年四月には昭和二十二年四月の第一回から数えて二十回目の統一地方選挙が行われることになっておりますが、地方自治の一層の伸展を期するためにもこの選挙が明るく公正に行われることが望まれるところです。

選挙に臨まれる方々は、今後十分準備を整えられることと思いますが、選挙戦をフェアに戦っていただくためには、選挙のルールである公職選挙法などの法令を十分理解のうえ、これを遵守していただく必要があります。

特に本書は、昨年に制定された統一地方選挙のための特例法の内容を織り込みまして、最新の制度のもとに、主として候補者や運動員の方々が選挙運動を展開されるに当たって是非とも知っておいていただきたい事柄について平易に解説したものであります。
本書が明るくきれいな選挙のため、関係者に広く活用されることを切望します。

令和五年一月

選挙制度研究会

目次

第三　選挙運動費用……二〇八

附　録

（注）　本書中の「候補者等」とは、公職の候補者（現に立候補している者）、公職の候補者となろうとする者及び現に公職にある者の総称です（本文一七頁参照）。

選挙期日の統一と臨時特例

公職選挙法（以下本文中においては「公選法」と、参照条文においては「法」と略称する。）では、原則として、任期満了選挙は、任期満了日前三十日以内、その他の選挙は、その選挙を行うべき事由（例えば、解散、退職等）が生じた日から四十日又は五十日以内に選挙を行うよう定められており、具体的な選挙の日どりは、その地方公共団体の選挙管理委員会が、法定の期間内の適当な日を選んで定める制度となっている。

ところで、令和五年の三月から五月（六月一日から六月十日を含む。）にかけての三か月間にその任期が満了することが予定されている地方公共団体の議会の議員及び長はきわめて多数に上る。令和四年十二月一日現在で総務省において調査した結果によると、件数にして九八一件である。

これは全地方公共団体の議会の議員及び長に係る選挙件数約三、六〇〇件の約三割という大きな比重を占めるものである。

これらの選挙を各別にではなく統一して行うことにすると、住民の地方選挙に対する関心が高まり、自治意識の向上が図られるとともに選挙の円滑な執行と執行経費の節減が期せられる。かような見地から、従来、特に法律を制定して、これらの選挙の期日を統一することとし、併せて、これに伴う必要な特例措置を講ずる例になっている。今回の選挙についても同様の措置がとられ、昭和二十二年四月から数えて第二十回目となる。

そこで、この特例措置を規定した法律（正式には、地方公共団体の議会の議員及び長の選挙期日等の臨時特例に関する法律という。以下「臨時特例法」と略称する。）でどのような特例が定められているか、皆さんの立場から見て必要な事項を次に述べる。

なお、各期日については、特に記していない限り、令和五年である。

一　選挙期日の統一

1　対象となる選挙

今回の臨時特例法により期日を統一して行われる選挙（以下「統一地方選挙」という。）は、次のとおりである。

ア　三月一日から五月三十一日までの間に任期が満了することとなる地方公共団体の議会の議員又は長の任期満了選挙で、次の(ア)及び(イ)に掲げる場合以外のもの

(ア)　三月一日から三月三十日までの間に任期が満了するもので、当該任期満了選挙を二月二十八日以前に行う場合

(イ)　議会の議員の任期又は長の任期のいずれか一方が三月一日から五月三十一日までの間に満了する場合で、かつ、当該議員の任期満了日及び長の任期満了日が九十日以内にある場合におい

て、当該任期満了選挙を公選法三十四条の二の規定（以下「九十日特例の規定」という。）により行う場合

なお、議会の議員の任期及び長の任期がいずれも三月一日から五月三十一日までの間に満了する場合は、九十日特例の規定は適用されない。すなわち、いずれの選挙も統一地方選挙として行われる。

イ　六月一日から六月十日までの間に任期が満了することとなる指定都市又は市区町村の長の任期満了選挙を統一地方選挙として行うこととした場合

なお、これに該当する指定都市又は市区町村の選挙管理委員会は、公選法の規定に基づき通常の日程で選挙を行うか、統一地方選挙として行うかを選択することとなる。統一地方選挙として行う場合、指定都市の選挙管理委員会にあっては一月八日までに、市区町村の選挙管理委員会にあっては一月二十二日までにその旨を告示することとされている。

ウ　統一地方選挙として任期満了選挙を予定していた地方公共団体の議会の議員又は長について、任期満了選挙以外の選挙を行うべき事由が生じた場合において、公選法の規定により当該選挙を行うべき期間が四月一日以後にかかり、かつ、当該期間が各統一地方選挙の告示日の前五日までに始まるときで、当該選挙を二月二十八日以前に行う場合以外のもの

「統一地方選挙として任期満了選挙を予定していた地方公共団体の議会の議員又は長」とは、

次の(ア)又は(イ)のいずれかに該当するものである。

(ア)　三月一日から五月三十一日までの間に任期が満了することとなる地方公共団体の議会の議員又は長の任期満了選挙について、九十日特例の規定により選挙を行う旨の告示（公選法三四の二2、4）がなされていないもの

(イ)　六月一日から六月十日までの間に任期が満了することとなる指定都市又は市区町村の長の任期満了選挙について、統一地方選挙として行う旨の告示（イ参照）がなされているもの

エ　統一地方選挙として任期満了選挙を予定していなかった地方公共団体の議会の議員又は長（九十日特例の規定を適用する旨の告示がなされているものを除く。）について、選挙を行うべき事由が生じた場合（市町村の設置による選挙の場合を除く。）において、公選法の規定により当該選挙を行うべき期間が四月一日以後にかかり、かつ、当該期間が各統一地方選挙の告示日の前十日までに始まるときで、当該選挙を二月二十八日以前に行う場合以外のもの

「統一地方選挙として任期満了選挙を予定していなかった地方公共団体の議会の議員又は長」とは、二月二十八日以前又は六月一日以後に任期が満了することとなる地方公共団体の議会の議員又は長（六月一日から六月十日までの間に長の任期が満了する指定都市又は市区町村にあっては、当該任期満了選挙を統一地方選挙として行う旨の告示がなされていない場合に限る。）である。

2　選挙期日及び告示日

統一地方選挙の期日（投票日）及びその告示の期日は、次表及び次頁の日程表のとおりである。

選挙の種類	選挙の期日	期日の告示日
都道府県知事の選挙	四月　九日	三月二十三日
指定都市の長の選挙		三月二十六日
都道府県及び指定都市の議会の議員の選挙		三月三十一日
指定都市以外の市及び特別区の議会の議員及び長の選挙	四月二十三日	四月　十六日
町村の議会の議員及び長の選挙		四月　十八日

第20回統一地方選挙執行の日程

○印は選挙期日

月日	3 15	16	17	18	19	20	21	22	23	24	25	26	27	28	29	30	31	4 1	2	3	4	5	6	7	8	9	10	11	12	13	14	15	16	17	18	19	20	21	22	23
曜日	水	木	金	土	㊐	月	火	水	木	金	土	㊐	月	火	水	木	金	土	㊐	月	火	水	木	金	土	㊐	月	火	水	木	金	土	㊐	月	火	水	木	金	土	㊐
知事									告示																	○														
指定都市の長												告示														○														
道府県の議員																	告示									○														
指定都市の議員																	告示									○														
指定都市以外の市の長・議員																																	告示							○
特別区の長・議員																																	告示							○
町村の長・議員																																			告示					○

二　その他の特例措置

統一地方選挙については、多数の地方選挙が同一期日に集中して行われることとなるため、選挙の執行上、統一選固有の問題が生じうることから、次の事項については特別の定めが設けられている。

1　立候補の禁止

公選法では、二つ以上の選挙の選挙（運動）の期間が重複して行われるときは、そのうち一つの選挙の候補者にしかなれない取扱いとなっている。例えば、四月二十三日に行われるA市長選挙とB町長選挙の両方の候補者となることはできないこととされている。

臨時特例法ではこのほか、今回四月九日に臨時特例法の規定により統一して行われる選挙又は公選法の規定により当該選挙に便乗して行われる地方公共団体の議会の議員の再選挙若しくは補欠選挙において候補者となった者は、当該選挙区（選挙区がないときは、選挙の行われる区域）の全部又は一部を含む区域において同月二十三日に臨時特例法の規定により統一して行われる選挙、公選法の規定により当該選挙に便乗して行われる地方公共団体の議会の議員の再選挙若しくは補欠選挙又は公選法第三十三条の二第二項の規定により同日に行われる衆議院議員若しくは参議院議員の再選挙若しくは補欠選挙についても候補者となることができない。

例えば、四月九日に行われる県知事選挙に立候補した者が、四月二十三日に行われる同県内の市町村の議会議員又は長の選挙に立候補すること、四月九日に行われる県議会議員A郡選挙区に立候補した者が、四月二十三日に行われるA郡内の町村の議会議員又は長の選挙に立候補すること等はいずれも認められないこととなる。

2　寄附等の禁止

公選法では、任期満了による選挙についてはその任期満了日前九十日に当たる日（当該選挙を九十日特例の規定により行う旨の告示がなされた場合にあっては、任期満了日前九十日に当たる日又は当該告示がなされた日の翌日のいずれか早い日）から選挙の期日までの間、それ以外の解散等による選挙についてはその選挙を行うべき事由が生じた旨の告示があった日の翌日から選挙の期日までの間、寄附等の禁止が定められている。

一方、統一地方選挙については選挙期日が統一されていることから、禁止期間の始期についても統一する方が便宜であると考えられ、任期満了選挙については、公選法の規定にかかわらず、原則としてそれぞれの選挙期日前九十日に当たる日から当該選挙の期日までの間は禁止することとされた（次頁の表参照）。

この特例が適用されるのは、一の1のア及びイに係る選挙であるが、禁止期間の起算日となりうる日の前日（統一地方選挙の期日前九十一日に当たる日（都道府県及び指定都市の選挙については一月八日、指定都市以外の市、町村及び特別区の選挙については一月二十二日）又は当該任期満了日前九十一日に当たる日のいずれか早い日）において、当該任期満了選挙が統一地方選挙として行われるかどうかが確定していない可能性のある一の1のアに係る次に掲げる選挙については適用されない。

ア　三月一日から三月三十日までの間に任期が満了することとなる地方公共団体の議会の議員又は長の任期満了選挙

イ　九十日特例の規定により行う可能性のある任期満了選挙

選挙の種類	寄附等の禁止期間
都道府県及び指定都市の議会の議員及び長の選挙	一月　九日〜四月　九日
指定都市以外の市、町村及び特別区の議会の議員及び長の選挙	一月二十三日〜四月二十三日

3　直接請求の署名収集禁止

地方自治法等では、当該地域で選挙が行われるときは、直接請求のための署名の収集を一定期間禁止している（地方自治法施行令九二4等）。

一方、統一地方選挙については選挙期日が統一されていることから、禁止期間の始期についても統一する方が便宜であると考えられ、任期満了選挙については、地方自治法等の規定にかかわらず、原則としてそれぞれの選挙期日前六十日に当たる日から当該選挙の期日までの間は禁止することとされた（次頁の表参照）。

この特例が適用されるのは、一の1のア及びイに係る選挙であるが、禁止期間の起算日となりうる日の前日（統一地方選挙の期日前六十一日に当たる日（都道府県及び指定都市の選挙については二月七日、指定都市以外の市、町村及び特別区の選挙については二月二十一日）又は当該任期満了日前六十一日に当たる日のいずれか早い日）において、当該任期満了選挙が統一地方選挙として行われるかどうかが確定していない可能性のある一の1のアに係る次に掲げる選挙については適用されない。

ア　三月一日から三月三十日までの間に任期が満了することとなる地方公共団体の議会の議員又は長の任期満了選挙

イ　九十日特例の規定により行う可能性のある任期満了選挙

選挙の種類	署名収集の禁止期間
都道府県及び指定都市の議会の議員及び長の選挙	二月八日〜四月九日
指定都市以外の市、町村及び特別区の議会の議員及び長の選挙	二月二十二日〜四月二十三日

第一　立候補の手続等

一　立候補を決意するまで

1　立候補の瀬踏行為とは

いったい自分は、どの程度選挙人の支持を受けているであろうか。これを知ることは立候補しようとする者にとって、最も大事なことの一つである。立候補しようとする者が、立候補の意思を決定する資料として、自己に対する選挙人の支持状況をあらかじめ調査する行為を、普通「瀬踏行為」と呼んでいる。その方法にはいろいろあろう。少数の有力者等を通じて知る方法、直接多数の選挙人に対し政見発表演説会等を行って、その反響を見る方法等純粋な瀬踏行為は、もちろん何ら禁止されるものではない。

しかし、その方法いかんによっては、事前運動の禁止、戸別訪問の禁止、文書による運動の制限等に抵触する場合があるので注意をする必要がある。その限界は一様にはいえないが、要するに、立候補を前提とした投票の依頼の意思がなく、純粋に瀬踏の意図から出たものである限り禁止されない。

なお、この点に関して、次のような行政実例がある。

(1)　立候補の意思を決定する資料を得るため政見の発表演説会を開催することは、単に立候補の意思を決定するためにする場合に限り差し支えないが、これらの行為に投票獲得のための目的が含まれている場合は、選挙運動となる（つまり事前運動となる。）。立候補可否の問合せ、選挙区情勢の聴取等も、右の基準によって決定されるべきである。

(2)　特定の選挙につき、立候補の意思決定の資料として選挙人の意向を探知しようとする行為であっても、その行為が立候補後における自己のための投票その他当選のあっせんにつき依頼の意思を併せ有することを明示し、又は黙示するものであれば、いかなる方法であっても、全て選挙運動となる（つまり事前運動となる。）。

2　候補者の選考会・推薦会等は

これは、政党その他の政治団体、組合、あるいは単なる有権者の集まり等で、推薦すべき候補者を決定することである。これらの団体又は集会が、各人が全く白紙の状態から、相談の上推薦すべき候補者を決めるのであれば、一般に差し支えない。したがって、推薦された者が、これを受けて、立候補の決意をすることも、もちろん差し支えない。

しかし、あらかじめ特定の人を推薦することを決めておいて、単にその会合においてこれを了承させ、あるいは形式的に決定することは、一般的に選挙運動となり、事前運動の禁止に抵触するものと解されている。

また、選考の結果を、外部に発表、宣伝することも、多くの場合選挙運動となる。この点に関して、参考となる行政実例に、次のようなものがある。

(1) 候補者を選定するために、多数の選挙人を集合させて懇談することは、各人が全く白紙の態度で集合したのであれば、選挙運動ではない。

(2) 既に候補者が内定しているにもかかわらず、推薦協議会等に名を借りて、運動の順序、方法を協議し、あるいは他人の推薦援助を勧誘するような行為は、選挙運動である。

(3) 選考会開催のため、多数の有志に対し戸別訪問をすることは、選考会に名を借りる特定人の当選あっせんの行為と認められる場合が多い。

(4) 選考会の後、単にその結果（被選考者の承諾を含む。）を会員に通常の方法で通知するにとどまる行為は、選挙運動ではないが、会員以外の者に通知する行為は、選挙運動になる（一一頁参照）。

3　現職を棄てる覚悟はついたか（法八九、九〇、一〇三、一〇四）

いよいよ立候補を決意する段階になって、注意を要することは、公職にある者は、原則としてその職を棄てる覚悟をしなければならないことである。つまり、大多数の公務員（しかもその範囲は、非常に広い。）は、六の**3**、**4**（三七～四二頁）に詳述してあるように、立候補と同時にその公職を失うこととなる。

また、都道府県あるいは市町村と請負関係にある者若しくはその支配人等（詳細二九六頁参照）も、請負をやめるかあるいは支配人等の地位を辞さなければ、当該地方公共団体の長や議員の選挙において当選を失うことに、特に注意しなければならない。

4　推薦届出をする場合の注意（法八六の四２）

推薦届出人となるためには、選挙の行われる区域内の選挙人名簿に登録されていることが要件とされているから、もし名簿に登録されていない者が届出をすると、その届出は受理されないので、この点注意を要する。

5　重複立候補は禁止される（法八七１）

いずれか一つの選挙に立候補している者は、同時に他の選挙の候補者となることができない。したがって、他の選挙に立候補している者や、他の選挙区で立候補している者は、そのまま立候補することはできない。

今回の統一地方選挙では、四月九日に臨時特例法の規定により統一して行われる選挙又は公選法の規定により当該選挙に便乗して行われる地方公共団体の議会の議員の再選挙若しくは補欠選挙において候補者となった者は、当該選挙区（選挙区がないときは、選挙の行われる区域）の全部又は一部を含む区域において同月二十三日に臨時特例法の規定により統一して行われる選挙、公選法の規定により当該選挙に便乗して行われる地方公共団体の議会の議員の再選挙若しくは補欠選挙又は公選法第三十三条の二第二項の規定により同日に行われる衆議院議員若しくは参議院議員の再選挙若しくは補欠選挙についても候補者となることができないので注意を要する（「選挙期日の統一と臨時特例」の項参照）。

6　被選挙権のない者の立候補は禁止される（法八六の八）

立候補の時点において犯罪等の理由により被選挙権を有しない者は、候補者となることができない。また、公職にある間に犯した収賄罪（刑法第一九七条から第一九七条の四までの罪）又は公職者あっせん利得罪（公職にある者等のあっせん行為による利得等の処罰に関する法律第一条の罪）により刑に処せられた者は、実刑期間に加え、その後の五年間（執行猶予の場合はその期間）、選挙権及び被選挙権を有しない（法一一1Ⅳ）ものとされている。実刑を受けた場合にあっては、前述の実刑期間後五年間を経過した日から更に五年間、被選挙権を有しない（法一一の二）ものとされている。

このほか、政治資金規正法違反によって禁錮刑に処せられた者についてはその刑の期間及びその後五年間、罰金刑に処せられた者については五年間、これらの刑の執行猶予の者についてはその執行猶予期間、選挙権及び被選挙権を有しないものとされている（政治資金規正法二八）。

7　連座により立候補が禁止されている者は立候補できない（法二五一の二、二五一の三）

連座対象者の範囲は、総括主宰者、出納責任者、地域主宰者、候補者又は立候補予定者の親族あるいは秘書並びに組織的選挙運動管理者等（二八三～二八七頁参照）が対象とされている。

これらの者が買収等の罪により、刑に処せられ、連座制が適用されると、当選無効に加え、同じ選挙で同じ選挙区（選挙区がないときは選挙の行われる区域）での五年間の立候補制限が科されることになる。

8　立候補辞退には制限がある（法八六の四10）

ひとたび候補者となった者は、立候補の届出期間経過後は辞退できないので、立候補に際しては、慎重な決意が必要である（七六・七七頁参照）。

二　事前運動の禁止

1　事前運動は禁止される（法一二九）

公選法は、立候補届出前の選挙運動を厳禁している。これがいわゆる事前運動の禁止である。そこで、いったい選挙運動とは、どういうことかという疑問が起こる。

事前運動　公選法においては、選挙運動は、立候補の届出があった日からでなければすることができないこととされており（同法一二九）、それ以前に選挙運動を行うこと、すなわち、事前運動を行うことは禁止されている。厳密には、立候補の届出の当日であっても現実に届出手続が完了しないうちは、やはり事前運動となる。

事前運動が禁止されている趣旨は、選挙運動の開始の時期を特定することにより、各候補者の選挙運動をできるだけ同時にスタートさせることにより、無用の競争を避けるところにそのねらいがあるといわれている。したがって、事前運動として禁止されるのは、立候補の届出前における一切の選挙運動であって、買収や戸別訪問のような選挙運動期間中も禁止される行為はもちろんのこと、個々面接とか電話による選挙運動のような選挙運動期間中ならできる行為であっても、これを届出前に行えば一切事前運動となる（大判昭一一・五・二、最判昭三五・四・二八）。

事前運動の禁止は、事前の選挙運動の禁止であるから、選挙運動にわたらない行為についてまで禁止されるものでないことはもちろんであるが、事前の行為のうちどのようなものが選挙運動とならないかについては、個々の具体の事例により判断しなければならない。一般的には、次のようなものは事前運動ではないと考えられている。

(1) 立候補準備行為

これには政党の公認を求める行為、いわゆる立候補の瀬踏行為、候補者選考会、推薦会の開催行為、供託物を供託する行為等が該当する。

(2) 選挙運動の準備行為

これには選挙運動費用の調達、選挙運動員又は労務者となることの内交渉、選挙運動員間の任務の割り振り及び仕事の連絡、選挙事務所、個人演説会場等の借入れの内交渉、応援演説出演の内交渉、看板の作製、ポスターの印刷、選挙公報及び政見放送の原稿作成等がある。

(3) 政治活動

これは政党その他の政治団体等が行う政策宣伝、党勢拡張等の活動及び個人の行う時局講演会等である。

(4) 社交的行為

これは年賀、暑中見舞、退官あいさつ等の社交的な行為で、通常の時期、方法により通常の内容をもって行われる限り、事前運動ではない。

ただし、候補者、候補者となろうとする者又は公職にある者（以下本書中「候補者等」という。）は、当該選挙区内にある者に対し、答礼のための自筆によるものを除き、年賀状、寒中見舞状、暑中見舞状その他これらに類するあいさつ状を出すことは禁止されている（法一四七の二）。詳しくは三二・三三頁を参照のこと。

「候補者」とは、現に立候補している者をいい、「候補者となろうとする者」とは、立候補の意思を有している者はもちろん、客観的に立候補の意思を有しているものと認められる者も含まれる。また、「公職にある者」とは、現在公選により公職についている者の全てをいい、次期の選挙において引き続きその選挙の候補者となる意思を有すると否とを問わない。

2　選挙運動の意義

従来の判例や学説を総合的に考えると、選挙運動とは、**①特定の選挙において、②特定の候補者の当選を得又は得しめるために、③選挙人に働きかける行為**であるということができる。選挙運動の三要素といわれるものである。

⑴　特定の選挙においてとは、つまり、ある決まった選挙を対象としてということである。例えば、現在議員の職に就いている者の行為は、全て選挙を予想し、来たるべき選挙において多数の選挙人の支持を受けることができるようにとの念願が常に働いているということはできよう。常識的に考えれば、それは選挙運動にほかならない。しかし、それが法律上選挙運動となるためには、社会通念上選挙が特定される状態において、当選を得又は得しめるための行為でなければならない。

議会報告演説、選挙人の意見を聞く懇談会、座談会等（いわゆる選挙区培養の行為）の多くは、こうした理由で、選挙期日の告示前にでも、合法的に行われているのである。しかし、このような行為も、場合によっては、選挙運動と認められることがあるので、注意を要する。

⑵　特定の候補者のためにとは、必ずしも何某一人であることを要せず、また、ここにいう候補者とは立候補した者のみをいうのではなく、将来立候補しようとする者も含まれる。一方、政党等が常時その主義や政策を国民に宣伝する政治活動は、結果的に見れば、次の選挙で、その政党等の所属候補者に有利に作用することもあるが、一般に特定候補者を当選させるための活動とはいえないから選挙運動でないものとされている。

⑶　選挙運動の基本的な要素は、「特定の候補者に投票を得又は得しめるための能動的行為」という

ことができる。「投票を得又は得しめるため」といっても、必ずしも何某に投票してくださいというような明瞭な行為に限らず、単に特定人の名前を選挙人に知らせるような行為でも、そのような目的でなされる以上、選挙運動となり得る。能動的行為とは、選挙人に働きかける行為という意味である。この意味で、選挙人に働きかけない、例えば、選挙運動のためのポスターや看板の作製、演説や選挙公報の文案の作成、あるいは、選挙事務所や自動車、拡声機の借入れの内交渉等（いわゆる選挙運動の準備行為）は、選挙運動にはならない。

3　事前運動と類似行為

以上のように、法律上選挙運動とは、われわれの常識よりも狭い点があり、純粋な立候補準備のための行為や選挙運動の準備のための行為は含まれない。

しかし、選挙運動とこれらの準備行為との区別の限界は、なかなか微妙であり、一歩誤ると事前運動の禁止違反に問われることになる。

世上行われているこの種の準備行為は、大別すると、①立候補を決意するまでの準備的行為、②立候補を決意した後の選挙運動準備行為の二種になるが、いずれも立候補の届出前に行われるために、立候補準備のための行為と総称されることが多い。

事前運動禁止違反罪　選挙運動は、立候補の届出のあった日からでなければすることができないが（公選法一二九）、これに違反して事前に選挙運動を行うと、事前運動禁止違反罪として一年以下の禁錮又は三十万円以下の罰金に処せられる（同法二三九）。この罪は、事前に選挙運動を行うことにより成立するものであって、その後立候補したかどうかには関係がない。また、立候補の意思を有するのみならず、立候補の意思を有する者のため、又は立候補を予想されている者のために事前に選挙運動をする場合も、本罪に該当する。

問答

問　反対候補者に投票しないようにと選挙人に働きかける行為は、選挙運動か。

答　反対候補者に投票させないことによって特定候補者の当選を図る目的があれば、選挙運動となる。

問　公職選挙法上、政治活動と選挙運動とは、どのように区分されるか。

答　選挙運動とは、特定の選挙につき特定の候補者を当選させるための行為であるが、政治活動とは、政党その他の政治団体等がその政策の普及宣伝、党勢拡張、政治啓発等を行うことであって、特定の候補者の当選を得るための行為ではない。

問　選挙運動期間中に入党を勧誘する行為は、選挙運動となるか。

答　純粋な入党勧誘行為であれば選挙運動ではないが、候補者あるいは選挙運動員がこれを行った場合には、選挙運動の目的を併せ有するものと認められる場合が多い。

問　労働組合において特定の者を推薦決議することは、選挙運動となるか。

答　単に推薦決議のみにとどまる場合は、選挙運動とはならないが、更にその者の当選を図るために、投票を依頼する等の行為を行った場合には、選挙運動となる。

問 労働組合等が特定の候補者の推薦を決議した場合、組合員にその旨を通知する行為は選挙運動にならないか。この場合、組合員以外の者に葉書、新聞広告等によりこれを周知する行為はどうか。

答 前段　従来より組合の決議は、全て組合員に通知することとしている場合において、従来より行っている通常の方法によって通知することは差し支えないが、特別の方法を用いたりした場合には、選挙運動と認められる場合が多い。

後段　選挙運動と認められる。

問 労働組合又は業者団体の会合で、単に内部的に特定の候補者に投票するよう呼びかけることはどうか。

答 単なる内部的な行為であっても、投票依頼にわたる場合は、選挙運動となる。

問 立候補勧誘行為又は立候補を中止させる行為は、選挙運動となるか。

答 いずれも選挙運動とはならない。ただし、特定候補者の当選を図る目的をもって、他の者の立候補を中止せしめる行為は、選挙運動となる。

三　候補者等及び後援団体の政治活動用文書図画の掲示の制限

政治活動は、理論的には選挙運動と区別されるべきものであり、選挙運動にわたらない純然たる政治活動は、本来自由であるべきものではあるが、選挙時であると否とを問わず、立候補予定者の氏名や後援会の名称を書いた大きな立札・看板等が見受けられる場合もあり、また、選挙が近くなると、立候補予定者や後援会の事務所、連絡所等を表示するポスターや、時局講演会の開催等の名目で、その氏名や名称等を表示したポスター等を必要以上に掲示する傾向も見られ、世上批判を招いていた。これらの文書図画の掲示は、政治活動として行うものであるとしても、各般の状況からみて、選挙目当ての単なる氏名等の普及宣伝方法であるとみられることが多く、政治活動に金がかかる要因ともなっていた。

このような実情に鑑み、金のかからない政治と、きれいな選挙の実現を図る見地から、候補者等（一七頁参照）や後援団体の政治活動用文書図画の掲示については、次のように規制されている。なお、選挙運動期間中及び選挙期日における政党その他の政治活動を行う団体の政治活動に関しては、「第六　地方選挙における政党その他の政治団体等の政治活動」を参照されたい。

1　掲示を規制される文書図画は（法一四三16）

次のア及びイに掲げる政治活動用文書図画は、その掲示を規制されている。

ア　候補者等の政治活動のために使用される当該候補者等の氏名又はこれらの者の氏名が類推されるような事項を表示する文書図画

イ　後援団体の政治活動のために使用される当該後援団体の名称を表示する文書図画

このような政治活動用文書図画については、次の**2**に掲げるもの以外のものを掲示することは、選挙運動用文書図画の掲示の禁止行為に該当するものとみなされるので、一切掲示できないことになる。このような政治活動用文書図画は、何人も掲示してはならないのであって、候補者等又は後援団体の構成員のみならず、第三者が掲示することも、当然に禁止される。

また、この規制は、選挙運動期間中であると選挙運動期間の前後であるとを問わず、常時規制されるものである。

アの「氏名が類推されるような事項」というのは、例えば、甲山花子という候補者がいる場合に、甲山〇〇会社社長、甲山〇〇協会会長等と表示することである。

イの「後援団体」とは、政党その他の団体又はその支部で、特定の候補者等の政治上の主義、施策を支持し、又はそれらの者を推薦し、若しくは支持することが、その政治活動のうち主たるものであるものをいう（法一九九の五）。なお、後援団体には、慈善、文化等の政治活動以外の目的を主たる目的とする団体であって、全体の活動のうちでは、特定の候補者等の支持推薦は主たる部分ではなくても、その団体の行う政治活動の中では、特定の候補者等の支持推薦が主たるものになっているものも含まれる。

なお、ここで規制を受けるのは、候補者等の氏名又はその氏名が類推されるような事項を表示する候補者等の政治活動用文書図画又は後援団体の名称を表示する政治活動用文書図画であるから、例えば、特定の候補者等の支持推薦を主たる目的としていない政党の政治活動用文書図画については、規制の対象外となる。しかし、それが当該政党の政治活動とともに候補者等自身の政治活動の目的を併せ有すると認められるものについては、候補者等の政治活動のために使用されるものとして規制の対象となる。

2　規制の対象とされないもの（法一四三16・17・18・19、令一一〇の五）

(1)　1のア及びイに掲げる政治活動用文書図画のうち、次のア～エに掲げるものは、掲示禁止の対象とはされていない。

ア　立札及び看板の類で、次の一定数の範囲内で、かつ、候補者等又は後援団体の政治活動用の事務所ごとにその場所において通じて二を限り、掲示されるもの

選挙の種類	立札・看板の類の総数	
	候補者等	後援団体
都道府県知事の選挙に係るもの	都道府県の区域内における衆議院小選挙区選出議員の選挙区の数が二の場合　十二 都道府県の区域内における衆議院小選挙区選出議員の選挙区の数が二を超える場合　その二を超える数が二を増すごとに二を十二に加えた数	都道府県の区域内における衆議院小選挙区選出議員の選挙区の数が二の場合　十八 都道府県の区域内における衆議院小選挙区選出議員の選挙区の数が二を超える場合　その二を超える数が二を増すごとに三を十八に加えた数
都道府県議会の議員、市議会の議員、指定都市以外の市長の選挙に係るもの	六	六
指定都市の長の選挙に係るもの	十	十
町村議会の議員、町村長の選挙に係るもの	四	四

イ　表面に掲示責任者及び印刷者の氏名（法人にあっては名称）及び住所を記載したポスターで、

当該ポスターを掲示するためのベニヤ板、プラスチック板その他これらに類するものを用いて掲示されるもの（いわゆる裏打ちポスター）以外のもの（候補者等若しくは後援団体の政治活動のために使用する事務所若しくは連絡所を表示し、又は後援団体の構成員であることを表示するために掲示されるもの及び選挙前の一定期間（次頁・二七頁参照）当該選挙区内に掲示されるものを除く。）

ウ　政治活動のための演説会、講演会、研修会その他これらに類する集会の会場においてその開催中使用されるもの

エ　確認団体（三〇七・三〇八頁参照）が公選法第十四章の三（政党その他の政治団体等の選挙における政治活動）の規定により、選挙期間中認められる政治活動において使用することができるもの

アの立札及び看板の類については、大きさは縦一五〇センチメートル、横四〇センチメートルを超えてはならないとされており、かつ、候補者等又は後援団体がいずれの選挙に係るものであるかに応じ、当該選挙に関する事務を管理する選挙管理委員会の定めるところの表示をしたものでなければならないとされているので、当該選挙に関する事務を管理する選挙管理委員会に申請して、交付を受けた証票を付けておかなければならない。この場合、後援団体が行う申請は、当該後援団体に係る候補者等の同意を得たものでなければならない。

この立札・看板の類は、表示をしたものであっても、候補者等、後援団体の一事務所ごとにその場所において「通じて二」、つまり立札・看板などを合わせて二枚までしか掲示できず、また、法定

数の範囲内のものであっても、当該候補者等又は当該後援団体の政治活動用の事務所以外の場所には、掲示できないため、例えば、「甲山花子後援会事務所」というような立札・看板を畑や野原の真中とか街角に立てたりすることはできない。

さらに、政治活動用の事務所とはいっても、事務所としての実態があるものでなければならないから、名目上は事務所であっても、事務所としての実態がないようなところには掲示できない。例えば、後援会連絡所のようなものを作っても、実態として政治活動のために各種の事務を行う場所でない限りは、掲示できないことになる。なお、広告塔のようなものは立札・看板の類には当たらないから使用できない。

イのポスターについては、ポスターを裏打ちしたもの、例えば、ベニヤ板とかプラスチック板その他材質のいかんを問わず、これらに類するもので裏打ちをして掲示するものは違反となる。

また、裏打ちしていないポスターであっても「甲山花子後援会連絡所」や「乙野二郎後援会会員章」のように候補者等の氏名等又は後援団体の名称を表示するポスター（短ざく形のポスターであるステッカーを含む。）で、候補者等若しくは後援団体の政治活動のために使用する事務所若しくは連絡所を表示し、又は後援団体の構成員であることを表示するためのものも掲示できない。

なお、イのポスターについては、それを掲示する場合には、必ずその表面に掲示責任者及び印刷者の氏名（法人にあっては名称）及び住所を記載しなければならない点は注意を要する。

さらに、イのポスターについては、選挙ごとに一定期間（任期満了による選挙にあっては、その任期満了の日の六月前の日から当該選挙の期日までの間、任期満了による選挙以外の選挙にあっては、当該選挙を行うべき事由が生じたとき（第三十四条第四項の規定の適用がある場合には、同項の規定により読み替えて適用される同条第一項に規定する最も遅い事由が生じたとき）その旨を当該選挙に関する事務を管理する選挙管理委員会が告示した日の翌日から当該選挙の期日までの間）、選挙区内に掲示することができない。

(2) (1)において規制の対象外のものとして掲げたもののうち、アからウまでに掲げる政治活動用文書図画については、掲示禁止の対象とはしないというにすぎず、他の規制条項の適用を排してまで積極的にその使用を認められたものではない。したがって、候補者等の氏名の記載状況等その内容や掲示の具体的な態様によっては、選挙運動のための文書図画と認められ、事前運動の禁止に関する違反となるから、注意を要する。また、政党その他の政治団体等が政治活動として行うものについては、公選法第十四章の三（政党その他の政治団体等の選挙における政治活動）の政治活動の制限に関する規定の適用を受けるものでもあるから、例えば、市長の選挙の選挙期間中は一定の政治活動について規制を受けることになる（三〇〇～三三二頁参照）。

(3)ア (1)アの立札・看板の類の掲示については、候補者等が都道府県議会議員の選挙にも知事の選挙にも立候補したいというように、二以上の選挙に係るものとなった場合には、その候補者等又はその後援団体は、候補者等がいずれか一の選挙を指定して、その指定した選挙に係る限度枚数まででしか掲示できないものとされている。ただし、現に公職にある者（当該公職に係る選挙の立候補予定者である者を除く。）が、当該公職以外の一の公職に係る選挙の立候補予定者となった場合（例えば、現職の市長が次の市長選挙に立候補する意思がなく、知事の選挙に立候補したいというような場合）又は当該公職以外の二以上の公職に係る選挙の立候補予定者となった場合（例えば、現職の市長が次の市長選挙に立候補する意思がなく、知事の選挙のほか参議院選挙区選出議員の選挙にも立候補したいというような場合）には、その者又はその者に係る後援団体は、前者にあっては当該選挙（例示の場合は知事選挙）のみに係るものとみなされ、後者にあっては当該候補者等がいずれか一の選挙（例示の場合は知事選挙又は参議院選挙区選出議員の選挙のいずれか一）を指定して、その指定した選挙に係る限度枚数までしか掲示できないものとされている。

イ　また、一の後援団体が二人以上の候補者等に係るものとなった場合には、当該後援団体は、これらの候補者等のうち、当該後援団体が指定するいずれか一人の候補者等のみに係る後援団体とみなされて、(1)のア及び(3)のアの数が適用され、また、それぞれの選挙管理委員会の定めるところの表示が必要である。

問答

問　ガラス板を四角に囲み、中に電燈を灯し、表面の一面又は二面に記載したものは、後援団体等の事務所の立札・看板の類として使用できるか。

答　立札・看板の類と認められないので、使用できない。

問　後援団体の事務所を表示する既製の立札をペンキで塗りつぶし、その上に後援団体等の政治活動用ポスターを貼ることは認められるか。

答 一般的には、板を用いて裏打ちされたポスターと認められ、違反となるおそれがある。

問 左記の立札・看板の類又はベニヤ板等で裏打ちされたポスターは、候補者等が政治活動のために使用するものとして規制の対象になるか。

(1)

○○党市民相談
担当　△△△△
電話番号　……

(2)

○○党時局講演会
日時　…………
会場　…………
弁士　△△△△　××××

(3)

△△医院
医師　△△△△

(4)

弁護士△△△△事務所

（注　△△△△は候補者等の氏名）

答 (1) 態様によっては、候補者等の政治活動や選挙運動となるおそれがあるので、候補者等の氏名の記載は差し控えられたい。

(2) 候補者等の氏名が通常の文字で候補者等以外の弁士とともに記載されている場合には、消極に解する。

(3)及び(4) 公選法第百二十九条、第百四十六条に違反しない限り差し支えない。

問 左記の立札・看板の類は、後援団体が政治活動のために使用するものとして規制の対象になるか。

答　記載内容、大きさ、使用の態様等からみて、後援団体の政治活動のために用いられていると認められる場合には掲示できない。

なお、場合によっては、公選法第百二十九条、第百四十六条に抵触することもある。

○○後援会専用駐車場

問　後援団体の事務所の立札・看板等の両面使用は、数の規制の上では二枚として計算されるのか。

答　お見込みのとおり。したがって、表示は両面にしなければならない。

問　一つの場所に候補者等の事務所と後援団体の事務所とが同居している場合、その場所にはそれぞれ二枚の立札・看板の類を掲示することができるか。

答　それぞれに事務所の実態がある場合は、お見込みのとおり。

問　候補者等の氏名等を冠した名称の後援団体が、選挙期間中、後援団体の事務所に事務所用立札・看板の類（選管の表示はあり）を新たに掲示することはできるか（公選法第二百一条の十三関連）。

答　できない。

問　事務所の入口の扉に規格内の枠を設けて直接後援団体の名称を記載したものは、公選法第百四十三条第十六項第一号の立札・看板の類として使用できるか。

答 お見込みのとおり。

問 候補者等の事務所のガラス窓へ次のように、候補者等の氏名又はそれが類推される事項を表示したポスターを貼ることは規制されるか。

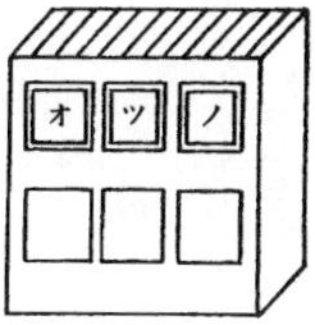

答 掲示の態様によっては、公選法第百二十九条、第百四十六条に違反するおそれがある。

問 後援会の宣伝用自動車の車体に当該後援会の名称を直接記載することは、公選法第百四十三条第十六項に違反するか。

道路運送法第九十五条により使用者の名称の表示が義務付けられている場合はどうか。

答 前段　一般的には政治活動のための文書図画として、公選法第百四十三条第十六項の違反となる。

後段　自動車検査証に記載された使用者の名称等を表示してあっても違反とはならない。ただし、故意に大書するような場合には違反となる。

三　候補者等及び後援団体の政治活動用文書図画の掲示の制限

問　政党の演説会告知用ポスターで、当該選挙区の議員一人を弁士として記載したものをベニヤ板に裏打ちして掲示できるか。

答　記載の態様等により判断されるべきものであるが、一般には、議員の政治活動のために使用されるポスターと認められ、禁止される裏打ちポスターとみられる。

問　公選法第百四十三条第十六項第二号に該当するポスターを、同条第十九項に定める期間以前に選挙区内に貼り、当該期間中にもなお掲示しておくことは違法か。

答　公選法第百四十七条第二号に基づく選挙管理委員会の撤去命令に従わず、掲示しておくことは処罰の対象となる。

四　候補者等の年賀状等のあいさつ状の禁止

候補者等が年賀状等のあいさつ状を出すことは、次のように禁止されている。

1　禁止されるあいさつ状は（法一四七の二）

候補者等が、当該選挙区内にある者に対する年賀状、寒中見舞状、暑中見舞状その他これらに類するあいさつ状（いわゆる時候のあいさつ状であって、電報その他これに類するものを含む。）で次の**2**に掲げるもの以外のものを出すことは一切禁止される。また、選挙運動期間のいかんを問わず、常時規制されることに注意を要する。

2 禁止の対象とされないもの（法一四七の二）

1に掲げるあいさつ状のうち、答礼のための自筆によるものについては禁止の対象とされていない。自筆とは候補者等本人の肉筆をいうものであって、石版、複写等によって複製したもの、署名のみ自書するもの又は口述して他人に代筆させたものは含まれない。例えば、ワープロによるあいさつ状は、自筆によるものとは認められない。

問答

問 年賀状、寒中見舞状、暑中見舞状その他これらに類するあいさつ状には祝電や弔電が含まれないと解してよいか。

答 お見込みのとおり。

問 年賀電報、電子郵便により選挙区内にある者に対して年賀のためのあいさつ状を出すことは禁止されると解してよいか。

答 お見込みのとおり。

問 印刷した時候のあいさつ状に候補者等が署名したものは自筆によるあいさつ状と認められないと解してよいか。

答 お見込みのとおり。

五　候補者等及び後援団体の有料の挨拶広告の禁止

候補者等（一七頁参照）及び後援団体（二三頁参照）の有料の挨拶広告及びこの挨拶広告を求めることは、次のように禁止されている。

1　候補者等及び後援団体の有料の挨拶広告の禁止（法一五二1）

候補者等及び後援団体は、当該選挙区内にある者に対する主として挨拶（年賀、寒中見舞、暑中見舞その他これらに類するもののためにする挨拶及び慶弔、激励、感謝その他これらに類するもののためにする挨拶に限る。**2**において同じ。）を目的とする広告を、有料で、新聞紙、雑誌、ビラ、パンフレット、インターネット等を利用する方法により頒布される文書図画その他これらに類するものに掲載させることができない。また、このような広告を、有料で、放送事業者（日本放送協会及び放送大学学園を除く。）の放送設備により放送をさせることができない。

このように、有料の挨拶広告は選挙運動期間のいかんを問わず常時禁止されることに注意を要する。なお、ここでは、公選法第百四十七条の二で規制される時候の挨拶に限らず、慶弔、激励、感謝その他これらに類するもののためにする挨拶も含まれることから、通常行われる挨拶のほとんど全てが規制の対象となる。

2　有料の挨拶広告を求めることの禁止（法一五二2）

何人も、候補者等又は後援団体に対して、当該選挙区内にある者に対する主として挨拶を目的とする広告を、新聞紙、雑誌、ビラ、パンフレット、インターネット等を利用する方法により頒布される文書図画その他これらに類するものに有料で掲載させることを求めてはならない。また、このような広告を、放送事業者（日本放送協会及び放送大学学園を除く。）の放送設備により有料で放送をさせることを求めてはならない。

この規制も常時の規制であることに注意を要する。

問答

問 政策広告は禁止されるのか。

答 政策広告は一般的には挨拶を目的とする有料広告には該当しない。

問 選挙区内にある者に対する政策広告の中に挨拶文を入れると禁止規定に該当することとなるか。

答 政策広告の中に「挨拶」を入れた場合、このことにより全体としてみて、①主として、年賀、寒中見舞、暑中見舞その他これらに類するもののためにする挨拶を目的とするものに該当すると認められる場合、②主として、慶弔、激励、感謝その他これらに類するもののためにする挨拶を目的とするものに該当すると認められる場合には、主として挨拶を目的とする有料広告として規制されることになる。

問 「年賀、寒中見舞、暑中見舞その他これらに類するもののためにする挨拶」には残暑見舞も含まれると解してよいか。

答　お見込みのとおり。

問　「慶弔、激励、感謝その他これらに類するもののためにする挨拶」とは具体的には、どのようなものが考えられるか。

答　各種の大会に係る祝いや人の死亡に係る挨拶、地元の高校の野球大会への出場に係る激励の挨拶、また、後援団体の結成二十周年に当たりこれまでの支援に対する感謝の挨拶、さらには災害見舞等が考えられる。

問　選挙区内において候補者等自身が自ら喪主となった葬儀の会葬御礼の広告を新聞に有料で掲載させることはできるか。

答　罰則をもって禁止される。

問　候補者等自身が発行する政策の普及宣伝のための雑誌、パンフレット等に挨拶文を掲載することはできるか。

答　差し支えない。

六　立候補届の準備

1　どのような準備が必要か

立候補を決意したら、立候補手続を行うための具体の準備を進める必要がある。ここでは、立候補の届出をするため、法律上直接必要で、前もって準備しておかなければならないことについて述べる。

2　何らかの公職に就いてはいないか

まず、注意しなければならないことは、自分が何らかの公職に就いていないか（すなわち、公務員又は行政執行法人若しくは特定地方独立行政法人の役職員としての身分を持っていないか）どうかを、徹底的に検討しておくことである。もし、何らかの公職に就いている場合に、そのまま立候補すると、3以下に述べるように立候補と同時にその職を失うことがあるので、注意しなければならない。

ところで、ここでいう公務員の範囲は、我々の常識よりもはるかに広く、国又は地方公共団体の機関から任命、委嘱等の辞令をもらっている者は、全て公務員と考えてよい。

また、右の辞令を受けなくとも、国又は地方公共団体の公務に従事し、給料、報酬、手当等の給与を受けている者も、全て公務員と考えてよい。

もっとも、土地改良区、農業協同組合等の役職員は、ここにいう公務員には入らない。

3　立候補しても何の影響も受けない公務員（法八九、令九〇）

公務員（行政執行法人又は特定地方独立行政法人の役職員を含む。以下同じ。）は、原則として在職中候補者となることはできず、立候補した場合は、自動的にその届出の日に公務員たることを辞したものとみなされてその職を失ってしまうが、次に掲げるような公務員は、立候補してもその職に何の影響も受けない。すなわち、これらの公務員は、何らの手続を必要としないで立候補することができ、さらに、立候補してもこれらの職を失うこともなく、そのまま在職できる。

(1)　内閣総理大臣その他の国務大臣、内閣官房副長官、内閣総理大臣補佐官、副大臣、大臣政務官及び大臣補佐官

(2)　いわゆる単純労務に従事する地方公務員で、技術者、監督者及び行政事務を担当する者に該当しない者

(3)　予備自衛官（自衛隊法第七十条第三項の規定により自衛官となっている者を含む。）、即応予備自衛官（同法第七十五条の四第三項の規定により自衛官となっている者を含む。）及び予備自衛官補

(4)　臨時又は非常勤の国家公務員若しくは地方公務員又は行政執行法人若しくは特定地方独立行政法人の役職員で、

ア　委員長及び委員の名称を有する職に在る者（ただし、次に掲げる者を除く。）

＜立候補できない委員＞

公正取引委員会委員長及び委員、中央選挙管理会委員、国家公安委員会委員、個人情報保護委員会委員長及び委員、カジノ管理委員会委員長及び委員、公害等調整委員会委員長及び委員、公安審査委員会委員長及び委員、中央労働委員会委員、運輸安全委員会委員長及び委員、原子力規制

委員会委員長及び委員、衆議院議員選挙区画定審議会委員、教育委員会委員、選挙管理委員会委員、監査委員、人事委員会委員、公平委員会委員、地方公共団体の公安委員会委員、都道府県労働委員会委員、農業委員会委員、収用委員会委員、漁業調整委員会委員（広域漁業調整委員会の委員を除く。）、内水面漁場管理委員会委員、固定資産評価審査委員会委員

なお、前述のうち、農業委員会委員、漁業調整委員会委員及び内水面漁場管理委員会委員は、市町村の議会の議員及び長の選挙については、現職のまま立候補することができる。

イ　顧問、参与、会長、副会長、会員、評議員、専門調査員、審査員、報告員及び観測員の名称を有する職にある者

ウ　統計調査員、仲介員、保護司及び参与員の職にある者

エ　ア～ウ以外の地方公共団体又は特定地方独立行政法人の嘱託員

なお、国家公務員法第八十一条の五第一項（裁判所職員臨時措置法において準用する場合を含む。）に規定する短時間勤務の官職、国会職員法第十五条の五第一項に規定する短時間勤務の職、自衛隊法第四十四条の五第一項に規定する短時間勤務の官職、地方公務員法第二十八条の五第一項に規定する短時間勤務の職を占める者は、これらに含まれない。

(5)　消防団長その他の消防団員（常勤の者を除く。）及び水防団長その他の水防団員（常勤の者を除く。）

(6)　地方公営企業に従事する職員又は特定地方独立行政法人の職員（課長又はこれに相当する職以上

の主たる事務所における職にある者を除く。）
また、地方公共団体の組合の議会の議員又は管理者と当該組合を組織する地方公共団体の議会の議員又は長との間の相互については、現職のまま立候補できる（令九〇4）。

問答

問 市の条例をもって定めてある衛生班長（衛生事務の嘱託の辞令を交付し、年手当を支給されている非常勤の者）は、現職のまま立候補できないか。

答 現職のまま立候補できる。

問 民生委員は、在職のまま立候補できると解するがどうか。

答 できる。

問 市政連絡員、地区駐在員は特別職ではあるが、立候補を制限されるか。

答 臨時又は非常勤の嘱託員であれば在職のまま立候補することができる。

問 次の公務員は在職のまま立候補できるか。
(1)　統計調査員
(2)　固定資産評価審査委員会委員（地方税法）
(3)　人事委員会委員（地方公務員法）

答 (1)については臨時又は非常勤である場合に限り、立候補できる。(2)、(3)については在職中立候補することはできない。

問 左に掲げる非常勤の職は嘱託員に含まれて立候補の制限を受けないものであるか。

(1) 公民館長

(2) 公民館の職員

(3) 学校医、学校歯科医、講師

答 任命が嘱託の形式であるものに限り嘱託員（非常勤）となり、立候補の制限は受けない。

4 立候補と同時にその公職を失う公務員（法八九、九〇）

3に述べた公務員以外の公務員は、立候補をすると同時にその職を法律上当然失うことになる。したがって、落選しても当然に再び復職することはできないから、自分の就いている職が、立候補と同時に失われる職であるかどうかを十分に確かめておく必要がある。

ただし、立候補と同時にその職を失うこととなる公務員であっても、次のとおり特別の場合にはその職を失わないことがある。

(1) **3**で述べたように、農業委員会の委員、漁業調整委員会の委員及び内水面漁場管理委員会の委員が市町村の議会の議員や長の選挙に立候補する場合

(2) 知事、市町村長並びに都道府県及び市町村の議会の議員が、自分の任期が満了するために行われる選挙に立候補する場合

例えば、市町村の議会の議員が、その市町村の議会の議員の任期満了による選挙に立候補しても

その職を失わないが、知事や市町村長やあるいは都道府県の議会の議員の選挙に立候補した場合には、その職を失うことになる。同様に、市町村長が県議会議員に立候補し、あるいは逆の場合も当然にその職を失うことになる。

(3)　その者が議員として法令上兼ねることとされている職を有している場合

立候補と同時にその職を失う公務員の職のなかには、議会議員の中から選任される職がある。このようなときは、その議員が任期満了による当該議員の選挙に立候補しても議員の任期の間、その選任された公務員の職を失わない。

すなわち、監査委員は、前述のように、一般的には立候補すると同時にその職を失う公務員であるが、例えば、市議会議員の中から選ばれた監査委員がその市議会議員の任期満了による選挙に立候補した場合には、その職は失わないのである。

5　候補者が特定の公務員になった場合の取扱い（法九一、令九一）

立候補の届出をしてから後に、前述の候補者となることができない公務員の職に就いたときは、立候補を辞退したものとみなされるので、注意を要する。

このことを承知の上で、これらの公務員になった場合には、直ちに、その旨を選挙長に届け出なければならない。

6　知事・市町村長の退職による選挙における任期の起算の特例（法二五九の二）

知事、市町村長が、自己の退職の申立てによって行われる選挙において、再び当選人となった場合に、その任期は、自分がいままで有していた任期の残任期間だけとされているのであるから、退職等については、特に慎重な配慮が必要である。

7　郵便等による立候補の禁止（法八六の四1）

立候補の届出については、郵便等による届出は禁止されているので、注意を要する。

8　供託をするには（法九二1）

立候補しようとする者又は他人を候補者として届け出ようとする者は、候補者一人につき、次に掲げる区分により、現金又はこれに相当する額面の国債証書（振替国債を含む）をあらかじめ必ず供託しておかなければならない。

なお、選挙の結果、当該候補者の得票が法定の一定得票数に達している場合には、当選、落選に関係なく供託金は返還される（二九九頁参照）。

選挙の種類	供託金の額	選挙の種類	供託金の額
都道府県知事	三百万円	指定都市以外の市長	百万円
都道府県議会議員	六十万円	指定都市以外の市議会議員	三十万円
指定都市の市長	二百四十万円	町村長	五十万円
指定都市議会議員	五十万円	町村議会議員	十五万円

(1)　供託をすべき者は、候補者となろうとする本人が立候補の届出を行うときは候補者となろうとする本人、他人を候補者に推薦届出しようとするときはその推薦届出人である。本人が自分で届出をする場合に第三者が供託をしたり、推薦届出の場合に候補者本人が供託をしても効力がない。数人連名で推薦届出をする場合には、その中の一人のみの名義で供託してもよい。

(2)　供託をしようとする場合においては、供託所に備え付けてある供託書（機械読み取りを行う専用のＯＣＲ用供託書）に必要事項を記載して供託所に提出する必要があるが、供託書中の供託者の住所氏名欄には、立候補者の本名（戸籍簿に記載された氏名）を記載しなければならない。

また、推薦届出の場合でも、供託書の「供託の原因たる事実」欄に、候補者の本名（戸籍簿に記載された氏名）を記載していなければならないことに注意を要する。

なお、振替国債を供託する場合、振替国債の銘柄、利息の支払期及び償還期限を確認するために必要な資料を提供する必要がある。

(3)　供託所における審査を経て供託が成立すると、供託書の正本に供託官が供託を受理する旨等を記載して記名押印し、それが供託者に交付される。立候補の届出書にはこの供託書正本を添付する必要がある。供託は、選挙の期日の告示前であっても、選挙が特定できる限りこれをすることができる。むしろ、告示後直ちに立候補の届出をして選挙運動に入ることを考えるならば、告示前に供託を済ませておくことが望ましい。

供託所		現金	国債証書
法務局・地方法務局	本局	取り扱う	取り扱わない
	支局	取り扱わない（ただし、東京法務局八王子支局及び福岡法務局北九州支局においては取り扱う）	取り扱わない
	出張所	取り扱わない	取り扱わない

供託所には、前表のように現金の受入れを取り扱う供託所と取り扱わない供託所とがある。また、国債証書の受入れは指定された日本銀行本・支店及びその代理店（以下「日本銀行等」という。）のみが取り扱うこととなっている。振替国債については、供託者が口座を開設している口座管理機関（証券会社、銀行等）の窓口において、供託所の口座への振替手続をとることとなる。

したがって、右の現金の受入れを取り扱わない供託所に現金で供託する場合及び全ての供託所に国債証書で供託する場合には、供託所に対し供託書を提出し所要の審査を経て交付された供託書正本に供託物を添え、当該供託所が指定する日本銀行等に供託物を納入し、日本銀行等から、供託書正本に供託物を受領した旨の証明を受けることが必要である。また、振替国債を供託する場合には、必要事項を記入した供託書を供託所に提出して、供託が受理された（この段階では供託書正本は交付されない。）後、口座管理機関の窓口で手続をとり、供託所の口座への振替えを完了して、供託所から、供託物の受入れを証する旨の記載のある供託書正本の交付を受ける必要がある。すなわち、供託書正本は、供託が受理され、かつ、供託物が受け入れられていることの両事実が証明されているものでなければならない。

現金を取り扱う供託所では、一定の小切手による供託も可能であり、この場合には、事前に供託できる小切手の種類について確認する必要がある。

供託書の記載例は、次頁（候補者本人による現金供託の場合）及び四八頁（推薦届出人による現金供託の場合）のとおりである。

（注）オンラインによる供託を行う場合においては、立候補の届出の際、「供託書正本」に代えて、供託規則第四十二条に規定されている「みなし供託書正本」を添付する必要がある。

供託書（候補者本人による現金供託の場合）の記載例

供　託　書　正　本

供託書・OCR用
（雑）

□字加入　□字削除　｜係員印｜受付｜調査｜記録｜／頁｜（第４号様式 印供第34号）

申請年月日	令和 ○ 年 ○ 月 ○ 日
供託所の表示	○ ○ 法 務 局
供託カード番号	（　　　）カードご利用の方は記入してください。
供託者の住所氏名	住所（○○○−○○○○）山川県山川市甲町１丁目２番３号 氏名・法人名等 甲山花子 代表者等又は代理人住所氏名 □別添のとおり ふたりめからは別紙継続用紙に記載してください。
被供託者の住所氏名	住所（〒　−　　） 氏名・法人名等 山川県山川市 □別添のとおり ふたりめからは別紙継続用紙に記載してください。 □供託通知書の発送を請求する。
供託金額	百 十 億 千 百 十 万 千 百 十 円 ¥300000
受理	㊞ 年 月 日 □供託カード発行
法令条項	公職選挙法第92条第１項
供託の原因たる事実	供託者は，令和○年○月○日に行われる（予定の）山川市議会議員選挙について，候補者として当該選挙長に立候補の届出をするため供託する。
□供託により消滅すべき質権又は抵当権	
□反対給付の内容	
備考	官庁の名称　山川市議会議員選挙選挙長

（注）1　供託金額の冒頭に¥記号を記入してください。なお，供託金額の訂正はできません。
2　本供託書は折り曲げないでください。

↓ 濁点、半濁点は１マスを使用してください。

供託者カナ氏名　コウヤマハナコ

020000

記載上の注意
1　有価証券又は振替国債による供託の場合も同じ要領で書けばよい（このほかに供託物の内容を記入する様式が必要）。
2　「供託者の住所氏名」欄に記載する候補者となろうとする者の氏名は，必ず戸籍簿に記載された氏名を記入しなければならない。
3　供託金額については，各選挙ごとに異なるので，43頁を参照のこと。

供託書（推薦届出人による現金供託の場合）の記載例

供　託　書　正　本

供託書・OCR用
（雑）

□字加入　□字削除　｜係員印｜受付｜調査｜記録｜／頁｜（第４号様式 印供第34号）

申請年月日	令和 ○ 年 ○ 月 ○ 日	供託カード番号（　　　）カードご利用の方は記入してください。	
供託所の表示	○ ○ 法 務 局		
供託者の住所氏名	住所（○○○−○○○○）山川県山川市乙町１丁目２番３号 氏名・法人名等 乙野次郎 代表者等又は代理人住所氏名	□別添のとおり ふたりめからは別紙継続用紙に記載してください。	
被供託者の住所氏名	住所（〒　−　　） 氏名・法人名等 山川県山川市	□別添のとおり ふたりめからは別紙継続用紙に記載してください。 □供託通知書の発送を請求する。	
供託金額	百 十 億 千 百 十 万 千 百 十 円：¥300000	受理　㊞　年　月　日　□供託カード発行	

↓ 濁点、半濁点は１マスを使用してください。

供託者カナ氏名：オツノシ゛ロウ

法令条項	公職選挙法第92条第１項
供託の原因たる事実	供託者は，令和○年○月○日に行われる（予定の）山川市議会議員選挙について，山川県山川市甲町１丁目２番３号甲山花子を候補者として当該選挙長に推薦届出をするために供託する。
□供託により消滅すべき質権又は抵当権	
□反対給付の内容	
備考	官庁の名称　山川市議会議員選挙選挙長

（注）１　供託金額の冒頭に¥記号を記入してください。なお，供託金額の訂正はできません。
２　本供託書は折り曲げないでください。

020000

記載上の注意
１　有価証券又は振替国債による供託の場合も同じ要領で書けばよい（このほかに供託物の内容を記入する様式が必要）。
２　「供託者の住所氏名」欄には，供託をした推薦届出人の住所氏名を記載しなければならない。
３　「供託の原因たる事実」欄に記載する候補者となろうとする者の氏名は，必ず戸籍簿に記載された氏名を記入しなければならない。
４　供託金額については，各選挙ごとに異なるので，43頁を参照のこと。

七　選挙運動の準備と計画

選挙の告示がなされたら、速やかに法律で許されている選挙運動を効果的に行うことができるようにするため、あらかじめ万全の準備をしておかなければならない。

1　準備行為として許されるものは

選挙運動は、立候補届出後でなければすることができない。立候補届出前の一切の選挙運動は、全て事前運動として禁止されている。

しかし、選挙運動と区別される立候補届出前の準備行為は、前述の瀬踏行為（一一頁参照）と同様、これを行うことができる。それは、おおむね次のようなものである。

(1)　政党等の公認を求める行為
(2)　選挙事務所借入れの内交渉
(3)　出納責任者又は選挙運動員就任の内交渉
(4)　労務者の雇入れの内交渉
(5)　個人演説会場借入れの内交渉
(6)　選挙演説を依頼するための内交渉
(7)　選挙運動用葉書による推薦依頼の内交渉

(8)　自動車、船舶及び拡声機の借入れの内交渉
(9)　立札、看板、ポスター等の作成
(10)　選挙運動資金の調達

右のような立候補準備行為又は選挙運動準備行為は、直接選挙人を対象としないものであり、事務上の交渉又は準備に属する行為で、そのこと自体が直ちに投票を獲得することを目的としないから、選挙運動とはいえない。ただ、注意を要するのは、これらの行為が併せて投票獲得の意図をもって行われるときは、事前運動となることである。例えば、(2)、(3)等の行為に名を借りて投票依頼行為に及ぶとか、不必要に多数のものに対して各種の内交渉がなされる場合は、選挙運動となるものとされている。

問答

問　告示前何か月ぐらいから事前運動が禁止されるのか。

答　告示前であれば、時期のいかんを問わず選挙運動は禁止される。

問　立候補を予想されている者が、選挙を見越して各種の挨拶状を郵送し、又は新聞紙上に広告する等の行為はどうか。

答　時期、方法、内容、数量等その態様のいかんによっては、事前運動となる。また、当該選挙区内にある者に対し、時候のあいさつ状（答礼のための自筆によるものを除く。）を出すことは禁止

され（法一四七の二）、挨拶を目的とする有料広告を出すことも禁止され（法一五二）ている。

問 何某後援会というようなものの結成や会合は、必ずしも事前運動とはいえないといわれているが、会員の募集、総会の開催等の方法が立候補予定者の売名、投票の依頼にわたるときはどうか。

答 事前運動となる。

問 選挙を見越して後援会加入文書に本人の写真、経歴を掲げ、政治家として大成させてもらいたい等と依頼することはどうか。

答 時期、方法、内容、数量等その態様のいかんによっては、事前運動となる。

問 選挙を控えて、小中学校の新入生に候補者の氏名入りの入学祝状を頒布することはどうか。

答 事前運動のおそれが強い。

問 立候補の意思を有する者が「暑中見舞」等の挨拶とともに、自己の名を記載した文書を浴場、電柱等に掲示することはどうか。

答 一般に事前運動と認められる場合が多い。

問 次の行為を立候補届出前に行った場合には、事前運動に該当するか。

(1) 現職の議員が開催する議会報告を主題とする演説会

(2) その演説会周知用のポスターの掲示

答 (1)については、内容、方法、時期ともに一般的に政治活動と認められない場合は、事前運動となる。(2)については、当該演説会が、政治活動と認められる場合であっても、現職議員の氏名又は氏名が類推されるような事項を表示する演説会周知用ポスターについては、選挙前の一定期間（法一四三16・19）は掲示することができない。また、ベニヤ板、プラスチック板その他これらに類するものを用いて掲示されるものは、時期にかかわらず一切掲示できない。なお、一定期間外において掲示する場合には、必ずその表面に掲示責任者及び印刷者の氏名（法人にあっては名称）及び住所を記載しなければならない。

問　立候補を決意した者が立候補前に個々面接で選挙運動ができるか。

答　できない。

問　立候補を予定している会社社長が、営業広告に名を借りて、社長甲山花子と新聞に掲載することはどうか。

答　ことさらに氏名が強調されていると認められる場合は、一般的には事前運動となるものと考える。

2　選挙運動には用意周到な計画が大切

いやしくも選挙運動を行う人は、それぞれ目算をもっているのであろうが、限られた期間内に、限られた費用で、かつ、制限された枠内の方法で、当選の栄冠を勝ち得るためには、周到な計画を立てなければならない。その計画の骨子を組み立てる要素を次に掲げてみよう。

(1)　当選に必要な得票数

なるべく遠い過去にさかのぼって調査し、現在の有権者数と予想投票数とを考慮に入れて算定する。

(2)　選挙運動の費用

後に述べる制限額（二二三九頁参照）の範囲内で済むようにしなければならない。

万一、出納責任者が、選挙費用の法定額違反の罪を犯し刑に処せられたときは、これに係る候補者の当選は無効とされ、かつ、連座裁判の確定の日から五年間の立候補制限が科せられる。

(3)　選挙運動の総括主宰者、出納責任者等の選任

出納責任者を選任した場合には、後に記述する（二二一四～二二二〇頁参照）ところにより、選挙管理委員会に所定の届出をしなければならない。また、総括主宰者、地域主宰者、秘書などの実際に選挙運動を支える者については、特段の選任手続は必要ないが、これらの者は選挙人に信望、徳望、人気のある人物を選任することが候補者にとって極めて有利であることはもちろん、これらの者のほか親族や次に述べる組織的選挙運動管理者等が買収罪等を犯したときは、せっかく当選しても、それを無効とされ、かつ、連座裁判の確定の日から五年間の立候補制限が科せられることがあるから、その人選には十分注意しなければならない（二八三頁参照）。

総括主宰者　選挙運動を総括主宰した者とは、当該公職の候補者の選挙運動を推進する中心的存在として、これを掌握指揮する立場にあった者をいい、従前の選挙事務長のごとく法令上届出を要するものとはされていないから、その意義は、形式や外見にとらわれることなく、現実に行われた選挙運動の実情に即して、実質的に理解されるべきであるが、少なくとも、右にいう選挙運動とは、当該公職の候補者が正式の立

候補届出又は推薦届出により、候補者としての地位を有するに至ってから以後に行われたものを指称し、それより前に行われたいわゆる事前運動はこれに包含されないものと解するのが相当である（最高裁判昭四三・四・三）とされている。

総括主宰者の地位に鑑み、総括主宰者が買収及び利害誘導罪（公選法二二一）、多数人買収及び多数人利害誘導罪（同法二二二）、公職の候補者及び当選人に対する買収及び利害誘導罪（同法二二三）、新聞紙、雑誌の不法利用罪（同法二二三の二）を犯し刑に処せられた場合において、当選人が総括主宰者の処刑通知を受けたときは、総括主宰者に該当しないことを理由とし当選が無効とならないこと、立候補ができないこととならないことの確認を求める訴訟を一定の期間内にその当選人が提起しない限り、たとえ執行猶予の言渡しを受けても、当選が無効となり、かつ、五年間、同じ選挙で同じ選挙区からは立候補できない旨の連座制の規定が設けられている（同法二一〇、二五一の二、二五一の五）。

(4)　組織的選挙運動管理者等に対する相当の注意

組織的選挙運動管理者等に該当する者が買収等を犯し禁錮以上の刑に処せられた場合（執行猶予を含む）において、候補者等が、組織的選挙運動管理者等が買収等を行うことを防止するため相当の注意を怠ったときは、たとえ当選してもそれを無効とされ、かつ、連座裁判の確定の日から五年間の立候補制限が科せられることから、十分な注意喚起を図る必要がある。

組織的選挙運動管理者等　組織的選挙運動管理者等とは、公職の候補者又は公職の候補者となろうとする者（以下「公職の候補者等」という。）と意思を通じて組織により行われる選挙運動において、当該選挙運動の計画の立案若しくは調整又は当該選挙運動に従事する者の指揮若しくは監督その他当該選挙運動の管理を行う者をいう。

　現実にどのような者が組織的選挙運動管理者等に該当するかは実際の具体例に即して判断されることとなるが、一般的には次のような基準に沿って判断されることとされている。

　政党、後援会、会社、労働組合、宗教団体、町内会、同窓会等各種の組織（政治団体であるかどうかを問わない。）により行われる選挙運動であること、その組織の総括者（例えば、政党の都道府県連の会長・支部長、後援会長、社長、委員長等が該当する場合が多いと思われる。）と公職の候補者等との間に選挙運動を行うことについての意思の連絡（暗黙のうちに相互の意思の疎通がある場合も含む。）があることが前提となる。

　「当該選挙運動の計画の立案若しくは調整を行う者」とは、選挙運動全体の計画の立案又は調整を行う者をはじめ、ポスター貼り、個人演説会・街頭演説等の計画を立てる者や、その調整を行う者をいう。

　「当該選挙運動に従事する者の指揮若しくは監督を行う者」とは、ポスター貼り、個人演説会・街頭演説等への動員、電話作戦等に当たる者の指揮監督を行う者をいう。

　「その他当該選挙運動の管理を行う者」とは、選挙運動の分野を問わず、上述の二つの方法以外の方法により選挙運動の管理を行う者（例えば、選挙運動従事者への弁当の手配、車の手配、個人演説会場の確保等の管理を行う者）をいう。

　組織的選挙運動管理者等が買収及び利害誘導罪（公選法二二一）、多数人買収及び多数人利害誘導罪（同法二二二）、公職の候補者及び当選人に対する買収及び利害誘導罪（同法二二三）、新聞紙、雑誌の不法利用罪（同法二二三の二）を犯し禁錮以上の刑に処せられた場合には、たとえ執行猶予の言渡しを受けても、公職の候補者等の当選は無効とされ、これに加えて、五年間、同じ選挙で同じ選挙区からは立候補することができない。

組織的選挙運動管理者等に係る連座制の規定は、これらの者が買収等の行為を他の候補者等の挑発により、あるいは他の候補者等と通じてわざとしたような場合（いわゆるおとり、寝返りの場合）、又は当該公職の候補者等が買収等を防止するため相当の注意を怠らなかった場合には、適用されない（同法二五一の三）。

(5)　選挙運動の準備で特に注意すべきこと

立候補の届出が済むと、直ちに選挙運動を効果的に行うことができるように、万端の準備を整えておくため、前記**1**で列記した準備行為のほかにも、あらかじめ準備しておいた方がよいものとして、例えば、

ア　選挙運動用通常葉書又は選挙運動用ポスターに記載する文章、内容等の検討

イ　演説会における演説の草稿

ウ　選挙公報を発行することとなっている場合には、その原稿

エ　知事選挙の場合には政見放送のための原稿（一九八頁参照）及び経歴放送のための経歴書の原稿（二〇二頁参照）

等がある。これらは、直接選挙人に候補者の政見なり抱負なりを訴えるものであり、候補者の人格、識見を最もよく反映するものであるから、候補者自身でもあらかじめ腹案を十分に練っておくことが大切である。そのほか、ポスター掲示場（一三六・一四五頁参照）の設置場所、掲示のできる日等も

あらかじめ選挙管理委員会に確かめておくと便利であり、また、推薦届出（六七頁参照）をする場合には届出をする人の選挙人名簿登録証明書（七〇頁参照）をもらっておく必要がある。

(6) 選挙運動の着手時期、中盤戦及び終盤戦等の計画

選挙運動資金の制限がなければ、たいして問題はないかもしれないが、選挙運動資金はもちろん、方法にもいろいろな制限はあるから、選挙運動の方法、時期をよく考えて、ポスターの貼り方、個人演説会や街頭演説の実施等はどの時期に、どこで行うか等についてあらかじめ計画を立てて、最も効果的ならしめるように最大の注意を払わなければならない。

八　立候補の届出

1　届出に当たって注意すべきこと

立候補届出の準備ができて、さていよいよ届出をするというときになって、どんなことに注意をすればよいか。立候補の手続はなかなか面倒であるし、また、届出書の記載事項や添付書類もなかなかむずかしい。一つでも落度があれば、届出が受理されず、あるいは誤って受理されても後に却下されるおそれがある。そこで、正規の届出をする前に、選挙管理委員会とよく相談をし、あらかじめ、予備的審査をしてもらうようにすることが必要である。

（注）通常、選挙管理委員会は立候補届出の方法を含めて、各種の届出方法、選挙運動の留意すべき事項等

について事前に説明会を開催することが多いので、この点も電話等で確認する必要がある。

届出の方法には、本人届出と推薦届出とがある。いずれの場合も郵便等による届出はできないが、必ずしも届出者本人が自ら手続をする必要はない。以下、順をおって届出に当たって必要なことを述べてみよう。

2　立候補届出に必要な書類（本人が届出者の場合）

(1)　候補者届出書

(2)　添付書類

ア　供託証明書

イ　選挙期日において住所に関する要件を満たす者であると見込まれる旨及び候補者となることができない者でない旨の宣誓書

※「住所に関する要件を満たす者であると見込まれる旨」の宣誓を要するのは地方公共団体の議員の選挙の場合のみ

ウ　所属党派（政治団体）証明書

※無所属の場合は不要

エ　戸籍の謄本又は抄本

オ　通称認定申請書及び通称の説明資料

※通称使用を希望する場合

※旧姓を通称使用する場合は説明資料は不要

3 様式と記載上の注意

(1) 候補者届出書

ア 「氏名」は、楷書で明確に記載し、必ず「ふりがな」をつけること。「氏名」は、戸籍簿に記載された氏名（戸籍名）でなければならない。しかしながら、戸籍簿記載の氏名に対応する常用漢字表及び人名用漢字別表に掲げられている文字を使用して届け出ることは差し支えないとされている（例えば、濱、澤→浜、沢）。なお、注意を要するのは、通称による立候補は認められていないが、その代わり通称がある場合、通称認定の申請をして認められれば、記号式投票の投票用紙、立候補の届出等の告示、新聞広告等に本名に代えて通称が使用されることになる。その詳細については、(2)添付書類オ通称認定申請書の項で説明する。

イ 「本籍」、「住所」及び「生年月日」欄は、被選挙権の有無の判定上必要があるので、正確に書かなければならない。「生年月日」欄のかっこ内には、選挙期日現在の満年齢を記入のこと。

ウ 「党派」名も正確に記載しなければならない。この場合、自己の属する政党その他の政治団体の名称を記載するものであり、二以上の政党その他の政治団体に所属するときは、いずれか一の政党その他の政治団体の名称を記載すること。

この名称とは、候補者届出書に添付しなければならない所属党派証明書（次の(2)で述べる。）に記載してある政党その他の政治団体の名称である。

候補者届出書の様式と記載例（本人届出の場合）

山川市議会議員　選挙候補者届出書（本人届出）

ふりがな	こうやま　はなこ		
候補者	甲　山　花　子	性別	女
本籍	海山県海山市乙町一丁目二番地		
住所	山川県山川市甲町一丁目二番三号		
生年月日	昭和〇年〇月〇日（満〇歳）		
党派	〇〇党	職業	〇〇株式会社社長
一のウェブサイト等のアドレス	http://〇〇.〇〇.jp		
選挙	令和〇年〇月〇日執行　山川市議会議員選挙		
添付書類	一　供託証明書 二　宣誓書 三　所属党派（政治団体）証明書 四　戸籍の謄本又は抄本 （五　通称認定申請書）		

右のとおり関係書類を添えて立候補の届出をします。

令和〇年〇月〇日

山川市議会議員選挙選挙長　丙野三郎　殿

甲山花子

備考

1　「生年月日」欄の年齢は、選挙の期日現在の満年齢を記載しなければならない。

2　法第八十六条の四第四項に規定する政党その他の政治団体の証明書を有しない者は、「党派」欄に「無所属」と記載しなければならない。

3　令第八十九条第四項の場合においては、「党派」欄に当該政党その他の政治団体の名称のほか、その略称を「（略称）何々」と記載しなければならない。

4　「職業」欄には、職業をなるべく詳細に記載し、当該選挙に係る議員又は長と兼ねることができない職にある者についてはその職名を記載しなければならず、地方自治法第九十二条の二又は第百四十二条に規定する関係にある者についてはその旨を記載しなければならない。

5　「一のウェブサイト等のアドレス」欄には、選挙運動のために使用する文書図画を頒布するために利用する一のウェブサイト等のアドレスを記載することができる。

6　候補者本人が届け出る場合にあつては本人確認書類の提示又は提出を、その代理人が届け出る場合にあつては委任状の提示又は提出及び当該代理人の本人確認書類の提示を行うこと。ただし、候補者本人の署名その他の措置がある場合はこの限りではない。

（記載上の注意）
1 氏名は、戸籍簿に記載されているものを楷書で明確に記載し、必ず「ふりがな」をつけること。 2 本籍、住所欄には何都（道府県）何郡（市）何町（村）何字（町）何番地（何番何号）と記載すること。 3 政党その他の政治団体の名称が字数二〇を超える場合は、その名称のほか、二〇字以内の略称を「（略称）何々」と記載すること。 4 兼職を禁止されている職にある者については、その職名も職業欄に記載すること。

また、当該政党その他の政治団体の名称が字数二十を超える場合には、当該政党その他の政治団体の名称のほか、字数二十以内の略称を併せて「（略称）何々」と記載しなければならない。なお、いずれの政党その他の政治団体にも所属していない者は、無所属であることは当然であるが、政党その他の政治団体に所属していても、所属党派証明書を有しない者は、党派欄に「無所属」と記載しなければならない。

エ 「職業」は、なるべく詳細に記載することが必要である。特に公職については、例えば、単に「公務員」と書かないで、「何々市民生委員」というように書かなければならない。また、兼職を禁止されている職にある者についてはその職名を、地方自治法第九十二条の二又は第百四十二条に規定するその地方公共団体と請負関係にある者については、その旨を記載しなければならない。

請負　当事者の一方がある仕事を完成することを約し、相手方がその仕事の結果に対して報酬を与えることを約す契約を請負という（民法六三二）。

地方公共団体においては、その議員又は長と当該地方公共団体に対する請負人との地位は両立しないものとされ（国会議員については、このような制限はない。）、また、請負人等の寄附については、一定の制限がある（二五四頁参照）。すなわち、

(1) 普通地方公共団体の議会の議員又は長は、当該地方公共団体に対し請負をする者及びその支配人又は主

として同一の行為をする法人（ただし、普通地方公共団体の長については、当該普通地方公共団体が資本金、基本金その他これらに準ずるものの二分の一以上を出資している法人を除く。）の無限責任社員、取締役等となることはできない（自治法九二の二、一四二）。この規定に違反する議員又は長は、その職を失う（同法一二七1、一四三1）。その決定権は、議員については議会、長については選挙管理委員会にある（同法一二七1、一四三1）。

(2)　当選人で、当該地方公共団体に対し、(1)と同様の関係を有する者は、その当選の告知を受けた日から五日以内にこの関係を有しなくなった旨の届出をしないときは、その当選を失う（公選法一〇四）。

(2)　添付書類

ア　供託証明書（前述供託の項四七・四八頁参照）

イ　候補者となることができない者でない旨の宣誓書

これは公職の候補者となろうとする者が、選挙期日において住所に関する要件を満たす者であると見込まれること（地方公共団体の議会の議員の選挙に限る。）並びに被選挙権があること、他の選挙に立候補していないこと及び連座の適用による当該選挙区での立候補制限を受けていないことを誓う旨の文書であり、虚偽の宣誓をした者は処罰されるから、注意を要する。

様式及び記載例は、次頁のとおりである。

ウ　所属党派（政治団体）証明書

これは、政党その他の政治団体に所属する候補者として届け出る場合だけ必要であって、無所属として立候補する場合は、添付する必要はない。

宣誓書の様式と記載例

宣　誓　書

私は、令和○年○月○日執行の山川市議会議員選挙の期日において公職選挙法第九条第二項又は第三項に規定する住所に関する要件を満たす者であると見込まれること及び同法第八十六条の八（被選挙権のない者等の立候補の禁止）第一項、第八十七条（重複立候補等の禁止）第一項、第二百五十一条の二（総括主宰者、出納責任者等の選挙犯罪による公職の候補者等であつた者の当選無効及び立候補の禁止）又は第二百五十一条の三（組織的選挙運動管理者等の選挙犯罪による公職の候補者等であつた者の当選無効及び立候補の禁止）の規定により同選挙において候補者となることができない者でないことを誓います。

令和　○年　○月　○日

山川県山川市甲町一丁目二番三号

甲　山　花　子

所属党派（政治団体）証明書の発行者は、各政党とも選挙の種類によって本部等で決めているので、それ以外の者、例えば、総裁、委員長等が証明書の発行権者になっているにもかかわらず都道府県支部長等が証明したようなものは、権限のない者のした証明書であって証明の効力がないこととなるから、誤りのないように留意すること。

様式及び記載例は、次頁のとおりである。

八　立候補の届出

所属党派証明書の様式と記載例

所属党派証明書

氏　名　甲山花子

住　所　山川県山川市甲町一丁目二番三号

右の者は、本政党（政治団体）に所属する者であることを証明する。

令和〇年〇月〇日

〇〇党（〇〇政治団体名）

代表者　〇〇〇〇

エ　戸籍の謄本又は抄本

なるべく最近のものを提出することが望ましいので、半年以上も前のものを提出することのないように注意する必要がある。

オ　通称認定申請書（通称使用を希望する場合）

立候補の届出は、戸籍名でしなければならない（五九頁参照）。ただし、通称がある場合で、通称認定の申請をして認められれば、記号式投票の投票用紙、立候補の届出等の告示、新聞広告等に、戸籍上の本名に代えて通称が使用されることになる。ここでいう通称とは、本名（戸籍名）以外の呼称で本名に代わるものとして広く通用しているものをいう。

通称認定の申請は、立候補の届出書に、通称認定申請書を添えてしなければならない。立候補の届出書に添えないで通称認定申請書を提出しても受理されないから注意を要する。

通称であるかどうかを証明する責任は候補者の側にあるので、通称認定申請書を提出する際に、併せて選挙長に対し、その通称が本名に代わるものとして広く通用しているものであることを説明し、かつ、そのことを証するに足りる資料、例えば、葉書、名刺、著書その他その人の社会関係を幅広くながめてみて、その人の呼称として通用している実績を示すに足りるだけのものを提示しなければならない。

ただし、旧姓を通称認定申請する場合は、戸籍謄本（抄本）で確認できることから、説明資料は必要ない。

また、通称には、一般の通称のほか、戸籍名を仮名書きにする場合等も含まれるので、申請の方法、手続等について、あらかじめ、選挙管理委員会によく問い合わせておくことが必要である。

なお、ここでいう「通称認定申請」とは、記号式投票の投票用紙、立候補の届出等の告示、新聞広告、政見放送、経歴放送、選挙公報及び投票所内の氏名等の掲示に本名に代えて通称が記載され、又

通称認定申請書の様式と記載例

通称認定申請書

候補者《ふりがな》　甲山花子《こうやまはなこ》
呼称《ふりがな》　甲山華子《こうやまはなこ》

令和○年○月○日執行の山川市議会議員選挙において、公職選挙法施行令第八十九条第五項において準用する第八十八条第八項の規定により右の呼称を通称として認定されたく申請します。

令和○年○月○日

山川県山川市甲町一丁目二番三号
甲山花子

山川市議会議員　選挙選挙長　丙野三郎　殿

備考　この申請書を提出するときは、併せて当該呼称が戸籍簿に記載された氏名に代わるものとして広く通用していることを証するに足りる資料を提示しなければならない。

は使用されるためのものであるから、それ以外のもの、例えば、選挙運動用ポスター、立札、看板等に通称を記載するかどうかは、ここでいう通称認定申請をしたかどうかにかかわらず、候補者が自由に決めてよい。

通称認定申請書の様式及び記載例は、前頁のとおりである。

4　推薦届出の場合

以上は、候補者になろうとする者が自ら届け出る場合について説明したのであるが、いわゆる推薦届出の場合でも、あまり大差はない。届出書の様式は、次頁のとおりであって、特に注意を要する点としては、推薦届出人となるためには、選挙の行われる区域内の選挙人名簿に登録されていなければならないことである。添付書類としては、前に説明した候補者自身が届け出る場合の添付書類のほかに、候補者が推薦届出を承諾した旨の書面及び推薦届出人が選挙人名簿に登録されている旨の証明書の二つ（いずれも必須書類。六九・七〇頁参照）が必要である。

5　届　出　先（法八六の四）

立候補の届出は、届出書の様式をみてもわかるように、選挙長に対して行うものである。選挙長の氏名は、選挙の期日の告示と同時に選挙管理委員会で告示するが、告示前でも、あらかじめわかっているから、選挙長の氏名や立候補届の受付場所を選挙管理委員会に問い合わせ、確認しておくことが必要である。

6　届出の期間及び時間（法八六の四、二七〇、二七〇の三）

推薦届出書の様式と記載例

山川市議会議員選挙候補者届出書（推薦届出）

ふりがな	こう　やま　はな　こ		
候補者	甲　山　花　子	性別	女
本籍	海山県海山市乙町一丁目二番地		
住所	山川県山川市甲町一丁目二番三号		
生年月日	昭和〇年〇月〇日（満〇歳）		
党派	〇〇党	職業	〇〇株式会社社長
一のウェブサイト等のアドレス	http://〇〇.〇〇.jp		
選挙	令和〇年〇月〇日執行　山川市議会議員選挙		
添付書類	一　候補者の承諾書 二　選挙人名簿登録証明書 三　供託証明書 四　宣誓書 五　所属党派（政治団体）証明書 六　戸籍の謄本又は抄本 （七　通称認定申請書）		

右のとおり推薦届出をします。

令和〇年〇月〇日

推薦届出者　住所　山川県山川市乙町一丁目二番三号

乙　野　次　郎

昭和〇年〇月〇日生

山川市議会議員　選挙選挙長　丙　野　三　郎　殿

備考　一　「生年月日」欄、「党派」欄及び「職業」欄の記載については、四八頁の様式の備考に準ずる。

二　「一のウェブサイト等のアドレス」欄には、選挙運動のために使用する文書図画を頒布するために利用する一のウェブサイト等のアドレスを記載することができる。

三　推薦届出者本人が届け出る場合にあつては本人確認書類の提示又は提出を、その代理人が届け出る場合にあつては委任状の提示又は提出及び当該代理人の本人確認書類の提示又は提出を行うこと。ただし、推薦届出者本人の署名その他の措置がある場合はこの限りではない。

候補者推薦届出承諾書の様式と記載例

候補者推薦届出承諾書

令和〇年〇月〇日執行の山川市議会議員選挙における候補者となることを承諾します。

令和〇年〇月〇日

山川県山川市甲町一丁目二番三号

甲山花子

推薦届出者

乙野次郎殿

選挙人名簿登録証明書の様式と記載例

選挙人名簿登録証明書

氏名　乙野次郎

住所　山川県山川市乙町一丁目二番三号

右の者は、本市において令和○年○月○日現在における選挙人名簿に登録されていることを証明する。

令和○年○月○日

山川県山川市谷川町一丁目二番

山川市選挙管理委員会委員長○○○

立候補の届出の期間は、選挙の期日の告示のあった日一日間である。本人自ら届け出る場合でも、また、推薦届出の場合でも、この届出期間に変わりはない。ただし、これにはいわゆる補充立候補と呼ばれる例外がある。すなわち、立候補届出の締切期限においては立候補者数が選挙すべき議員定数を超えていたのが、その後候補者が死亡したり、候補者たることを辞したものとみなされたときに届出の期間が延長される。この補充立候補の期間については、選挙の種類及び当該地方公共団体が条例により電磁的記録式投票機を用いるか否かによって異なるため、詳細は選挙管理委員会に問い合わせるとよい。立候補届出は、日曜又は祝日であってもできる。しかし、届出時間は、午前八時三十分から午後五時までであるので、午後五時を過ぎてから届出をしても受理されない。したがって、締切日の午後五時以降は、立候補の届出はできないため、特に注意する必要がある。

なお、立候補届の受付順を到着順にすると、受付順を争って当日早朝から受付場所に集合するなど混乱が予想される場合がある。そこでこのようなことを考えて、例えば、八時三十分前に受付場所に到着した者については、受付順位を到着順によらずに抽せんによることとする等、選挙管理委員会においてその取扱いを別に定めている場合が多いので、あらかじめ当該選挙管理委員会に問い合わせておいた方がよい。

7　候補者に交付する物品・証明書等

届出書が受理された候補者には、次の一覧表に掲げるような証明書類や標札、表示板などが交付されることになっている。紛失等の場合は、原則として再交付されないので、交付物を受け取ったときは、その全部が揃っているかどうかを必ず確認して、後に問題が起きることのないようにしなければならない。

(附)　候補者に交付する物品・証明書類一覧表

交付物、証明書の種類	知事の選挙		知事以外の選挙		交付時期	使用の目的	摘要
	数量	交付者	数量	交付者			
選挙事務所の標札	一（二〜四）	選挙管理委員会			立候補届出受理後直ちに	選挙事務所の入口に掲示	選挙事務所の数は通常一であるが、知事の選挙については例外もあるので、選挙事務所の項（九二頁〜）参照のこと。なお、標札は、知事選挙以外の選挙では掲げる必要はない。
選挙運動用自動車、船舶表示板	一	〃	一	選挙管理委員会	〃	自動車冷却器又は船舶操舵室の前面　常時掲出	自動車、船舶についてはどちらか一を選択使用できる。町村の議会の議員及び長の選挙とそれ以外の選挙では自動車の種類及び使用方法に違いがあるので、選挙運動用自動車と船舶の項（一〇四頁〜）参照のこと。

選挙運動用拡声機表示板	一	〃	一	〃	〃	拡声機送話口の下部常時掲出	
街頭演説用標旗	一	〃	一	〃	〃	街頭演説の場に掲出	
自動車、船舶乗車船用腕章	四	〃	四	〃	〃	乗車（船）中着用（候補者、運転手一名及び船員を除く。）	
街頭演説用腕章	十一	〃	十一	〃	〃	街頭演説に従事する者が着用	一標旗の下に自動車、船舶乗車船用腕章を通じて十五以内に限る。
候補者用通常葉書使用証明書	一	選挙長	一	選挙長	〃	選挙運動用葉書の交付又は手持ちの葉書に選挙用の表示を受ける場合営業所（郵便局）に提出	選挙運動用通常葉書の枚数 知事　三万五千枚　ただし、都道府県の区域内の衆議院（小選挙区選出）議員の選挙区の数が一を超える場合にはその一を増すごとに二千五百枚を三万五千枚に加えた数 都道府県の議員　八千枚 指定都市の長

							三万五千枚 指定都市の議員　四千枚 その他の市の長　八千枚 その他の市の議員　二千枚 町村長　二千五百枚 町村の議員　八百枚
選挙運動用通常葉書差出票	選挙管理委員会が定める数	〃	選挙管理委員会が定める数	〃	〃	選挙運動用葉書を営業所（郵便局）に差し出すときに添付する。	一枚の差出票により五百枚（都道府県議及び市の選挙にあっては二百枚・町村の選挙にあっては百枚）の葉書を差し出すことができる。
新聞広告掲載証明書	四	〃	二	〃	〃	希望する新聞社に提出、知事選挙のみ無料で広告を掲載できる。	記事下で寸法は｛横九・六cm 縦二段組｝以内 色刷りは認められない。
公職の候補者旅客運賃後払証	十五	〃			〃	鉄道、軌道の各駅の窓口あるいはバス会社本社に提出、無料で「パス」の交付を受ける。	知事選挙のみ

選挙運動用ビラ証紙交付票	選挙管理委員会が定める数	選挙管理委員会	選挙管理委員会が定める数	選挙管理委員会	〃	選挙管理委員会に提出し、引換えに証紙の交付を受ける。	選挙管理委員会の定めるところにより、証紙交付票を所定の枚数交付する。
選挙運動用ポスター証紙交付票又は検印票	／	／	選挙管理委員会が定める数	選挙管理委員会	〃	選挙管理委員会に提出し引換えに証紙の交付又は検印を受ける。	選挙管理委員会の定めるところにより、検印票又は証紙交付票を所定の枚数を交付する。
個人演説会の表示	五	選挙管理委員会	／	／	〃	演説会の会場前に掲示する立札・看板の類に表示する。（知事選挙のみ）	個人演説会会場外のいずれの場所においても掲示しておくことができる。
備考　1　交付物、証明書類は、紛失した場合には原則として再交付されない。ただし、選挙事務所の標札並びに自動車、船舶及び拡声機の表示板を紛失し又は破損したため再交付を受けようとする場合は、選挙管理委員会の規程で定められているのが通常であるが、だいたいは選挙管理委員会に文書で申請する（このほか紛失した場合は紛失届を警察署に提出する。）取扱いとなっている。 2　交付物、証明書類は他人に譲渡してはならない。 3　立候補の届出を却下（法八六の四9）され、又は候補者を辞退した場合は、交付物、証明書類は、直ちに返還しなければならない。							

問答

問　氏名をかな書きにして立候補の届出をしてもよいか。

答　立候補の届出は、必ず戸籍名で行わなければならない。ただし、用字については五九頁の**3**(1)参照。

問　通称認定申請書は、立候補届出が受理されたあと提出してもよいか。

答　立候補届出書に添えて同時に提出しなければならない。

問　公認決定電報をもって所属党派証明書に代えることができるか。

答　できない。

九　その他の届出

1　立候補の辞退届（法八六の四10、令八九7）

候補者が翻意して候補者たることを辞める場合は、選挙長に文書で、辞退の届出をしなければならない。しかしながら、候補者を辞退することができるのは、選挙期日の告示の日一日間だけであり、その後は、立候補の辞退はできない。

この届出も立候補の届出時間と同様に午前八時三十分から午後五時までであるので、午後五時を過ぎると受理されない。なお、辞退しても供託物は返してもらえない。

辞退届の様式及び記載例は、次頁のとおりである。

2　立候補届出事項の異動届出（令八九6）

立候補の届出事項に異動を生じた場合は、その旨を直ちに選挙長に文書で届け出なければならない。

候補者辞退届の様式と記載例

山川市議会議員 選挙候補者辞退届出書

候補者　甲山花子

事由　何々

右のとおり令和〇年〇月〇日執行の**山川市議会議員**選挙において候補者たることを辞する旨の届出をします。

令和〇年〇月〇日

山川市議会議員　選挙候補者　甲山花子

選挙長　丙野三郎　殿

備考　候補者本人が届け出る場合にあつては本人確認書類の提示又は提出を、その代理人が届け出る場合にあつては委任状の提示又は提出及び当該代理人の本人確認書類の提示又は提出を行うこと。ただし、候補者本人の署名その他の措置がある場合はこの限りではない。

（記載上の注意）　立候補の辞退は、立候補届出期間内でなければできない。

3　出納責任者・選挙事務所・事務員、車上等運動員、手話通訳者及び要約筆記者の届出（法一三〇、一八〇、一九七の二）

前記の立候補届出が受理されれば、それで完全に候補者となることができるのであるが、なお、次の届出も立候補届とできるだけ同時にすべきである。

(1)　選挙事務所の設置届（九四頁参照）

(2)　出納責任者の選任届（二一七頁参照）

(3)　報酬を支給する選挙運動事務員、車上等運動員、手話通訳者及び要約筆記者の届出（二三八頁参照）

これらの届出については、それぞれの頁のところを参照されたい。

4　開票立会人・選挙立会人の届出（法六二、七六）

開票立会人及び選挙立会人とは、公益代表として開票及び当選人決定の手続の公正な執行を監視するとともに、候補者の利益代表的役割をも果たすものである。

したがって、これらの者は、原則として、候補者が届け出た者の中から選ぶこととされている。

(1)　開票立会人については、当該選挙の開票区ごとに、当該開票区の区域の全部又は一部をその区域に含む市町村の選挙人名簿に登録された者でなければならない。また、選挙立会人については当該選挙の選挙権を有する者（ただし、開票の事務を選挙会の事務に併せて行う場合には、当該開票区域の全部又は一部をその区域に含む市町村の選挙人名簿に登録された者）でなければならない。

なお、同じ日に二つ以上の選挙が行われる場合には、同一人を二つ以上の選挙の開票立会人又は選挙立会人として届け出ることはできないので、注意すること。

(2) 届出は、常に（推薦届出の場合でも）候補者が行う。

(3) 届出先は、開票立会人は市区町村の選挙管理委員会、選挙立会人は選挙長である。

(4) 届出の時期は、立候補の届出をした日から選挙の期日前三日（期日の前日を第一日として逆算し、三日目に当たる日）の午後五時までである。

(5) 届出は、必ず立会人となるべき者本人の承諾書を添えて文書でしなければならない。その様式及び記載例は次頁・八一頁のとおりである。

5 各種届出の用紙

立候補届出、出納責任者等の届出及び選挙事務所の設置、変更の届出書等の用紙は、選挙管理委員会で準備しているのが通例であるので、これを利用するのが便利である。

開票（選挙）立会人となるべき者の届出書の様式と記載例

開票（選挙）立会人となるべき者の届出書

立会人となるべき者

住　所　山川県山川市原野町一丁目二番三号

丁　野　五　郎　昭和〇年〇月〇日生

選　挙　令和〇年〇月〇日執行山川市議会議員選挙

立会いすべき開票区（選挙区）　〇〇開票区（選挙区）

右のとおり本人の承諾を得て届出をします。

令和〇年〇月〇日

山川市議会議員　選挙候補者　〇〇党　甲　山　花　子

山川市選挙管理委員会委員長　〇〇〇　殿

（山川市議会議員選挙選挙長　丙　野　三　郎　殿）

備考　公職の候補者又は政党その他の政治団体の代表者本人が届け出る場合にあつては本人確認書類の提示又は提出を、これらの者の代理人が届け出る場合にあつては委任状の提示又は提出及び当該代理人の本人確認書類の提示又は提出を行うこと。ただし、公職の候補者又は政党その他の政治団体の代表者本人の署名その他の措置がある場合はこの限りではない。

（記載上の注意）(1)　この届出は、選挙期日の前日を第一日とし、逆算して第三日目に当たる日の午後五時までにしなければならない。

(2)　一選挙区内に二つ以上の開票区が設置されているときは、開票区単位ごとに届出書を作成して開票区欄に「〇〇開票区」を記載して届け出ること。

立会人となることの承諾書の様式と記載例

承諾書

令和〇年〇月〇日執行の山川市議会議員選挙における開票（選挙）立会人となるべきことを承諾します。

令和〇年〇月〇日

山川県山川市原野町一丁目二番三号

丁　野　五　郎

候補者　甲　山　花　子　殿

第二　選挙運動

一　選挙運動の期間

1　いつから選挙運動ができるか（法一二九）

立候補届の受付が済んだときからである。したがって、選挙の期日の告示があっても、立候補届が選挙長に受理されるまでは選挙運動ができないから、注意を要する。

2　いつまで選挙運動ができるか（法一二九）

原則として、投票日の前日までである。例外として、投票日当日でも、次の**3**に述べる選挙運動はできる。

3　投票日当日にもできる選挙運動（法一三二、一四三5・6）

⑴　投票所又は共通投票所を設けた場所の入口から三〇〇メートル以外の区域に選挙事務所を設置すること。

⑵　⑴の選挙事務所を表示するために、その場所で、ポスター、立札及び看板の類を通じて三以内並びにちょうちんの類一を掲示すること。

(3)　選挙運動期間中適法に掲示した選挙運動用ポスター及び個人演説会告知用ポスター（知事選挙のみ）をそのまま掲示しておくこと。

問　答

問 投票日の前日は、午後十二時まで選挙運動ができるか。

答 できる。ただし、街頭演説及び選挙運動用自動車・船舶上での連呼行為には時間の制限があり、午後八時以後はすることができない。

問 選挙運動期間中に既に適法に掲示してある選挙運動用ポスターを、投票日当日貼り替えることができるか。

答 選挙運動期間中、適法に掲示したポスターを投票日当日も掲示しておくことだけが許されるのであるから、投票日当日貼り替えることはできない。ただし、前日までならできる。

問 投票日に、特定候補者を支持推薦している団体等が、自動車等で棄権防止を呼びかけることはどうか。

答 棄権防止のためといえども、併せて特定の候補者の当選に資するものと認められ、違反となる場合が多い。

二　選挙運動をしてはならない人

1　次の者は選挙運動を禁止される

(1)　選挙事務関係者の選挙運動の禁止（法一三五1）
投票管理者、開票管理者及び選挙長は、在職中（選任されてからその職務が完了するまでの間）、その関係区域内において、選挙運動をすることが禁止される。投票立会人、開票立会人及び選挙立会人には、この制限はない。不在者投票管理者については**2**参照。

(2)　特定公務員の選挙運動の禁止（法一三六）
次の者は、在職中、選挙運動を禁止される。
ア　中央選挙管理会の委員及び中央選挙管理会の庶務に従事する総務省の職員
イ　参議院合同選挙区選挙管理委員会の職員
ウ　選挙管理委員会の委員及び職員
エ　裁判官
オ　検察官
カ　会計検査官
キ　公安委員会の委員

ク　警察官
ケ　収税官吏及び徴税の吏員

(3)　次の公務員は、国家公務員法、地方公務員法、教育公務員特例法等により政治的行為（選挙運動を含む。）が禁止されている。
ア　一般職の国家公務員（顧問、参与、委員、会長、副会長、評議員等で臨時又は非常勤のものを除く。）
イ　一般職の地方公務員は、一定の地域内において選挙運動をすることが禁止される。一定の地域内とは、その職員の属する地方公共団体の区域をいうが、例外として、都道府県の支庁若しくは地方事務所に勤務する職員又は指定都市の区に勤務する職員については、その支庁若しくは地方事務所又は区の所管区域をいう。
ウ　公立学校の教育公務員（4参照）

2　不在者投票管理者は、不在者投票に関し、業務上の地位を利用して選挙運動をしてはならない

（法一三五2）

公務員である不在者投票管理者については、国家公務員法等による選挙運動又は政治活動の制限が設けられているが、私立病院の長等の公務員ではない不在者投票管理者には、このような制限はない。そこで、そのような公務員ではない不在者投票管理者について、不在者投票に関し病院の長等としての地位を利用して選挙運動をすることを禁止する旨が定められている。「地位利用」については

3参照。

3　公務員等はその地位を利用して選挙運動をしてはならない（法一三六の二）

(1)　公務員等とは

国若しくは地方公共団体のすべての公務員（一般職たると特別職たるとを問わない。）又は行政執行法人若しくは特定地方独立行政法人の役員若しくは職員及び沖縄振興開発金融公庫の役員又は職員をいう。

なお、ここで「すべての公務員」とは、国又は地方公共団体の事務又は業務に従事する身分的契約関係にある者をいい、その根拠が法令であると予算であると、また、その職務内容が単なる労務の提供であると、勤務の態様が常勤であると非常勤であるとを問わない。また、一般職たると特別職たるとを問わないので、現職の国会議員、知事、市町村長、地方公共団体の議員はもとより、非常勤の消防団員もここでいう公務員である。

(2)　地位利用とは

「地位利用」とは、公務員等がその地位にあるがため特に選挙運動を効果的に行い得るような影響力又は便益を利用するという意味であり、その職務上の地位と選挙運動又は選挙運動類似行為が結びついている場合をいう。これに該当する場合を例示すると、次のとおりである。

ア　補助金・交付金等の交付、融資のあっせん、物資の払下げ、契約の締結、事業の実施、許可、認可、検査、監査その他の職務権限を有する公務員等が、地方公共団体、外郭団体、請負業者等の関係団体や関係者に対し、その職務権限に基づく影響力を利用すること。

イ　公務員等が部下又は職務上の関係のある公務員等に対し、職務上の指揮命令権、人事権、予算権等に基づく影響力を利用すること。

ウ　官公庁の窓口で住民に接する職員や各種調査等のため各戸を訪ねる職員が、これらの機会を利用して職務に関連して住民に働きかけること。

なお、推薦状に単に職名を通常の方法で記載しただけでは、直ちに地位利用とはいえない。

(3)　公務員等の地位利用による選挙運動類似行為も禁止される

(1)の公務員等である者は、その地位を利用して選挙運動をすることを禁止されているが、更に候補者等を推薦したり、支持したり、又は反対する目的で、また、候補者になろうとする者（公職にある者を含む。）である(1)の公務員等が候補者として推薦され、支持される目的をもってする次のような選挙運動類似行為は、公務員等の地位利用による選挙運動とみなされて禁止される。

ア　その地位を利用して、候補者の推薦に関与し、若しくは関与することを援助し、又は他人をしてこれらの行為をさせること。

イ　その地位を利用して、投票の周旋勧誘、演説会の開催その他の選挙運動の企画に関与し、その企画の実施について指示し、若しくは指導し、又は他人をしてこれらの行為をさせること。

ウ　その地位を利用して、後援団体（法一九九の五1）を結成し、その結成の準備に関与し、その後援団体の構成員となることを勧誘し、若しくはこれらの行為を援助し、又は他人をしてこれらの行為をさせること。

エ　その地位を利用して、新聞その他の刊行物を発行し、文書図画を掲示し、頒布し若しくはこれらの行為を援助し、又は他人をしてこれらの行為をさせること。

オ　候補者等を推薦し、支持し、若しくはこれに反対することを申出、又は約束した者に対し、その代償として、その職務の執行に当たり、その申出、又は約束した者に係る利益を与え、又は与えることを約束すること。

右の地位利用による選挙運動類似行為に当たるものを例示すると、次のとおりである。

a　某県某部長が、職務上関係のある団体に対し、特定候補者の推薦決議をするように干渉すること。

b　某県某部長が、職務上関係のある出先機関、市町村長をはじめ市町村の部課長等に投票の割当てやポスター貼りを指示すること。

c　某県某部長が、外郭団体に特定候補者の後援会に参加することを要請すること。

d　某県某課長が、外郭団体の新聞に特定候補者についての記事を掲載するよう指示すること。

e　某県某課長が、特定候補者の支持の申出をした市町村長に対し、その代償としてその市町村に所管の補助金を増額交付すること。

4　教育者はその地位を利用して選挙運動をすることができない（法一三七）

(1)　**教育者の範囲**

教育者とは、学校教育法に規定する学校（幼稚園、小学校、中学校、義務教育学校、高等学校、中等教育学校、特別支援学校、大学及び高等専門学校）及び幼保連携型認定こども園の長及び教員をいう。公立の学校はもとより、私立の学校の長及び教員も含まれる。したがって、公立の学校の長及び教員は、教育公務員として一般的に選挙運動を禁止され、更に、教育者の地位を利用する選挙運動が禁止される。私立学校の長及び教員は、一般の選挙運動は自由であるが、教育者の地位を利用する選挙運動はできない。

なお、洋裁学校、料理学校等の専修学校、各種学校の教員等は、ここにいう教育者には含まれない。

(2)　**教育者の地位を利用する選挙運動とは**

教育者の地位を利用する選挙運動とは、教育者が、その地位に伴って有する児童、生徒、学生に対する影響力を利用して行う選挙運動をいう。直接、児童、生徒等を選挙運動に従事させる場合（次に述べる年齢満十八歳未満の者の選挙運動の禁止があることに注意）はもちろん、これらの者の保護者あるいはＰＴＡ等に働きかける場合をも含む。

5　その他選挙運動を禁止される者（法一三七の二、一三七の三）

(1)　**年齢満十八歳未満の者**

年齢満十八歳未満の者は、いっさい選挙運動をすることができない。また、何人も、年齢満十八歳未満の者を使用して選挙運動をすることはできない。

しかし、年齢満十八歳未満の者であっても、単なる選挙運動のための労務に使用することは差し支えない。選挙運動と労務との区別は、社会常識によって判断するほかないが、一般的には、選挙事務所における湯茶の接待とか、葉書の宛名書きのように単純かつ機械的なものが労務であり、演説のように選挙人に直接投票を働きかけたり、自らの判断により積極的に投票を得させるために有利なことをするような行為は、選挙運動である。

(2) 選挙犯罪者等

選挙犯罪又は政治資金規正法違反の罪を犯したために選挙権及び被選挙権を有しない者は、いっさい選挙運動をすることができない。

問答

問 知事、副知事、市町村長、副市町村長は選挙運動をすることができるか。

答 公選法第百三十六条の二に規定する地位利用による選挙運動はすべて禁止されている。地位利用によらない場合は、差し支えないが、副知事、副市町村長で、徴税事務を委任されている場合にはできない。

問 選挙運動用ポスターに知事が推薦人として氏名を記載することができるか。

答 単に推薦人として通常の方法で記載する限り、差し支えない。

問 人事委員会委員・公平委員会委員は、選挙運動をすることができるか。

答 地方公務員法第九条の二第十二項の規定によって準用される同法第三十六条の規定により、選挙運動はできない。

問 不在者投票管理者である船長、病院長、老人ホームの長等は、選挙運動をすることができるか。

答 できる。ただし、その業務上の地位を利用して不在者投票に関し行う場合は禁止される。

問 教育者のなかには講師も含まれるか。

答 含まれる。

問 外国人は、選挙運動をすることができるか。

答 公選法上は、規制されない。ただし、場合によっては、出入国管理及び難民認定法第二十四条（退去強制）等の適用を受けることがある。

問 十八歳未満の者が葉書の宛名書きをすることは差し支えないか。

答 単純な機械的労務のみならば差し支えない。

問 国家公務員が、たまたま路上で会った友人に、特定の候補者への投票を依頼することは許されるか。

答 計画的、継続的又は組織的に行うものでなく、偶発的である限り、公務員の政治活動の禁止に該当しない。

三　選挙事務所

1　選挙事務所とは

選挙事務所とは、特定候補者の選挙運動に関する事務を取り扱う場所である。したがって、政党その他の政治団体がその本部又は支部に選挙対策本部を設け、全国的な観点から自己の団体に属する候補者全体の選挙運動についての対策のみを練る所は、通常、選挙事務所ではない。

(1)　選挙運動に関する事務を取り扱うとは、ある程度継続的、かつ、各種の事務を総合的に取り扱うことをいう。したがって、単に一回限りの演説の打合わせをするとか、あるいは選挙運動用の文書図画を単に保管するにすぎないような場合には、それらの場所は選挙事務所とはいえない。

(2)　選挙事務所であるかどうかということは、個々具体的な場合に応じて、実態に即して判断される。したがって、名称は選挙対策本部であっても、その実質が特定候補者のための選挙運動に関する事務を取り扱っているようなものは、選挙事務所と認められる。連絡所というような名称を有するものについても、同様に、その実態によって判断される。

選挙事務所を表示する標札の掲示違反罪　都道府県知事の選挙における選挙事務所には、選挙管理委員会の交付する標札をその入口に掲示しておかなければならないが（法一三一3）、この標札を掲示しなかったときは閉鎖命令が出されるほか、二十万円以下の罰金に処せられる（法一三四、二四二）。後になって標札を掲示しても成立した罪には影響がない。処罰される者は、通常は設置者であるが、設置者に過失がなく、その他の者で掲示しないことを指示した者（例えば、総括主宰者）があるようなときは、その指示した者が処罰されるものと解されている。閉鎖命令に従わないときは、更に閉鎖命令違反罪に問われ、一年以下の禁錮又は三十万円以下の罰金に処せられる（法二三九）。

2　選挙事務所は誰が設置するか（法一三〇1）

選挙事務所を設置することができる者は、候補者又は推薦届出者（推薦届出者が数人あるときはその代表者）に限られる。推薦届出者が設置するときは、候補者の承諾を要する。

3　選挙事務所を設置したときの手続は（法一三〇2、令一〇八）

選挙事務所を設置したときは、直ちに文書で、知事と都道府県の議会の議員の選挙にあっては、都道府県の選挙管理委員会及び選挙事務所を設置した市区町村の選挙管理委員会（指定都市にあっては、区の選挙管理委員会）に、市区町村長と市区町村の議会の議員の選挙にあっては、市区町村の選挙管理委員会（指定都市にあっては、区の選挙管理委員会）に届け出なければならない。

(1)　届出書の記載事項は、

ア　選挙事務所の所在地

イ　選挙事務所の設置年月日

ウ　候補者の氏名

エ　推薦届出者の氏名（設置者が推薦届出者である場合のみ）

であって、様式は、当該選挙を管理する都道府県又は市町村の選挙管理委員会で定めているところが多いので、届出書を作成するときは、念のため問合わせをすることが必要である（立候補の届出が済む

選挙事務所設置届の様式と記載例（候補者本人の設置の場合）

選挙事務所設置届

選挙事務所の所在地	山川県山川市新町一丁目二番三号　新町ビル一〇五号室 電話　〇〇〇―〇〇〇〇
設置年月日	令和〇年〇月〇日
候補者の氏名	甲山花子

右のとおり選挙事務所を設置しましたので届け出ます。

令和〇年〇月〇日

住所　山川県山川市甲町一丁目二番三号
電話〇〇〇―〇〇〇〇

氏名　甲山花子　㊞

山川市選挙管理委員会委員長　殿

選挙事務所設置承諾書の様式と記載例（推薦届出者の設置の場合）

選挙事務所設置承諾書

推薦届出者（推薦届出者代表者）　乙　野　次　郎

右の者が選挙事務所設置届出書記載のとおり選挙事務所を設置することを承諾します。

令和○年○月○日

山川市議会議員　選挙候補者　甲　山　花　子　㊞

推薦届出者代表者証明書の様式と記載例

推薦届出者代表者証明書

乙　野　次　郎

右の者は、山川市議会議員選挙候補者甲山乙夫の推薦届出者の代表であることを証明します。

令和○年○月○日

推薦届出者

山　野　四　郎　㊞

○　○　○　○　㊞

（全員の名前を書くこと）

と、届出用紙を交付しているところもある。）。

なお、届出書の見本を示すと、おおむね九四頁のとおりである。

⑵　設置者が推薦届出者であるときは、次の文書を添付しなければならない。

ア　選挙事務所を設置することについて候補者の承諾を得たことを証明する書面（前頁参照）

イ　推薦届出者が数人いるときは、その代表者であることを証明する書面（前頁参照）

4　選挙事務所を異動（移転・廃止）したときは（法一三〇2）

選挙事務所に異動があったときも、設置のときと同様の手続により、直ちに届出を要する。

⑴　**選挙事務所の異動とは何か**

選挙事務所の移転（移動）及び廃止（閉鎖）をいう。

ただし、選挙管理委員会から閉鎖を命ぜられたり、立候補を辞退した場合のように、結果的に廃止されたようなときは、届出は要しない。また、移転と廃止を区別する必要もないため、これらをすべて異動届として事実を記載して届け出ればよい。

⑵　**異動することができる者**

選挙事務所を設置した候補者又は推薦届出（代表）者である。

⑶　**異動の手続は**

異動（移転又は廃止）があったら、直ちに、文書で⑷に掲げる選挙管理委員会にその旨を届け出なければならない。届出の記載事項、添付書類は設置の場合とおおむね同じであるが、異動届の様式の

選挙事務所異動届の様式と記載例

選挙事務所異動届

旧選挙事務所の所在地	山川県山川市新町一丁目二番三号　新町ビル一〇五号室
新選挙事務所の所在地	山川県山川市港町二丁目二番三号　山野六郎方
異動年月日	令和〇年〇月〇日
候補者の氏名	甲山花子

右のとおり選挙事務所を異動しましたので届け出ます。

令和〇年〇月〇日

山川県山川市

候補者　住所　甲町一丁目二番三号　電話〇〇〇—〇〇〇〇番

氏名　甲山花子　㊞

山川市選挙管理委員会委員長殿

見本を示すと、右のとおりである（届出書を作成するときは、**3**の選挙事務所設置届と同様に、事前に当該選挙を管理する選挙管理委員会に問い合わせるとよい。）。

⑷　選挙事務所を異動したときの届出先

ア　知事及び都道府県の議会の議員の選挙の場合
(ア)　新・旧選挙事務所所在地の市町村（指定都市の場合は区）又は特別区の選挙管理委員会
(イ)　都道府県の選挙管理委員会
イ　市町村長・特別区の区長及び市町村又は特別区の議会の議員の選挙の場合
市町村（指定都市の場合は区）又は特別区の選挙管理委員会

5　設置できる選挙事務所の数は（法一三一1、令一〇九2、別表第四）

選挙事務所は、原則として候補者について一箇所に限られているが、知事選挙にあっては次に掲げる都道府県では特例として二箇所から四箇所まで設置できる。なお、これらの数を超えて選挙事務所を設けると違反となり処罰される。

(1)　四箇所設置できる都道府県
北海道
(2)　三箇所設置できる都道府県
東京都、新潟県、長野県、大阪府、兵庫県、福岡県、長崎県、沖縄県
(3)　二箇所設置できる都道府県
岩手県、福島県、茨城県、群馬県、埼玉県、千葉県、神奈川県、岐阜県、静岡県、愛知県、京都府、広島県、愛媛県、熊本県、鹿児島県

6　選挙事務所の移動回数は（法一三一2、二四〇）

選挙事務所は、それぞれの事務所ごとに、一日に一回しか移動（廃止に伴う設置を含む。）できない。「廃止に伴う設置」とは、選挙事務所を廃止し、これに代わるべき選挙事務所を別の場所に新設することである。

したがって、一日に一回を超えて選挙事務所を移動すると、違反となり処罰される。

7　選挙事務所を表示するには（法一三一3、一四三1・5・7・9・10）

(1)　知事選挙の場合には、立候補の届出の際、都道府県の選挙管理委員会から交付される標札を選挙事務所の入口に掲示しておかなければならない。

(2)　選挙事務所には、その表示のために、その場所において使用する次のようなものを掲示することができる。

ア　**種　類**

ポスター、立札、ちょうちん及び看板の類

イ　**規　格**

(ア)　ポスター、立札及び看板の類は、縦三五〇センチメートル、横一〇〇センチメートルを超えないこと。縦を横にすることも自由である。

(イ)　ちょうちんの類は高さ八五センチメートル、直径四五センチメートルを超えないこと。

ウ　**数　量**

ポスター、立札及び看板の類は、選挙事務所ごとに、通じて三以内、ちょうちんの類は一個に限られている。

「通じて三」とは「合計三」ということで、例えば、ポスターを二枚使った場合には、立札か看板のいずれかを一個しか使用できないことになる。数の制限を受けるポスター、立札及び看板の類は、選挙事務所の外側に掲示するものはもちろん、選挙事務所の内側に掲示されていても外側に掲示したと同様の効果を持つものは、制限を受ける。

なお、ポスター、立札及び看板の類の両面を使用した場合は、二枚又は二個と数えられる。

また、三角柱や円錐形のように立体的なものは、立札及び看板の類に当たらないので使用できない。

エ　**記載の内容**

全体として、選挙事務所を表示するためのものでなければならない。

したがって、選挙事務所を表示するものであることが認められる内容の記載が必要であり、単に候補者の政見や経歴のみを記載したようなものは掲示できない。ただし、選挙事務所を表示するためのポスター、立札及び看板の類に付随的に政見等を記載したり、候補者の写真や画像等を貼りつけることは差し支えない。

オ　**掲示の場所**

選挙事務所の所在場所に限る。選挙事務所から離れた場所に掲示することはできない。

8　選挙事務所内で頒布できる文書図画は（法一四二、令一〇九の六）

選挙事務所内では、それぞれの選挙を管理している選挙管理委員会に届け出た選挙運動用ビラを頒布することができる。このビラには当該選挙を管理している選挙管理委員会から交付された証紙を貼らなければならない（ビラの頒布の項（一五五頁）参照）。

9　選挙事務所の設置場所は制限されるか（法一三二）

別段制限はない。ただし、投票当日には、投票所、共通投票所を設けた場所の入口から三〇〇メートル内（直線距離で測る。）の区域にある選挙事務所は、閉鎖するか、又は三〇〇メートル以外の区域に移転させなければならない。この場合も異動届が必要である。

10　選挙事務所の閉鎖命令（法一三四）

次の場合には、選挙管理委員会から閉鎖を命ぜられる。閉鎖命令に従わない場合には、代執行によって、強制的に閉鎖されることになる。

⑴　選挙事務所を設置することができる者以外の者が選挙事務所を設置したとき
⑵　都道府県の選挙管理委員会から交付された標札を掲示しなかったとき（知事選挙のみ）
⑶　投票当日、投票所、共通投票所を設けた場所の入口から三〇〇メートル内に選挙事務所を設置しているとき
⑷　定められた数を超えて選挙事務所を設置しているとき

問答

問　通常、総括主宰者や出納責任者がいない場所は、選挙事務所でないと考えてよいか。

答　必ずしも総括主宰者又は出納責任者がいなければならないということはない。一定の権限を与えられた選挙運動員がいて、その場所を中心として選挙運動を行い、あるいは他の選挙運動員や労務者等を指揮して運動をしているようなときは、その場所は選挙事務所と認められる。

問　候補者が、遊説地の友人の家や、なじみの旅館などを選挙運動に関する打ち合わせの場所として利用することは、差し支えないか。

答　遊説のつど、一時的に利用する程度であれば差し支えない。ただし、それらの場所に選挙運動に関する事務を取り扱うための設備をしたり、あるいは打ち合わせのほかにも選挙運動員がしばしば出入して選挙に関する事務を行う等の事情があれば、選挙事務所と認められるであろうし、また、利用の状況によっては、禁止されている休憩所等を設けたものと認められる場合もある。

問　選挙事務所を二人以上の候補者が共同して設置することができるか。

答　できる。このような場合には、それぞれの候補者について一箇所として計算される。設置、異動の届出も、各候補者がそれぞれ行わなければならない。

問　投票所、共通投票所を設けた場所の入口から三〇〇メートル内の区域とは、具体的にはどのような区域をいうか。

答　「投票所、共通投票所を設けた場所」とは、投票所、共通投票所の建物及びその敷地の全部をいい、入口が二以上ある場合には、そのおのおのの入口を基点として直線距離三〇〇メートル内の区域をいう。
　したがって、学校の場合には、その校門（正面、裏門がある場合には、そのおのおの）を中心として半径三〇〇メートルの円に含まれる区域をいうが、詳細は、市町村の選挙管理委員会に聞くとよい。

問 知事選挙で標札を選挙事務所の入口に掲示しなければならないが、その入口とは、次の場合どこを指すのか。

(1) 選挙事務所がビル内の一室にある場合

(2) 袋小路の奥に選挙事務所があるような場合

答 (1) 選挙事務所のある室の入口

(2) 建物の入口

問 公選法第百四十三条第十項のちょうちんの大きさは、直径四五センチメートルを超えてはならないとされているが、長方形、六角形等のちょうちんの直径はどのように考えるか。

答 いかなる形のちょうちんであっても、その外側に接する円の直径と解する。

四　休憩所等の禁止

1　休憩所等は一切禁止される（法一三三）

休憩所その他これに類似する設備は、選挙運動のために設けるものであれば、選挙運動員、労務者の用に供すると、選挙人のために設けるとを問わず、一切禁止される。

2　休憩所等とは

休憩所とは、休憩を主たる目的として設けられた一切の場所的設備をいい、その他これに類似する設備とは、設備構造その他の点で休憩所というほどではないが、これに類似するもので、例えば、湯呑所、連絡所のようなものがこれに当たるであろう。ただし、演説会場における弁士の控室、選挙事務所の一部に設けられる運動員の休憩の場所等は、ここにいう休憩所等には含まれない。

五　選挙運動用の自動車と船舶

1　自動車・船舶の意義（法一四一）

(1)　どの選挙でも、候補者一人について選挙運動用自動車一台又は船舶一隻の使用ができるが、使用できる自動車の種類については、町村の議会の議員及び長の選挙とその他の選挙では異なるので、注意を要する。

(2)　ここでいう自動車とは、道路交通法第二条第一項第九号に規定する自動車のことであり、通常「自動車」と言われているもののうち、使用できるのは**3**で述べる自動車に限られる。

(3)　船舶については、別段の定めがないが、普通、常識的に「船（舟）」と考えられるものは、すべて含まれる。ボート、磯舟等もここにいう船舶であるが、筏等は船舶には含まれない。

2　主として選挙運動に使用することができる自動車・船舶の数（法一四一1）

候補者一人につき、自動車一台か船舶一隻に限られている。したがって、自動車一台又は船舶一隻のいずれか一方のみの使用しかできず、両方を同時に使用することはできない。同時使用にならない限り、例えば、乗継ぎのつど表示板を移せば、途中で自動車から船舶に乗り換えて使用することは差し支えない。

「主として」とは、借上げその他の契約の内容、その自動車等の使用の状況等により、社会通念上選挙運動に使用することが主目的である場合をいう。

バス、タクシー、乗合船等を一般の人と同じく利用する場合はもとより、自家用自動車であっても、たまたま選挙事務所から演説会場へ行くために臨時に使用する程度のものは、主として選挙運動のために使用する自動車等に当たらない。

3　使用できる自動車の種類には制限があるか（法一四一6、令一〇九の三）

(1)　選挙運動のために使用することができる自動車（令一〇九の三）

ア　都道府県及び市の選挙

次の(ア)、(イ)又は(ウ)に該当する自動車であれば、使用できる。

(ア)　乗車定員四人以上一〇人以下の小型自動車

これに該当するものは、乗車定員四人以上一〇人以下の小型乗用自動車（「乗用自動車」については(ウ)参照）及びいわゆるライトバン等のバン型自動車でその用途が貨物用とされたものである。

ただし、屋根、側面、後面の全部又は一部が開けっぱなしになっているものや、屋根が取りはずせたり、開くことのできる自動車は使用できない。

したがって、トランクの上面が開けっぱなしになっているピックアップ型の自動車などは使用できない。

(イ)　四輪駆動式の自動車で車両重量二トン以下のもの

これに該当するものは、いわゆるジープといわれている自動車である。ただし、上面、側面、後面の全部又は一部が構造上開けっぱなしのものは使用できない。これらは前掲の自動車とは、その制限が異なり、上部が開けたり閉めたりできるものであっても、使用することができるので、バン型にしたものや幌付きのジープも使用できる（ただし、走行中開いて使用することはできない。）。

(ウ)　乗用定員一〇人以下の乗用自動車で(ア)及び(イ)に該当しないもの

これに該当するものは、一般に自動車検査証又は軽自動車届出済証の「用途」の欄に乗用の旨が記載されている自動車である。したがって、用途が乗用となっていれば、普通自動車、小型自動車はもちろん軽自動車、二輪自動車であっても使用できる。

ただし、二輪自動車を除き、屋根がなかったり、車の側面とか後面の全部又は一部が開けっぱなしになっているものや、屋根があっても、一部が開いていたり、屋根を取りはずしたり、開くことのできるものは使用できない。したがって、オープンカーやオープンカーに幌をかぶせた車は使用できない。

イ　**町村の選挙**

(ア)　乗車定員四人以上一〇人以下の小型自動車

アの(ア)に同じ。（小型貨物自動車を除く。）

(イ)　四輪駆動式の自動車で車両重量二トン以下のもの

アの(イ)に同じ。
(ウ)　乗車定員一〇人以下の乗用自動車で(ア)及び(イ)に該当しないもの
アの(ウ)に同じ。
(エ)　小型貨物自動車及び軽貨物自動車
これは、町村の選挙についてのみ使用が認められている。「小型貨物自動車」とは、小型自動車に該当する貨物自動車である。小型とは、自動車検査証の自動車の種別の欄の記載が小型となっているもので、貨物自動車とは、自動車検査証の「用途」の欄の記載が貨物自動車になっているものである。

また、軽貨物自動車は、軽自動車に該当する貨物自動車である。これらの車であれば、乗車定員が四人以上一〇人以下のものでなくても使用できるし、屋根、側面、後面の全部又は一部が開けっぱなしになっているものでも、また屋根が取りはずせたり、開くことができるものであっても使用ができる。
(2)　自動車の構造が宣伝を主たる目的としているものは、一切使用できない。したがって、いわゆる宣伝カーや、これと同程度にまで改造されたものは、たとえ乗用の自動車であっても使用することはできない。単にスピーカーを取り付けた程度のものは差し支えない。

4　船舶の種類には制限がない

大きさ、構造等については、なんら制限がない。

5　自動車・船舶を使用する手続は（法一四一5）

主として選挙運動のために使用する自動車及び船舶には、立候補の届出の際、選挙管理委員会から交付される表示板をその前面の見やすい箇所に取り付けなければならない。

6　自動車・船舶に掲示することができる文書図画は（法一四三1・9・10）

(1)　**種　類**

ポスター、立札、ちょうちん及び看板の類

(2)　**規　格**

ア　ポスター、立札及び看板の類は、縦二七三センチメートル、横七三センチメートル以内

イ　ちょうちんの類は、高さ八五センチメートル、直径四五センチメートル以内

(3)　**数　量**

ア　ポスター、立札及び看板の類の数の制限はない。しかし、規格内のものを二枚並べて一枚の看板として使用するような場合、例えば、甲山という候補者がそれぞれ一枚に甲山として二枚を並べて使用する場合は、この二枚を合わせた大きさが規格内でなければならない。

イ　ちょうちんの類は一個に限られる。

(4)　**記載の内容**

記載内容についてはなんら制限がない。したがって、候補者の氏名、選挙の種類、所属政党名のほか、身分（職業）、政見、経歴等を記載することや写真を表示することも自由である。

(5) 看板等の掲示

選挙運動用自動車の外周に看板、ポスター等の文書図面を掲示することはその取り付け方によっては、道路交通法に違反する場合もあるので、自動車に看板等を掲示したときは、所轄の警察署に看板等を掲示した実物を見せてその指示を得ておくことが適当である。

なお、紙、布等の極めて薄い材質のポスター等を掲示することは、積載でなくて塗色に該当するものであるので、道路交通法の積載制限には該当しない。

7 自動車・船舶に乗車(船)することができる人数は(法一四一の二)

(1) 人 数

ア 自動車の場合は、候補者、運転手(一人に限る。)のほか乗車用腕章を着けた運動員四人以内

イ 船舶の場合は、候補者、乗船用腕章を着けた運動員四人以内及び船舶の運航に従事する船員(この船員の数に制限はない。)

(2) 乗車(船)用腕章

自動車又は船舶に乗車(船)する運動員は、選挙管理委員会から交付される乗車(船)用腕章を着けなければならない。この腕章は、四枚交付され、自動車と船舶の双方について共通である(候補者、運転手(一人)及び船員は着ける必要はない。)。また、この腕章は、街頭演説の際に使用する腕章としても使用できる。

8　自動車の上で選挙運動ができるか（法一四一の三）

走行中の自動車の上においては、選挙運動は一切できない（ただし、自動車上の連呼行為は許されている。）が、停止している自動車の上においては、街頭演説、その他の演説（会社、工場等に自動車を乗り入れて行う演説）、連呼行為等を行うことができるが、その種類に応じてそれぞれ規制を受ける。すなわち、例えば、停止した車上で街頭演説を行う場合には、街頭演説用の標旗を掲げなければならない。

9　船舶上の選挙運動は

船舶の上における選挙運動は、一般には禁止されていない。しかし、船舶の上においてする街頭演説は、「その場所にとどまって」しなければならない。この場合、街頭演説用の標旗を掲げなければならないことはもちろんである。

10　自動車以外の諸車は使用できるか

自動車以外の諸車、すなわち、自転車（原動機付のものを含む。）、そり、荷車、リヤカー等の使用については、なんらの制限もなく、自由に使用できる。しかし、立札、看板、ポスター等を取り付けて使用することはできない。

11　自動車の使用の公営（法一四一―8）

都道府県の議会の議員及び長の選挙については都道府県は、市町村の議会の議員及び長の選挙については市町村は、それぞれ条例で定めるところにより、候補者の選挙運動用自動車の使用に要する経費を公費負担することができる。

この場合、候補者は選挙運動用自動車の使用に係る費用について、当該選挙の行われる地方公共団体の条例の定めるところにより一定の額の範囲で無料にすることができるものとされ、選挙後に契約の相手方である一般乗用旅客自動車運送事業者等に対し公費で支払われる。ただし、供託物没収者については公費で負担されないので、その経費は自己負担となる。

選挙運動用自動車の使用の公営は、条例による任意制公営であるので、制度の実施の有無や手続等については、都道府県の選挙にあっては都道府県の選挙管理委員会に、市町村の選挙にあっては市町村の選挙管理委員会に、あらかじめ問い合わせておくとよい。

問答

問 二人以上の候補者が共同して、一台の自動車を主として選挙運動のために使用することができるか。
答 できる。この場合には、各候補者についてそれぞれ一台として計算される。したがって、おのおのに交付された表示板をつけなければならない。船舶の場合も同様である。
問 主として選挙運動のために使用する自動車のほかに、その故障等の場合において使用するための予備車を用意しておくことは差し支えないか。また、予備車を使用することはどうか。

答　予備車を用意しておくことは差し支えないが、これを通常使用している自動車とともに使用することはできない。

問　自動車に看板等を掲示する代わりに直接車体に記載しても差し支えないか。

答　規格内の枠を設けて行うときは、差し支えない。

問　貨物用として届出がされている貨客兼用のバン型自動車を使用することはどうか。

答　差し支えない。

問　自動車を共同使用する場合における乗車人数の制限については、どのように解すればよいか。

答　各候補者についてそれぞれ四人と解する。ただし、乗車定員を超えることはできない。

六　選挙運動用の拡声機

1　使用できる拡声機の数は（法一四一1）

(1) 常時、どこでも使用することができるのは、候補者一人につき一そろいに限られている。

(2) 右のほかに、個人演説会又はいわゆる幕間演説の開催中その会場において別に一そろいを使える。同時に二箇所で開催するときも、それぞれの会場でそれぞれ一そろい使える。拡声機はすべて候補者が用意しなければならないわけではなく、個人演説会場に設備してあるような場合は、それを使うことは差し支えない。

(3)　拡声機一そろいとは、通常は、マイク一個とスピーカー一個及びこれに必要な増幅装置をいうものであり、マイク・スピーカー・増幅装置が一体となった電気メガフォンなどの携帯用の拡声機については、一台で一そろいとなるものである。演説会場において一個のマイクに数個のスピーカーが設備されている場合、その他通常の使用方法として数個のスピーカーを使用することが認められているような場合には、マイクが一個である限り、拡声機一そろいと考えられる。また、テープ・レコーダーのように、肉声以上の音響を発する性能を有するものは拡声機とみなされるものと考えられる。

2　拡声機の使用手続は（法一四一 5）

主として選挙運動のために使用する拡声機には、立候補の届出の際、選挙管理委員会から交付される表示板をマイクロフォンの下部等一定の場所に取り付けておかなければならない。

個人演説会や、いわゆる幕間演説の開催中使用する拡声機には、表示を要しない。

問答

問　無線マイクは拡声機に該当するか。

答　該当する。

七 戸別訪問

1 戸別訪問は禁止される（法一三八1）

何人も、選挙人の家を訪ねて、投票を依頼したり又は投票を得させないように依頼するような行為は、戸別訪問としてすべて禁止される。

戸別とは、必ずしも選挙人宅個々のみをいうものではなく、会社、工場等も含まれる。一戸しか訪問しない場合でも二戸以上を訪問する目的をもっていた場合は、戸別ということになる。

訪問とは、必ずしも家宅中に入らなくとも、相手方の家屋の出入口に接する店先、軒先や道路ばたで訪問すれば戸別訪問になり、また、訪問の相手方が不在であっても、あるいは、面会を拒絶された場合も訪問となる。

2 戸別訪問に類似する行為も禁止される（法一三八2）

戸別訪問に類似する次のような行為も戸別訪問とみなされてできない。

(1) 選挙運動のために、戸別に、演説会の開催又は演説を行うことについて告知をする行為

(2) 選挙運動のために、戸別に、特定の候補者の氏名又は政党その他の政治団体の名称を言い歩く行為

個々面接　個々面接とは、商店、病院等において、そこの店員、医師等が来客者に投票を依頼したり、あるいは街頭で行き会った人やバス、電車、デパートの中でたまたま出会った知人等に投票の依頼をする行為等をいう。演説との違いは、その依頼行為が個々になされるかどうかによるが、一見して直ちに個別に認識し得る程度の人数の集会において、その出席者に対し同時に挨拶するような場合も、個々面接と解される。個々面接は、その実態において戸別訪問と非常にまぎらわしいが、現行法上は禁止されていない。
しかしながら選挙期日の告示前に行えば、事前運動として処罰される。

問答

問　ポスター掲示の承諾を得るため、各戸を訪問する行為はどうか。

答　ポスター掲示の承諾のみを求めるかぎり差し支えないが、その承諾を求める方法において投票の依頼行為があると認められる場合には、戸別訪問となる。

問　選挙人宅附近の道路上へ選挙人を呼び出して、投票を依頼することはどうか。

答　連続してこれを行えば、戸別訪問となる。

問　二人の選挙人宅を日時を異にして訪問することはどうか。

答　戸別訪問になる。

問　二人以上の者が、それぞれ一戸ずつ訪問することはどうか。

答　相互に意思を通じて行う場合は戸別訪問になる。

問　他の用件で選挙人宅を訪問した際、付随的に投票依頼をすることはどうか。

答　連続してこのような機会を利用する目的で行われれば戸別訪問となる。

八　署名運動

1　署名運動は禁止される（法一三八の二）

選挙に関し、投票を得る目的、得しめる目的又は得しめない目的をもって、選挙人に対し署名運動をしてはならない。

(1)　署名運動とは、一定の目的をもって多数人から署名を収集する行為をいう。

(2)　署名の目的　戸別訪問の場合と同様、投票を依頼する趣旨の署名を収集することはもちろん、誰々には投票しないという趣旨の署名を収集することもできない。

(3)　署名運動を禁止される者　戸別訪問の場合と同様、何人も禁止される。

(4)　署名運動の相手方は、選挙人である。選挙人でない者及びその選挙区外の選挙人であってその選挙区に全然関係のないもの、又はその選挙区になんらの影響力をも有しないものは、含まれない。

(5)　署名収集の方法については、署名簿を回覧して行う場合とか、街頭で署名を求める場合とか、その他方法のいかんを問わず禁止される。

2　他の署名運動との関係は

選挙運動期間中であっても、投票依頼等の目的のない署名運動を行うことは、なんら差し支えないが、他の目的に名を借りて、あるいは他の目的と併せて投票依頼等の目的を有する署名運動をすれば当然違反となる。

なお、直接請求のための署名の収集は、選挙運動の目的の有無にかかわらず、選挙の区分ごとに次に掲げる日から当該選挙の期日までの間は禁止されている（地方自治法七四7、同法施行令九二4・5）。

(1) 任期満了による選挙　任期満了の日前六十日に当たる日
(2) 衆議院の解散による選挙　解散の日の翌日
(3) 衆議院議員又は参議院議員の公選法第三十三条の二第二項に規定する統一対象再選挙又は補欠選挙　当該選挙に係る選挙を行うべき事由が生じた旨の告示があった日の翌日又は当該選挙を行うべき期日（同条第三項の規定によるものについては、参議院議員の任期満了の日）前六十日に当たる日のいずれか遅い日
(4) 市町村の設置による選挙　市町村の設置の日
(5) 編入合併等による増員選挙　増員条例施行の日又は市町村の合併の特例に関する法律の規定によるものにあっては合併の日
(6) その他の選挙　当該選挙に係る選挙を行うべき事由が生じた旨の告示があった日の翌日

(3)又は(6)の選挙を行うべき事由が生じた旨の告示があった日とは、当該選挙に関し、公選法第百九十九条の五第四項第四号から第六号までに規定する告示があった日をいう。なお、今回の統一地方選挙においては、この期間は、原則としてそれぞれの選挙期日前六十日に当たる日から当該選挙の期日までの間は禁止することとされた（「選挙期日の統一と臨時特例」の項参照）。

九　人気投票の公表の禁止（法一三八の三）

選挙に関する事項を動機として、公職に就くべき者を予想する人気投票の経過又は結果を公表する

ことは禁止されている。

「経過の公表」とは、人気投票の途中の成績を公表することであり、「結果の公表」とは、人気投票の最終の結果を公表するものをいい、また「公表」とは、不特定又は多数人の知り得る状態におくことをいうものである。したがって、新聞紙、雑誌はもとより、ラジオ、演説、ポスター、ビラ、インターネット等による公表等いっさいの方法による公表が禁止される。

問答

問　公職に就く者の人気投票を新聞社が行い、結果を新聞社前に公表すること又は新聞に掲載することは許されるか。

答　いずれも違反となる。

問　「ミスター大阪」の投票を行い、その経過を定期刊行物に掲載する行為は人気投票の公表禁止の違反になるか。

答　選挙に関して公職に就く者を予想してなされたものである限り、人気投票の公表禁止の違反となる。

問　新聞社、雑誌社以外の者が人気投票を行い、結果を知らしめる行為は差し支えないか。

答　何人もできないと規定されているので違反となる。

十　連呼行為（法一四〇の二）

選挙運動のため連呼行為をすることはできない。ただし、個人演説会場及び街頭演説（演説を含む。）の場所でする場合のほか、選挙運動のために使用する自動車又は船舶の上においてする場合は、以下に述べる一定の制限のもとにできる。

1　連呼行為とは

「短時間に同一内容の短い文言を連続して反復して呼称すること」である。例えば、「〇〇党甲山花子」、「〇〇党甲山花子に投票願います。」、あるいは、「〇〇党甲山花子の個人演説会がいつ、どこで開かれます。」等の短い文句を短時間内に、反復呼称することである。

2　連呼行為ができるのは（法一四〇の二1）

連呼は、個人演説会場、街頭演説又は演説の場所においてすることができるほか、午前八時から午後八時までの間は、選挙運動のために使用する自動車又は船舶の上においてすることができる。

(1)　個人演説会場において、そこで行われる演説の前後又はその合間に連呼することは許される。ただ、その会場の入口や窓から外に向かって連呼することはできない。

(2)　街頭演説の場所においても、演説の前後又はその合間に連呼することができる。街頭演説を行わないで、次から次へ連呼して行くことは許されない。また、停止している自動車上から街頭演説を行う場合には、その演説の場所、すなわち、車上から連呼することもできる。これらの場合連呼をすることができる者は、街頭演説用の腕章か、乗車（乗船）用の腕章を着けていなければならない（候補者は、これらの腕章を着ける必要はない。）。なお、街頭演説は、午後八時から翌朝午前八時までの間は禁止されているから、街頭演説の場所においてする連呼も、この時間は当然できない。

(3) 単なる演説（映画の幕間、工場の休憩時間等を利用する演説）の場所でも、同様に連呼ができる。この演説については、時間の制限はないから、午後八時以後であっても、演説の前後又は演説の合間に行うかぎり、差し支えない。

(4) 右のほか、選挙運動のために使用される自動車又は船舶の上において行う連呼行為、いわゆる「流し連呼」は、午前八時から午後八時までの間に限り認められている。

3　連呼行為は、次の区域、建物及び施設では禁止される（法一六五の二、一六六）

(1) 二以上の選挙が行われる場合において、一の選挙の選挙運動の期間が他の選挙の選挙期日にかかる場合においては、その当日当該投票所、共通投票所を閉じる時刻までの間は、その投票所、共通投票所を設けた場所の入口から三〇〇メートル以内の区域

(2) 国又は地方公共団体の所有し又は管理する建物（公営住宅を除く。）。ただし、これらの建物において個人演説会を開催する場合は禁止されない。

(3) 汽車、電車、乗合自動車、船舶（選挙運動用のものを除く。）及び停車場その他鉄道地内

(4) 病院、診療所その他の療養施設

4　連呼行為をする者は、静穏を保持しなければならない（法一四〇の二2）

選挙運動のための連呼行為をする者は、学校、病院、診療所、その他の療養施設の周辺においては、マイクの音量を落とすなどして、授業や療養に支障のないよう静穏の保持に努めなければならない。

問答

問 個人演説会場では連呼行為をすることはできるが、次の点について答えられたい。
(1) 個人演説会場内で歩きながら連呼行為をすることはどうか。
(2) 個人演説会場で連呼行為をする場合、時間制限はないか。
(3) 個人演説会を開始する前又は個人演説会終了後に連呼行為をすることはできるか。

答 (1) 会場内に向かってするかぎりできる。
(2) 個人演説会の開催時間中に限りできる。
(3) 個人演説会場内に限り、個人演説会の開催時間中及び個人演説会の演説の直前又は直後ならできる。

問 停車場等で通行人に対し、繰り返し小声で、「○○候補に投票願います。」ということはどうか。

答 個々面接の限度を超えているときは違反となる。

問 次に掲げる場合においてその連呼行為をする者は腕章を必要とするか。
(1) 個人演説会場

(2)　幕間演説
(3)　車上で行う街頭演説
(4)　車上以外で行う街頭演説

答　(1)及び(2)の場合、腕章は必要ない。(3)の場合は乗車用腕章（一〇九頁参照）、(4)の場合は街頭演説用腕章（一九一頁参照）又は乗車用腕章を必要とする。

十一　飲食物の提供の禁止（法一三九）

何人も、選挙運動に関して飲食物を提供することは、それがいかなる名義のものであっても、原則として禁止される。ただし、4(1)の湯茶及び菓子及び4(2)の選挙事務所における弁当の提供は認められる。

1　選挙運動に関しとは

「選挙運動に関し」とは、「選挙運動に関することを動機として」という意味であり、投票を依頼する目的の有無は関係ない。

例えば、候補者が選挙運動員や労務者に対して慰労のために飲食物を提供する場合、第三者が候補者の選挙運動の激励のために、いわゆる陣中見舞として候補者等に飲食物を提供する場合も、「選挙運動に関する」ものである。

2　提供禁止の対象となる飲食物は

飲食物とは、なんら加工をしなくともそのまま飲食に供し得るものをいい、料理、弁当、酒、ビール、サイダー、菓子、果物等をいうが、特に湯茶及びこれに伴い通常用いられる程度の菓子と選挙事務所において選挙運動員や労務者に対して提供される一定の弁当は、提供禁止の対象から除外されている。

したがって、選挙事務所開きに酒、ビール等を提供することは、違反となる。

3　提供が禁止されるのは

飲食物の提供が禁止されるのは、選挙人に限らず、すべての人についてであって、候補者が選挙人、選挙運動員、労務者等に提供する場合はもちろんのこと、第三者が候補者や選挙運動員に提供する場合も、それが選挙運動に関してなされたものである限り、禁止される。

4　提供できる飲食物は

(1)　湯茶及び菓子

ア　「湯茶に伴い通常用いられる程度の菓子」とは、例えば、せんべい、まんじゅう等、いわゆる「お茶うけ」程度のものをいうものとされている。酒、ビール、サイダー、サンドイッチのようなものは、もちろん菓子ではないから提供することができないが、菓子であっても高価な菓子は、ここにいう菓子には含まれない。みかんやりんご程度の果物や漬物等も、通常用いられる程度を超えないかぎり、ここにいう菓子に含まれる。

イ　提供した湯茶、菓子の経費は、すべて選挙運動費用に加算しなければならない。また、陣中見舞として湯茶に伴う通常用いられる程度の果物、菓子等をもらったときは寄附として、更に、これを選挙運動員等に提供したら支出として計上しなければならない（法一七九、一八五）。

(2)　選挙事務所における弁当の提供（法一三九、一九七の二、令一〇九の二、一二九）

弁当の提供は、次のような制限に従って提供することができる。

ア　立候補の届出後から投票日の前日までの間に、運動員と労務者に対して、選挙事務所で食事するための弁当及び携行するための弁当で、選挙事務所で渡すものに限り提供できる。応援弁士は選挙運動員に、運転手、船員は労務者に含まれるから提供できるが、陣中見舞に来た選挙人等には提供できない。

イ　弁当の価格は、選挙管理委員会が告示した弁当料の範囲内でなければならない。告示される弁当料の制限額は、一食当たりの額（基準額千円）と一日当たりの額（基準額三千円）との二つがあるから、双方の制限に従わなければならない。ただし、弁当は、選挙事務所で食べるか、あるいは携行するために選挙事務所において提供されるものに限られるから、選挙運動員等を飲食店、料理屋等へ連れて行って、提供することはできない。

ウ　提供できる弁当の数は、候補者一人当たり四五食（ただし、知事選挙で選挙事務所を二箇所以上設けることができる場合においては、選挙事務所の数が一を超える数に一八食を乗じたもの（例えば、選挙事務所を三箇所設けることができる場合は三六食）を右の四五食に加算する。）

に、選挙期日の告示日から投票日の前日までの日数を乗じて得た数の範囲内であれば、どのような配分によって提供しても自由である。つまり、朝、昼、夕三食を各人に提供しても、夕食のみにして多くの選挙運動員に提供しても、運動期間の始めは提供しないで終盤戦に至って多人数に提供しても差し支えない（ただし、一人に提供できる弁当の額の制限がある（一食につき千円、一日につき三千円）。）。

右の計算方式は、次のとおりである。

(ア)　知事選挙

選挙事務所１か所の場合　45コ
〃　２か所の場合　(45＋18）コ
〃　３か所の場合　(45＋２×18）コ
〃　４か所の場合　(45＋３×18）コ

(イ)　知事選挙以外の選挙　45コ

（以上）×告示日から投票日の前日までの日数

エ　選挙運動員に弁当を提供した場合には、その者に更に実費弁償として支給できる弁当料は、一日当たりの弁当料の制限額（選挙管理委員会告示の額）から提供した弁当の実費相当額を差し引いた額までである。しかし、実費弁償として支給できる弁当料には、「一食当たりの額」と「一日当たりの額」との二とおりの制限があるから、少しばかり複雑なことになる。仮に一食当たり弁当料が千円以内、一日当たり三千円以内と告示されていたとして、例えば、ある選挙運動員に朝昼二食、計千七百円の弁当を提供した場合、その選挙運動員が夕食を自費でとったとしても、この夕食の実費弁償として支給できる弁当料は一食分、つまり千円以内であって、三千円と千七百円の差額の千三百円ではない。またこの場合、夕食と夜食を自費でとったとすれば、二食分という意味では二千円まで支給できるのであるが、一日三千円以内の制限が働いて、既に提供した朝昼二食分の計千七百円と日額三千円との差、千三百円までしか支給できないのである。

オ　労務者に弁当を提供したときは、報酬からその弁当の実費相当額を差し引いて支給しなければならない。

カ　候補者が個人演説会の途中において知人宅で通常の食事をしたとしても、この禁止違反にはならないものとされている。

問答

問　選挙運動員及び労務者に対して提供する弁当について、次の点をおたずねしたい。

(1)　いつ提供できるか。

(2)　どこで提供することができるか。

答　(1)　立候補の届出をした後、投票日の前日までに限って提供することができる。

(2)　選挙事務所においてのみ、提供することができる。

問　選挙運動員が飲食物の材料を持ち込んで加工し、第三者に提供しても差し支えないか。

答 違反となる。

問 陣中見舞として、酒一升を贈るのは差し支えないか。

答 選挙運動に関し飲食物を提供する行為として、法第百三十九条違反となる。

十二　気勢を張る行為の禁止（法一四〇）

何人も、選挙運動のために気勢を張る行為をすることは禁止される。すなわち、選挙人の耳目を集めるために、自動車を連ねたり、隊伍を組んで往来したりすること、サイレンを吹き鳴らすこと、チンドン屋を雇ってけん騒にわたる行為をすることはできない。

十三　文書図画による選挙運動はどんな方法があるか

1　言論による選挙運動と異なる

選挙運動の方法として、言論によるものは、特定のものを禁止するほかは自由であるのに対し、文書図画によるものは、特に認められたもののほかは禁止される。文書図画による運動は、言論による運動として認められている枠より極めて狭い。

文書図画による選挙運動は、言論による運動に比べて、多くの費用を要し、ポスター貼りの競争が行われたり、郵便物をたくさん出したり、名刺その他の印刷物が配られたりすることになると、費用も増嵩し、選挙が金によって支配されるおそれがあるためである。

ここで**文書図画**とは、「一般的には物体に記載せられた意思の表示であって、文字又はこれに代わるべき符号によって表示せられたものを文書といい、象形によって表示せられたものを図画という。」とされている。

(1)　材料は、紙、木、金属等その種類を問わない。

(2)　表示の方法は、記載、印刷、彫刻、映写等非常に広い。

選挙運動における文書図画の範囲は、社会通念上のそれよりははるかに広く、書籍、新聞、雑誌、名刺、書状、ポスター、看板、ちょうちん、プラカードはもちろん、スライド、映画、ネオン・サイン、電光文字等もすべて文書図画に含まれ、さらには、壁に書かれた文字、通路に書かれた砂文字、舗道に押すスタンプ式の文字、コンピュータ等のディスプレイ上の表示等も文書図画である。

文書図画は、右のように広範囲なものである関係上、その使用については、細心の注意が必要である。

2　どのような方法があるか（法一四二、一四三）

文書図画による選挙運動は、頒布と掲示とに分けられる。

(1)　頒布できるもの（法一四二）

選挙運動のために通常葉書及び選挙運動用ビラを頒布するほかは、一切の文書図画の頒布はできない。頒布できる通常葉書の枚数その他については、一四八頁以下、選挙運動用ビラについては一五三頁以下を参照のこと。なお、このほかに頒布できる文書図画には、インターネット等を利用する方法、新聞広告及び選挙公報があるが、これについては、後に述べることとする（インターネットについては一五六頁、新聞広告については一七〇頁、選挙公報については一七六頁参照）。

(2) 掲示できるもの（法一四三）

次に列挙されるものだけが掲示することができ、このほかは一切できない。

ア 選挙事務所を表示するため、その場所で使用するポスター、立札、ちょうちん及び看板の類（九九・一〇〇頁参照）

イ 選挙運動のために使用する自動車又は船舶に取り付けて使用するポスター、立札、ちょうちん及び看板の類（一〇八・一〇九頁参照）

ウ 候補者が使用するたすき、胸章及び腕章の類（次項(3)参照）

エ 個人演説会場において、その演説会の開催中使用するポスター、立札、ちょうちん及び看板の類（一八五～一八七頁参照）

オ 選挙運動用ポスター（選挙の種類等によって使用方法が異なる。一三五～一四四頁参照）

カ 個人演説会告知用ポスター（知事の選挙の場合に限る。一四四～一四七頁参照）

(3) 候補者が使用するたすき、胸章及び腕章の類

候補者が着用しているかぎり、数、規格、記載内容にはなんらの制限はない。しかし、これらのものに候補者の氏名が記載されているときは、確認団体が行う政談演説会（二〇七頁参照）の会場や街頭政談演説の場所あるいは政治活動用自動車の上においては使用できないので注意を要する。

(4)　アドバルーン、ネオン・サイン等（法一四三２）

選挙運動のために、アドバルーン、ネオン・サイン又は電光による表示、スライドその他の方法による映写等をすることは、屋内の演説会場内においてその演説会の開催中掲示する映写等の類を除き、できない。また、看板を照明するために電灯を使用することは差し支えないが、単なる照明の範囲を超える用法は認められない。なお、夜間の効果を考え、看板の文字を夜光塗料で書いたりすることは差し支えない。これらの場合、照明等の費用はもちろん選挙運動費用の中に入れなければならない。

3　回覧行為は許されるか（法一四二12）

選挙運動のため回覧板その他の文書図画又は看板（プラカードを含む。）の類を多数の者に回覧させることは禁止されている。例えば、営業バスの外側の広告板に候補者の氏名を記載したポスターを掲示して走行するなどは、その著しいものであろう。しかし、選挙運動用自動車又は船舶にポスター、立札、ちょうちん及び看板の類を取り付けたままで走行することや、候補者がたすき、胸章及び腕章の類を着用したままで行動し、回覧することは許されている。

4　抜け道は封じられている（法一四六）

以上のように頒布と掲示については厳重な制限があるが、さらに、次のように、「禁止を免れる行為」及び「禁止を免れる行為とみなされるもの」を法定して、制限している。

(1) 禁止を免れる行為（法一四六1）

何人も、選挙運動期間中は、著述、演芸等の広告その他どのような名義をもってするを問わず、文書図画の頒布と掲示の禁止を免れる行為として、候補者の氏名若しくはシンボル・マーク、政党その他の政治団体の名称又は候補者を推薦し、支持し若しくは反対する者の名を表示する文書図画を頒布し又は掲示することができない。また、選挙運動期間前に掲示され、引き続いて期間中にわたって掲示されているいわゆるすべり込み文書もそれが禁止を免れる意図をもったものである場合には、撤去させられるものである。しかし、明らかに禁止を免れる目的でない候補者の氏名等を記載した文書図画を頒布又は掲示することを禁止するものではない。例えば、医者が候補者となった場合、従前から通常の業務用として掲示されている医院の立看板とか、政党の本部に掲げてある政党名を記載した看板等は、そのまま掲示しておくことができる。

(2) 禁止を免れる行為とみなされるもの（法一四六2）

選挙運動期間中、候補者の氏名、政党その他の政治団体の名称又は候補者の推薦届出者、その他選挙運動に従事する者若しくは候補者と同一戸籍内にある者の氏名を表示した年賀状、寒中見舞状、暑中見舞状その他これに類似する挨拶状を、候補者の選挙区内に頒布したり掲示したりすることは、脱法文書とみなされて、選挙運動の目的の有無にかかわらず、禁止を免れる行為とみなされるから、十分に注意を要する。類似する挨拶状としては、転任挨拶状、退任挨拶状はもとより、開店挨拶状のように、社会通念としてごく通常と考えられるものも含まれる。

問答

問 次のものは選挙運動に使用できるか。

⑴　懸垂幕
⑵　プラカード
⑶　旗、のぼり
⑷　吹流し

答 ⑴、⑵、⑶はポスター、立札及び看板の類に含まれるので使用できる。ただし、その大きさや数には制限がある。

⑷については、ポスター、立札、ちょうちん及び看板の類に入らないので、使用できない。

問 旗、のぼりの大きさは旗竿を含むか。

答 含む。

問 立札、看板の材料に制限があるか。

答 制限はない。

問 候補者が使用するたすき、胸章及び腕章の類について、次の点をうかがいたい。
(1) 数の制限があるか。
(2) 規格に制限があるか。
(3) 記載内容に制限があるか。
(4) 使用できる時間や期間に制限があるか。
(5) 回覧して差し支えないか。
(6) 掲示責任者の記載はどうか。
(7) たすき、胸章及び腕章の類という場合、「類」とはどのようなものが認められるか。

答 (1)、(2)、(3) ともに制限はない。
(4) 時間に制限はない。選挙運動期間中（投票日の前日まで）行って差し支えない。
(5) 候補者が着用したまま移動することは差し支えない。
(6) 記載の必要がない。
(7) はちまき等である。いわゆるハッピ、前かけのようなものは認められない。

問 街頭演説用の標旗を掲げたまま選挙運動用自動車を走らせてよいか。

答 差し支えない。

問 乗車用腕章を着用したままの運動員を乗せて、選挙運動用自動車を走らせてよいか。

十三 文書図画による選挙運動はどんな方法があるか

答 差し支えない。

問 サンドイッチマンを使って文書図画を掲示又は回覧することは違反となると思うがどうか。

答 違反となる。

問 病院の待合室等不特定多数の人が集まる場所に「○○先生の当選を祈る」というビラを掲示することは違反か。

答 違反となる。

問 小型マッチに候補者の氏名を入れて、これを街頭で配布することはどうか。

答 違反となる。

問 「○○県議会議員候補者何某選挙対策委員」という肩書を付した名刺を頒布することはどうか。

答 違反となる。

問 選挙違反をしないようにと「選挙に関する注意」と題するパンフレットに候補者名又はこれを支持する団体名を表示して頒布することはどうか。

答 違反となる。

問 都合により、演説会を開催できなかった旨を陳謝するビラやポスターを頒布又は掲示することはどうか。

答 違反となる。

問 特定の候補者の出る映画を上映することは差し支えないか。

答 その映画の上映が選挙運動のために行われるものである場合はできない。他方、通常の娯楽目的の映画等として撮影したものを通常の方法で上映することは差し支えない。

問 選挙運動の期間中、候補者が著述、演芸等の広告に自分の氏名を記載して頒布、又は掲示することができるか。

答 文書図画の頒布又は掲示の制限を免れる行為として行うことは禁止される。

問 候補者がその著述した書籍について、選挙運動の期間中に、新聞又はポスターを使用して広告する行為は差し支えないか。

答 文書図画の頒布又は掲示の制限を免れる行為と認められる場合が多い。

問 立候補前に退官又は退職した者が、選挙運動期間中に退官又は退職をした旨の挨拶状を頒布し又は掲示することはどうか。

答 すべて禁止される。

十四　選挙運動用ポスター

選挙運動用ポスターを掲示するに当たっては、選挙の種類等によりポスターの掲示の仕方等取扱いが異なってくるので、候補者は注意しなければならない。

1　義務制の公営ポスター掲示場又は義務制に準じた任意制の公営ポスター掲示場を設けた場合

(1)　公営掲示場のほかは掲示することができない（法一四三3・4）

知事選挙においては、義務制の公営ポスター掲示場が設けられる。また、都道府県の議会の議員の選挙については都道府県が、市町村の議会の議員及び長の選挙については市町村が、それぞれ条例で定めるところにより義務制に準じた任意制の公営ポスター掲示場を設けることができる。義務制に準じた任意制公営ポスター掲示場の総数は、一投票区につき五箇所以上十箇所以内において義務制のポスター掲示場の算定方法と同様の方法で算定される。

知事選挙及び義務制に準じた任意制の公営ポスター掲示場が設置された場合の選挙において候補者が使用する選挙運動用ポスターは、市町村の選挙管理委員会が設置するポスター掲示場に一箇所について一枚を限って掲示することができ、その他の場所には一切掲示することができない。したがって、電柱とか個人の家、塀等に掲示することは全て違法である。

(2)　何枚使用できるか

知事選挙及び義務制に準じた任意制の公営ポスター掲示場が設置された場合の選挙においては、それ以外の選挙の場合と異なり、前述の(1)のとおりポスター掲示場以外の場所には掲示できないのであるから、使用できる枚数はポスター掲示場の数だけということになる。もっとも、貼替えをすることは自由にできるので、総使用枚数はポスター掲示場の数より多くなることもある。選挙運動用ポスターを印刷するときは、その貼替えの計画を立てた上で、その枚数を計算すべきである。

ポスター掲示場は、市町村の選挙管理委員会が各投票区ごとに設置数を定め、かつ、告示している（都道府県の選挙については都道府県の選挙管理委員会がその数を集計し設置総数を算出している。）。したがって、作成枚数を決定するためには、設置総数についてあらかじめ都道府県又は市町村の選挙管理委員会に問い合わせておくのがよい。また、具体の設置場所は、市町村の選挙管理委員会が候補者に設置場所の一覧表を交付するなどの便宜を図ることとされているので、あらかじめ市町村の選挙管理委員会に問い合わせておくと便利である。

(3)　ポスターの規格（法一四四４）

ポスターの大きさは、タブロイド型（長さ四二センチメートル、幅三〇センチメートル）を超えてはならない。円形、菱形等のポスターもこの規格内であれば差し支えない。

なお、知事選挙におけるポスターは後述（一四四～一四七頁）の個人演説会告知用ポスターと合わせて作成することができるので、特に注意をされたい。

(4)　ポスター掲示場に掲示する方法

ポスター掲示場にいつから掲示できるか、どの場所に掲示することができるか、一の候補者が使用できる区画の大きさなどポスター掲示場の使用方法については、都道府県の選挙にあっては都道府県の選挙管理委員会が、市町村の選挙にあっては市町村の選挙管理委員会が定めることとされているので、あらかじめ問い合わせておくとよい。

(5)　掲示責任者等の氏名等が記載されていなければならない（法一四四５）

選挙運動用ポスターには、その表面に掲示責任者及び印刷者の住所氏名（印刷者が法人であるときはその所在地と法人名）が、記載又は印刷されていなければならない。

(6)　**ポスターの記載内容**

ポスターの記載内容については、制限がないから、個人演説会の告知や、政見の宣伝や、直接投票依頼の文言等も記載することができる。ただ、虚偽事項、利害誘導等の罰則に触れるようなことは記載できない。なお、色刷りについては、制限がないから、何色を用いてもよい。

したがって、ポスターは、図案、色彩について人目をひくように考案もできるし、標語式に、あるいは壁新聞式に、また、写真、図表等を入れてその抱負その他を要領よく表現することもできるのであるから、ポスターの表現については工夫する余地が十分にあるものと考えられる。

(7)　**証紙、検印**

ポスターは、ポスター掲示場に掲示するので、証紙、検印はいらない。

2　**1以外の場合**

(1)　**何枚使用できるか**（法一四四1）

1以外の選挙において、候補者が掲示できる選挙運動用ポスターは、各選挙につき、候補者一人について次に掲げる枚数である。この数を超えて使用すると罰せられる。

（なお、公選法第百四十四条の四の規定に基づく任意制公営ポスター掲示場が設置された場合については、後述（一四二・一四三頁）参照）

都道府県の議会の議員の選挙　千二百枚
指定都市の長の選挙　四千五百枚
その他の市の長の選挙　千二百枚
市の議会の議員の選挙　千二百枚
町村長の選挙　五百枚
町村の議会の議員の選挙　五百枚

(2) **ポスターの検印等**（法一四四2）

選挙運動用ポスターは、それぞれの選挙を管理している選挙管理委員会の定めるところにより検印を受け、又は証紙の交付を受けてそれに貼らなければ掲示することができない。この検印を受けるために持参し、あるいは証紙の交付を受けるため提出するポスターは、印刷又は記載が済んだポスター（すぐに使用できる状態のもの）で、掲示責任者及び印刷者の住所氏名（印刷者が法人であるときは、その所在地と法人名）が、記載又は印刷されているものでなければならない。なお、検印であるか証紙であるかについてはあらかじめ選挙管理委員会に確かめておくべきである。

(3) **ポスターの規格**（法一四四4）

ポスターの大きさは、長さ四二センチメートル、幅三〇センチメートルを超えてはならない。

(4) **ポスターの記載内容**

ポスターの記載内容については、なんらの制限はない。詳細は前頁を参照されたい。

(5)　ポスターの使い方

ポスターの貼り方については、一枚一枚が独立したポスターであれば、それを何枚並べて貼ることも自由であるが、候補者の氏名等を大きく表したいため、一枚に一字を書き、数枚組み合わせてはじめて一つの意味を表すような使用方法、例えば、「甲 山 花 子」のような使用方法は許されない。しかし、一枚一枚がそれぞれ独立した効用を持つようなポスターを二枚一組として、例えば、「甲山花子 甲山花子」のように使用することは、差し支えない。

また、ポスターをベニヤ板等に貼りつけて使用することも自由であるが、ベニヤ板に着色してポスターを大きく見せることは、規格制限の違反となる。

(6)　貼るときの注意（法一四五）

ア　ポスターを貼る場所については、誰も、一番人目につきやすい所に貼りたいわけであるが、選挙のポスターだからといって、無断でどこに貼ってもよいというものではない。塀や建物などに貼る場合でも、それが他人のものであれば、必ずその居住者（居住者がいない場合はその管理者、管理者がいない場合はその所有者）の承諾を得なければ貼ることはできない。居住者がいるにもかかわらず管理者の承諾を求めても、それは承諾を得たことにはならない。承諾を得ず貼ったものであれば違反文書となり、選挙管理委員会から撤去を命ぜられる。また、その建物等の居住者、管理者又は所有者は、これを撤去することができ（法一四五3）、選挙の自由妨害とはならず、また、器物毀損等の刑法上の責任についても違法性が阻却され、罪とならないので、承諾もなく勝手に貼ることのないよう、十分注意する必要がある。

イ　また、国又は地方公共団体が所有し若しくは管理するもの又は不在者投票管理者の管理する投票を記載する場所には、ポスターを掲示することができない。

したがって、県庁、市役所の庁舎などにポスターを掲示することはできない。また、いわゆるプラカード式ポスターを公道上に掲示することも違反となる（最高裁判昭五一・一二・二四）。なお、これらの公共施設に貼ることは、その承諾を得ると否とにかかわらず、違反文書として撤去命令が出されるし、また、管理者が自ら撤去してもよいことになっている。

ただし、この特例として、橋りょう、電柱、公営住宅、地方公共団体の管理する食堂及び浴場には、承諾を得れば掲示してもよいものとされている。

(ア)　電柱とは、電灯線、電話線を支えるための柱であって、市電等の架線の支柱は含まれない。

しかし、最近は、電柱に掲示することは拒否される場合が多い。

(イ)　公営住宅とは、県営住宅又は市営住宅のようなものをいう。ただし、公営住宅に附属して作られている児童遊園、共同浴場、集会所等の共同施設及び給水塔は含まない。また公営住宅には官舎、公舎は含まれない。

(ウ)　公選法の直接の制限ではないが、屋外広告物法に基づいて制定されている屋外広告物条例がある場合には、その条例中で選挙のポスターに関する除外規定を定めていない限り、選挙運動用ポスターの掲示等についても適用される。したがって、その条例で掲示を禁止されている区域（公園等の風致地区が多かろう。）にポスターを貼ることはできないので、選挙管理委員会と十分連絡をとることが大切である。

ウ　いったん貼ったポスターを他の場所に貼り替えることは、差し支えない。もちろん、前に述べた公共建物等に貼ることや、所有者の承諾なしに貼ることはできないし、ポスターを掲げながら他の場所に移動するなど回覧と認められる行為は禁止されている。

(7)　ポスターの両面使用等は

ポスターを有効に使うために、表裏に記載し、貼らないでつるして掲示するような場合も差し支えない。この場合、そのポスターの枚数は、二枚として計算される。このような両面使用のポスターには、それぞれの面に検印を受け又は証紙を貼るとともに、掲示責任者及び印刷者の住所氏名を記載しなければならないことはいうまでもない。

(8)　任意制の公営ポスター掲示場を利用する場合（法一四四の四）

知事選挙等に関する義務制又は義務制に準じた任意制の公営ポスター掲示場の制度については前述（一三六頁）したが、都道府県の議会の議員の選挙においては都道府県が、市町村の議会の議員及び長の選挙においては市町村が、右の制度に準じて、条例で定めるところにより、任意制の公営ポスター掲示場を設けることができるものとされている。この公営ポスター掲示場が設けられた場合、候補者は、その割り当てられた箇所に選挙運動用ポスター一枚を掲示することができる。この掲示場は、公衆の見やすい場所を選び、一投票区に一箇所以上設けられるものであって、選挙管理委員会が定めるところにより、あらかじめ告示する日から掲示することができる。ただ、この場合は、**1**の知事選挙等の場合と異なり、ポスター掲示場に選挙運動用ポスター一枚を掲示できるほか、前述(1)の法定枚数以内であれば、掲示場以外の場所にも掲示できることとなっている。

その他、詳細は、都道府県や市町村の選挙管理委員会に問い合わせるとよい。

3　ポスターの作成の公営（法一四三15）

都道府県の議会の議員及び長の選挙については都道府県は、市町村の議会の議員及び長の選挙については市町村は、それぞれ条例で定めるところにより、候補者の選挙運動用ポスターの作成に要する経費を公費負担することができる（なお、知事選挙の場合には、次の個人演説会告知用ポスターの項もあわせて参照されたい。）。

この場合の候補者は、選挙運動用ポスターの作成については、当該地方公共団体の条例の定めるところにより、一定の額の範囲で無料で作成することができるものとされ、選挙後に当該候補者のポスターを作成した業者に公費で支払われる。ただし、供託金没収者については除外されるから、ポスターの作成費は自己負担となる。

なお、ポスターの作成に要する経費は、それが公費で負担される場合であっても、選挙運動費用に算入しなければならないものであるから注意を要する。

選挙運動用ポスターの作成の公営は、条例による任意制公営であるので、制度の実施の有無や手続等については、都道府県の選挙にあっては都道府県の選挙管理委員会に、市町村の選挙にあっては市町村の選挙管理委員会に、あらかじめ問い合わせておくとよい。

問答

問　ベニヤ板を使って作成された選挙運動用ポスターを使用できるか。

答　ポスターと認められない。

十五　個人演説会告知用ポスター

1　知事選挙の候補者のみ使用することができる

個人演説会告知用ポスターを使用できるのは、知事選挙の候補者が公営掲示場に貼って使用する場合のみである（法一四三1Ⅳの Ⅲ）。知事選挙以外の選挙では、これを使用することはできない。

2　個人演説会を告知するためのものでなければならない

単に政策のみを記載したり、候補者の氏名のみを記載したりすることはできない。個人演説会を告知するものであれば、候補者の氏名を記載することはいっこうにかまわない。ただ、この個人演説会告知用ポスターは、選挙運動用ポスターと合わせて作成することができるので、その色彩、文字の配列、記載する文言等十分に配慮する必要がある。特に、ポスター掲示場において各候補者が貼ることのできる区画には限りがあるため、選挙運動用ポスターが縦長印刷（又は横長印刷）のときは、個人演説会告知用ポスターも縦長印刷（又は横長印刷）に統一しなければ、これらのポスターを同時に貼れなくなるので、注意を要する。

3　公営掲示場にしか掲示することができない（法一四三3）

この点については、選挙運動用ポスターの場合と同様であるので、一三六頁を参照されたい。

4　規　格（法一四三11）

長さ四二センチメートル、幅一〇センチメートル以内である。

5　公営のポスター掲示場に掲示する選挙運動用ポスターと個人演説会告知用ポスターは合わせて作成し掲示することができる（法一四三12）

都道府県知事選挙の候補者が、市町村の選挙管理委員会が設置するポスター掲示場に、選挙運動用ポスター（長さ四二センチメートル、幅三〇センチメートル以内）と個人演説会告知用ポスター（長さ四二センチメートル、幅一〇センチメートル以内）を掲示できることについては前述したが、この二種類のポスターは次のような方法で作成し、掲示することができる。

(1)　**二種類のポスターを一枚として作成する方法**

長さ四二センチメートル、幅四〇センチメートル以内のポスターを作成する。ただし、このポスターは、個人演説会を告知するため、その日時、場所を記載し得るものでなければならない（したがって、日時、場所の不動文字をあらかじめ印刷しておく必要がある。）ことはもちろんであるが、掲示責任者の氏名、住所は、一箇所に記載すれば足りる。

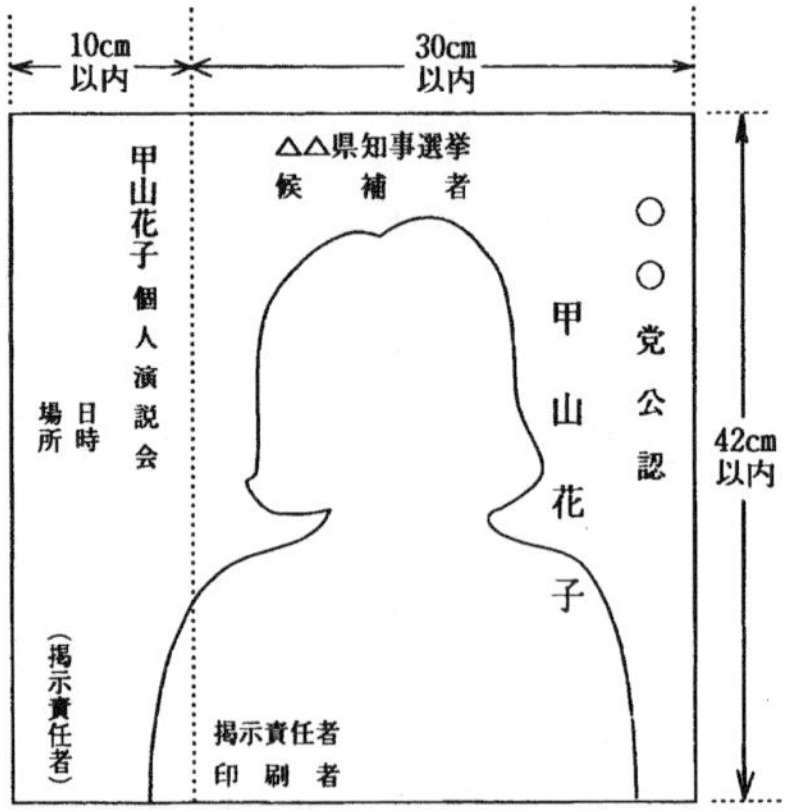

(2)　**二種類のポスターを別個に二枚として作成するが、二枚を接続して掲示することにより、一個の肖像が完成する等記載内容が有機的に結合する方法**

例えば、上の図のようなものを掲示することができる。ただし、この場合は、掲示責任者の住所、氏名は、二枚のポスターのそれぞれに記載しなければならない。

なお、個人演説会告知用ポスターは、個人演説会の日時、場所を記入し得るようなものであれば、掲示する際に具体的な日時、場所の記載がなくとも差し支えない。

6　掲示責任者の住所、氏名を記載しなければならない（法一四三13）

このポスターにも掲示責任者の住所、氏名を記載しなければならないが（選挙運動用ポスターと合わせて一枚として作成する場合には不要。**5**(1)参照）、選挙運動用ポスターと異なり、印刷者の住所、氏名は記載する必要はない。

7　何枚使用できるか

選挙運動用ポスターと同様、公営掲示場にしか掲示できない。したがって、公営掲示場の数は各投票区で異なるので、枚数も各投票区で異なってくる。この点選挙運動用ポスターの解説を参照されたい（一三六・一三七頁参照）。

8　ポスター掲示場に掲示する方法

選挙運動用ポスターの掲示方法と全く同様である（一三七頁参照）。

9　ポスターの作成の公営（法一四三15）

都道府県知事の選挙の場合に限り、個人演説会告知用ポスターの作成についても、選挙運動用ポスターの場合と同様に、当該選挙の行われる団体の条例の定めるところにより一定の額の範囲で無料で作成することができるものとされ、選挙後に当該候補者のポスターを作成した業者に公費で支払われる。ただし、供託金没収者については除外されているから、ポスターの作成費は自己負担となる。また、供託金没収とはならない者であっても、一定の限度額を超える経費は自己負担となる。

その他、選挙運動用ポスターの作成の公営の場合と同様であるため、一四三頁を参照されたい。

十六　選挙運動用通常葉書

選挙運動のために通常葉書を頒布することができるが、各選挙の候補者一人につきそれぞれ頒布できる枚数は、次のとおりである。

ア　知事の選挙	その都道府県の区域内の衆議院小選挙区選出議員の選挙区の数が一のときは三万五千枚、以下選挙区が一区増えるごとに二千五百枚を加えた枚数
イ　都道府県の議会の議員の選挙	八千枚
ウ　指定都市の長の選挙	三万五千枚
エ　指定都市の議会の議員の選挙	四千枚
オ　その他の市の長の選挙	八千枚
カ　その他の市の議会の議員の選挙	二千枚
キ　町村長の選挙	二千五百枚
ク　町村の議会の議員の選挙	八百枚

1　葉書入手の方法は（公職選挙郵便規則二）

選挙運動のために使用する通常葉書は、無料とされている。

無料葉書を入手する方法は、立候補届出の際、選挙長の発行する「候補者用通常葉書使用証明書」を、選挙運動期間中に、日本郵便株式会社が定め、公表する日本郵便株式会社の営業所（以下「営業所」という。）に提示して、選挙用の表示をしてある日本郵便株式会社が発行する葉書（以下「会社発行葉書」という。）の交付を受ける。

なお、日本郵便株式会社が公表する営業所がどこであるかは、選挙管理委員会に問い合わせるとよい。

2　私製葉書の使用は

1の会社発行葉書を用いず、手持ちの私製葉書を立候補の前にあらかじめ印刷しておくことはできるから、これを差し出す場合には、その手持ちの私製葉書を右の証明書とともに指定された営業所に差し出せばよい（営業所では、これに選挙用の表示をしてくれる。）。

なお、手持ちの会社発行葉書に立候補の前にあらかじめ印刷しておいて、これを差し出すこともできるが、会社発行葉書を購入した費用は自己の負担となることに注意しなければならない。

3　葉書の使用の方法は

選挙運動用の通常葉書は、候補者が使用することはもちろん、第三者に依頼して推薦状の形式で出してもらうことも差し支えなく、その記載内容についても制限はない。したがって、政見、投票依頼はもちろん、個人演説会の開催通知のために用いても差し支えない。また、同一世帯内にいる数人の選挙人、例えば、夫婦に連名で出す等、通常の使用方法による場合は差し支えないが、例えば、会社、工場等選挙人の多数集合していると認められるところに対し、「○○会社御中」とか「○○会社○○課御一同様」と記載し郵送することは、回覧、掲示等による伝達を予定しているものであり、文書の回覧、掲示の禁止に触れることとなる。二人以上の候補者が、連名で一枚の葉書を使うことも差し支えないが、この場合は各候補者につきそれぞれ一枚の使用と計算されるから、注意しなければならない。

(1)　**葉書の発送**（公職選挙郵便規則八）

選挙運動用の通常葉書を発送するときは、郵便物の配達事務を取り扱う営業所の窓口に差し出さなければならない。この場合、候補者は、立候補の際交付された選挙運動用通常葉書差出票を添えなければならない。葉書を郵便によらず使送によったり、あるいは路上等で選挙人に手渡す等の方法で配布することはできない。

(2)　**印刷等を誤ったときは**（公職選挙郵便規則六）

選挙運動用の通常葉書で、印刷を誤り、書き損じ又は毀損した場合には、その枚数だけ、代わりに別の手持ちの通常葉書を使用することができる。この場合は、書き損じた（又は毀損した）葉書と引換えに、さきに葉書の交付（表示）を受けた営業所で選挙用である旨の表示を受けなければならない。

(3)　葉書に要する費用

営業所から無料で交付される会社発行葉書を使用する場合であっても葉書の印刷費、筆耕料などは選挙運動費用に計上しなければならない。私製葉書を使用する場合は、台紙代と印刷費と筆耕料を選挙運動費用に計上しなければならないが郵送料は無料となるので含まれない。手持ちの会社発行葉書を使用した場合は、印刷費や筆耕料は選挙運動費用に計上しなければならないが、会社発行葉書を購入した費用は計上しなくてもよい。

(4)　譲渡の禁止及び返還（法一七七）

営業所から交付を受けた選挙運動用の通常葉書は、他人に譲渡してはならない。また、通常葉書の交付を受けた候補者が立候補を辞退したときなどは、使用しなかった分を返還しなければならない。

(5)　第三者が推薦状を出せるか

第三者が推薦状を出すことは、前述したとおり候補者の使用できる選挙運動用の通常葉書を候補者からもらって使用する限り差し支えないが、それ以外の文書は一切使用することができない。

4　電報・事務連絡用の手紙は

電報によって投票を依頼することは、電報は通常葉書ではないから許されない。しかし、演説を依頼したり、演説会の準備のための連絡をする等の選挙事務連絡のために電報を打つことは差し支えない。同様に、葉書や書状であっても、ただ事務連絡のために発送する場合は、文書の頒布の制限を受けないから、選挙運動用の葉書を用いる必要がない。事務連絡とは、選挙事務所や個人演説会場の借入れの交渉、応援弁士の依頼、開票立会人や出納責任者に就任してもらうことの交渉などをいう。

問答

問　選挙運動用の通常葉書に候補者の写真を掲載することができるか。掲載文書の内容に制限があるのか。

答　写真の掲載、掲載文の内容について制限はないが、他の罰則に触れる事項（例えば、虚偽事項の公表、利益供与、利害誘導等の記事）を記載することはできない。

問　事務連絡用には選挙運動用の通常葉書以外のものを使用してもよいか。

答　事務連絡用である限り、選挙運動用の通常葉書以外の葉書、封書、電報等を使用することもできる。

問　選挙事務所を開設（移転）した旨を選挙人に選挙運動用の通常葉書以外の葉書で通知することはできるか。

答　できない。ただし、選挙運動関係者等事務所の設置場所等を知らなければならない者に対して、連絡するのであれば差し支えない。

問　選挙当日選挙人に届くよう選挙運動用通常葉書を発送することはできるか。

答 できない。

問 私製葉書には大きさの制限があるか。

答 内国郵便約款で制限されており、その長辺は一四センチメートル以上一五・四センチメートル以内、短辺は九センチメートル以上一〇・七センチメートル以内の長方形の紙とされている。

問 選挙運動用通常葉書の末尾に、他の候補者の投票依頼の文言を補足的に書き加えることができるか。

答 共同使用以外の方法ではできない。

問 候補者に対し激励電報を打つことは差し支えないか。

答 差し支えない。ただし、受け取った候補者がこれを回覧したり掲示することは、違反となる。

問 宛名人不明により差出人に還付された選挙運動用通常葉書の取扱いは、どうなるのか。

答 宛名人不明の理由で返送されて来た場合は、すでに頒布行為があったと見るべきであり、当該葉書を制限枚数の範囲内で再差出しする場合にあっては、新たな通常葉書の頒布として取り扱われる。

十七　選挙運動用ビラ

1 何種類、何枚頒布できるか（法一四二）

候補者が頒布できる選挙運動用ビラは二種類以内で、各選挙につき、候補者一人について、次に掲げる枚数に限られる。

都道府県知事の選挙	その都道府県の区域内の衆議院議員小選挙区の数が一のときは十万枚、以下選挙区が一区増えるごとに一万五千枚を加えた枚数（その数が三十万枚を超える場合は三十万枚）
都道府県の議会の議員の選挙	一万六千枚
指定都市の長の選挙	七万枚
指定都市の議会の議員の選挙	八千枚
その他の市の長の選挙	一万六千枚
その他の市の議会の議員の選挙	四千枚
町村長の選挙	五千枚
町村の議会の議員の選挙	千六百枚

2　届出が必要（法一四二）

右のビラについては、それぞれの選挙を管理している選挙管理委員会に届け出たものでなければ頒布できない。したがって、あらかじめ頒布しようとするビラの見本を添えて、届け出ておくことが必要である。

3　ビラの規格（法一四二⑧）

ビラの大きさは長さ二九・七センチメートル、幅二一センチメートル（A４判）を超えてはならない。

4　頒布責任者等の氏名等が記載されていなければならない（法一四二9）

選挙運動用ビラには、その表面に頒布責任者及び印刷者の氏名及び住所（印刷者が法人であるときは法人名とその所在地）が記載されていなければならない。

5　ビラの記載内容等

ビラの記載内容については、制限がないから、個人演説会の告知や、政見の宣伝や、直接投票依頼のためなどに使用できる。ただし、虚偽事項、利害誘導等の罰則に触れるようなことは記載できない。なお、色刷りについては、制限がないから、何色を用いてもよい。なお、紙質についても特に制限はない。

6　ビラには証紙を貼らなければならない（法一四二7）

選挙運動用ビラは、それぞれの選挙を管理している選挙管理委員会の定めるところにより、当該選挙管理委員会の交付する証紙を貼らなければ頒布できない。

7　頒布方法は（法一四二6、令一〇九の六）

選挙運動用ビラはどこで配ってもよいというものではなく、新聞折込み、候補者の選挙事務所内、個人演説会の会場内又は街頭演説の場所における頒布の方法に限られる。

8　ビラの作成の公営（法一四二11）

都道府県の議会の議員及び長の選挙については都道府県は、市町村の議会の議員及び長の選挙については市町村は、それぞれ条例で定めるところにより、候補者の選挙運動用ビラの作成に要する経費を公費負担することができる。

この場合、候補者は、選挙運動用ビラの作成については、当該地方公共団体の条例の定めるところにより、一定限度額の範囲内で無料で作成することができるものとされ、選挙後に当該候補者のビラを作成した業者に公費で支払われる。ただし、供託金没収者については除外されるので、ビラの作成費は自己負担となる。

なお、ビラの作成に要する経費は、それが公費で負担される場合であっても、選挙運動費用に算入しなければならないものであるから注意を要する。

選挙運動用ビラの作成の公営は、条例による任意制公営であるので、制度の実施の有無や手続等については、都道府県の選挙にあっては都道府県の選挙管理委員会に、市町村の選挙にあっては市町村の選挙管理委員会に、あらかじめ問い合わせておくとよい。

十八　インターネット等を利用する方法

インターネット等を利用する方法とは、「電気通信の送信（放送を除く。）により、文書図画をその受信をする者が使用する通信端末機器の映像面に表示させる方法」をいう。

1　ウェブサイト等を利用する方法による選挙運動用文書図画の頒布（法一四二の三）

「ウェブサイト等を利用する方法」とは、「インターネット等を利用する方法のうち電子メールを利用する方法を除いたものをいう。」と定義されている。また、「電子メール」とは、「特定電子メールの送信の適正化等に関する法律第二条第一号に規定する電子メール」のことであり、具体的には、

ア　その全部又は一部においてシンプル・メール・トランスファー・プロトコルが用いられる通信方式（SMTP方式）

イ　携帯して使用する通信端末機器に、電話番号を送受信のために用いて通信文その他の情報を伝達する通信方式（電話番号方式）

のことである。

したがって、インターネット等を利用する方法のうち、ウェブサイト等を利用する方法として、選挙運動のために、

ア　ウェブサイト（いわゆるホームページ）

を使用することはもちろん、

イ　ツイッター、フェイスブックなどのSNS（ソーシャル・ネットワーク・サービス）

ウ　動画共有サービス

エ　動画中継サイト

といった手段について、年齢満十八歳未満の者等選挙運動を行うことができない者を除き、一般の有権者が選挙運動に用いることが可能である。

(1)　**表示義務**（法一四二の三）

ウェブサイト等を利用する方法により選挙運動用文書図画を頒布する者は、その者の電子メールアドレスやツイッターのユーザー名、返信用フォームなどその者に連絡をする際に必要となる情報が、当該文書図画の受信者が使用する通信端末機器の映像面に正しく表示されるようにしなければならない。

(2)　**選挙期日当日等の取扱い**（法一二九、一四二の三2）

インターネット等を利用する方法による選挙運動も、選挙の告示日に立候補届出がされてから選挙期日の前日までなければすることができない。したがって、選挙期日当日は、ウェブサイト等を更新することができないこととなる。

ただし、選挙期日の前日までに、ウェブサイト等を利用する方法により頒布された文書図画、例えば選挙運動期間中に更新されたウェブサイトについては、選挙期日の当日においても削除せず、受信者の通信端末機器の映像面に表示させることができる状態に置いたままにすることができる。

なお、ウェブサイト等に掲載した選挙運動用文書図画を選挙期日の翌日以降もそのままにしておくことについては、基本的には、直ちに事前運動の禁止に違反することは想定し難いものと考えられる。

2　電子メールを利用する方法による選挙運動用文書図画の頒布（法一四二の四）

(1)　電子メールの送信主体の制限（法一四二の四1）

選挙運動用電子メールについては、候補者・確認団体（三〇七頁参照）に限って頒布することができ、それ以外の者については、禁止されている。

電子メールの送信主体の制限に違反して、選挙運動用電子メールの送信を行った者は、二年以下の禁錮又は五十万円以下の罰金に処することとされている。

(2)　選挙運動用電子メールの送信先制限（法一四二の四2）

選挙運動用電子メールは、次の送信対象者に対して、それぞれ次の電子メールアドレス宛に、送信することができる。

選挙運動用電子メール送信者と送信先アドレス

送信対象者	送信対象電子メールアドレス
あらかじめ、選挙運動用電子メールの送信の求め・同意を選挙運動用電子メール送信者に通知した者（その電子メールアドレスを選挙運動用電子メール送信者に自ら通知した者に限る。）	選挙運動用電子メール送信者に自ら通知した電子メールアドレス
政治活動用電子メール（選挙運動用電子メール送信者が普段から発行している政治活動用のメールマガジン等）を継続的に受信している者	政治活動用電子メールに係る自ら通知した電子メールアドレスのう

（その電子メールアドレスを選挙運動用電子メール送信者に自ら通知した者に限り、かつ、その後に政治活動用電子メールの送信を拒否した者を除く。）であって、あらかじめ、選挙運動用電子メールの送信の通知を受け、拒否しなかったもの	ち、選挙運動用電子メールの送信拒否通知をした電子メールアドレス以外のもの

電子メールの送信先の制限規定に違反して、選挙運動用電子メールの送信を行った場合には、違反した者は、二年以下の禁錮又は五十万円以下の罰金に処することとされている。

(3)　**記録の保存義務**（法一四二の四5）

選挙運動用電子メール送信者は、選挙運動用電子メールの送信に求め・同意をした者に対し送信する場合には、以下の事実を証する記録を保存しておかなければならない。

ア　受信者が電子メールアドレスを選挙運動用電子メール送信者に対し自ら通知したこと

イ　選挙運動用電子メールの送信の求め又は送信への同意があったこと

また、政治活動用電子メールの継続的な受信者に対し送信する場合には、以下の事実を証する記録を保存しておかなければならない。

ア　受信者が電子メールアドレスを選挙運動用電子メール送信者に対し自ら通知したこと

イ　継続的に政治活動用電子メールの送信をしていること

ウ　選挙運動用電子メールの送信をする旨の通知をしたこと

(4) **選挙運動用電子メールの送信を拒否された場合**（法一四二の四6）

選挙運動用電子メール送信者は、選挙運動用電子メールの送信をしないように求める旨の通知を受けたときは、選挙運動用電子メールを送信することはできない。

この規定に違反して、選挙運動用電子メールの送信を行った場合には、違反した者は、二年以下の禁錮又は五十万円以下の罰金に処することとされている。

(5) **表示義務**（法一四二の四7）

電子メールを利用する方法により選挙運動用文書図画を頒布する者は、その文書図画に、

ア　選挙運動用電子メールである旨
イ　選挙運動用電子メール送信者の氏名又は名称
ウ　選挙運動用電子メール送信者に対し送信拒否通知を行うことができる旨
エ　送信拒否通知を行う際に必要となる電子メールアドレスその他の通知先

を表示しなければならない。

この規定に違反した場合、一年以下の禁錮又は三十万円以下の罰金に処することとされている。

3　当選を得させないための活動に使用する文書図画を頒布する者の表示義務（法一四二の五）

ある候補者の落選を目的とする行為であっても、それが他の候補者の当選を図ることを目的とするものであれば、選挙運動となる。ただし、何ら当選目的がなく、単に特定の候補者の落選のみを図る行為である場合には、選挙運動には当たらないと解されている。

したがって、「当選を得させないための活動」とは、このような単に特定の候補者（必ずしも一人の場合に限られない）の落選のみを図る活動を指すものである。

⑴　ウェブサイト等を利用する方法により文書図画を頒布する者の表示義務（法一四二の五1）

選挙の期日の告示の日からその選挙の当日までの間に、ウェブサイト等を利用する方法により当選を得させないための活動に使用する文書図画を頒布する者は、その者の電子メールアドレス等が、当該文書図画の受信者が使用する通信端末機器の映像面に正しく表示されるようにしなければならない。

⑵　電子メールを利用する方法により文書図画を頒布する者の表示義務（法一四二の五2）

選挙の期日の告示の日からその選挙の当日までの間に、電子メールを利用する方法により当選を得させないための活動に使用する文書図画を頒布する者は、その者の

ア　電子メールアドレス

イ　氏名又は名称

が、当該文書図画の受信者が使用する通信端末機器の映像面に正しく表示されるようにしなければならない。

当選を得させないための活動に係る電子メールに関する電子メールアドレス・氏名又は名称の表示義務に違反した場合、一年以下の禁錮又は三十万円以下の罰金に処することとされている。

4　インターネット等を利用する方法による候補者の氏名等を表示した有料広告の禁止等（法一四二

の六）

有料インターネット広告に係る規制として、

ア　候補者の氏名若しくは政党その他の政治団体の名称又はこれらの類推事項を表示した選挙運動用有料インターネット広告

イ　アの禁止を免れる行為としてなされる、候補者の氏名若しくは政党その他の政治団体の名称又はこれらの類推事項を表示した、選挙運動期間中の有料インターネット広告

ウ　候補者の氏名若しくは政党その他の政治団体の名称又はこれらの類推事項が表示されていない広告であって、選挙運動用ウェブサイト等に直接リンクした、選挙運動期間中の有料インターネット広告

を掲載することを禁止している。

ただし、確認団体については、イ・ウにかかわらず、アに該当するものを除き、選挙運動期間中、当該確認団体の選挙運動用ウェブサイト等に直接リンクした広告の掲載が認められる。

この規定に違反して広告を掲載させた者は、二年以下の禁錮又は五十万円以下の罰金に処することとされている。

5　その他

(1)　QRコード等（法二七一の六1・2）

文書図画にバーコードその他これに類する符号、いわゆるQRコード等が記載・表示されている場

合、当該ＱＲコード等を読み取った際に、読み取り装置の画面上に選挙運動用文書図画と認められる内容が表示された場合には、当該ＱＲコード等の記載・表示された文書図画自体が選挙運動用文書図画と認められることとされている。

他方で、当該ＱＲコード等を読み取った際に読み取り装置の画面上に表示される事項が、公職選挙法上、文書図画に表示・記載しなければならないこととされている事項であるときは、当該文書図画に記載・表示されていないものとすることとし、表示・記載の義務を満たすものとして取り扱わないこととしている。

⑵　**ＤＶＤ等**（法二七一の六３）

また、文書図画を記録した電磁的記録媒体の頒布は、当該記録された文書図画の頒布とみなすこととし、選挙運動用文書図画を記録したＤＶＤやＵＳＢメモリを頒布することは、法定外の選挙運動用文書図画を頒布する行為とみなされ、法に抵触することとなる。

問答

問　フェイスブックやＬＩＮＥなどのユーザー間でやりとりをするメッセージ機能は、「電子メール」に該当するか、それとも「ウェブサイト等」に該当するか。

答　「ウェブサイト等」に該当する。

問 電子メールを利用する方法による選挙運動を行うことができる候補者の範囲はどこまでか。

答 候補者本人が直接送信する場合のほか、事務所の秘書のように候補者と使用関係にある者や、親族や友人のように特別信頼関係にある者が、候補者の指示の下で、そのいわば手足として送信に必要な作業に従事しているに過ぎない場合は、電子メールの送信主体制限に違反しない。

問 電子メールを利用する方法による選挙運動を行うことができる確認団体の範囲はどこまでか。

答 確認団体の本部のみならず、確認団体の支部も含まれ、また、一般には、確認団体の本部又は支部の役職員が、本部又は支部の決定に基づいて選挙運動用電子メールの作成及び送信に関する事務を行っているに過ぎない場合には、選挙運動用電子メールの送信主体制限に違反しない。

問 選挙運動用電子メールを転送することはできるか。

答 一般的には新たな送信行為であると考えられ、候補者・確認団体以外の者は、候補者・確認団体から送られてきた選挙運動用電子メールを転送により頒布することはできない。

問 選挙運動用電子メールの送信の求め・同意の通知は選挙ごとに得る必要はあるか。

答 あらかじめ得る必要はあるが、選挙ごとに得る必要はない。

問 以下の場合は、電子メールアドレスを自ら通知したものと評価できるか。

(1) 電子メールアドレスを記載した名刺を選挙運動用電子メール送信者に交付した場合

(2) 選挙運動用電子メール送信者に対し、電子メールアドレスを本文に記載した電子メールを送信した場合

(3)　ウェブサイトのフォームや後援会の入会申込書に電子メールアドレスを記載し、当該申込書を選挙運動用電子メール送信者に交付した場合

(4)　選挙運動用電子メール送信者が、名簿を購入し、又は選挙運動用電子メール送信者の選挙運動や政治活動とは別の目的で作成された名簿を譲り受け、その名簿に掲載されている電子メールアドレスを知るに至った場合

(5)　選挙運動用電子メール送信者が電子メール配信代行業者を使用してメールマガジンを発行している場合であって、受信リストに登録されている電子メールアドレスが選挙運動用電子メール送信者に通知されないとき

(6)　ウェブサイト上に掲載している電子メールアドレスや店頭に置いてあるカード等に記載されている電子メールアドレス等、一般向けに公開されている電子メールアドレスを収集した場合

答

(1)〜(3)　評価できる。
(4)〜(6)　評価できない。

十九　新聞、雑誌の報道評論等

1　法定条件を備えた新聞及び雑誌の記事は自由（法一四八）

新聞や雑誌が選挙に強い影響力を持っていることは、いうまでもない。この新聞や雑誌が、選挙に

関し正確な事実と評論とを供給して選挙人の判断に供することは、明るく正しい選挙を実現し、民主政治を進歩発達させる上からも必要である。

問題は、強い影響力のゆえに表現の自由が濫用されはしないか、すなわち、新聞本来の使命を逸脱して、選挙を有利に導くために報道の自由を濫用し、悪用されるおそれがないかどうかである。

このため、公選法は、一般に、新聞及び雑誌に虚偽の事項を記載したり、事実を歪曲して記載する等、表現の自由を濫用することがない限り、選挙に関し報道及び評論を掲載することは自由であって、その記事が報道評論と認められる限りは、選挙運動の制限に関する規定は、適用しない旨を規定している。

選挙に関する報道評論の掲載された新聞又は雑誌は、通常の方法によってのみ頒布することができ、また、都道府県の選挙管理委員会が指定する場所（通常、都道府県の規程に定められている。）にのみ掲示することができるとするとともに、選挙期間中は、一定の要件を満たす適格新聞又は雑誌についてのみ選挙に関する報道評論の自由を認めるとともに、頒布方法は通常の方法かつ有償に限ることとしている。

2　新聞及び雑誌とは（法一四八3）

新聞及び雑誌には普通の新聞、雑誌のほかに業界紙や労働組合等の機関紙等も含まれる。これらの新聞、雑誌のうち**1**の報道評論の自由が認められるのは、選挙期日の告示の日から投票日までの間は、次に掲げるものに限られ、その条件を備えない新聞・雑誌で、その選挙区内に頒布し、掲示するものには、一切選挙に関する報道評論を載せることができない。

(1)　次の条件を具備するもの

ア　新聞では毎月三回以上、雑誌では毎月一回以上、号をおって定期的に有償で頒布するもの

イ　第三種郵便物の承認のあるもの（この承認は、郵便法第二十二条第三項の規定による日本郵便株式会社の承認である。）

ウ　選挙期日の告示の日前一年（時事に関する事項を掲載する日刊新聞については六月）以来、ア及びイの条件に適合し、引き続き発行するもの

(2)　前記(1)に該当する新聞又は雑誌を発行する者が発行する新聞又は雑誌で、アとイの条件を備えているもの（ウの条件は除かれる。）

ただし、点字新聞については、イの事項は必要がない。

このような新聞・雑誌を頒布することができるのは、その新聞・雑誌の販売を業とする者に限られている。業とする者とは、発行者、元売、小売、立売等を業とする者を指し、機関紙のような場合は、その頒布を担当している者が該当する。

そして、頒布の方法は、通常の方法（定期購読者以外の者に対して頒布するものについては有償でする場合に限る。）によるとされており、頒布する手段、対象、部数、価格等従来から通例として行われている方法であって、しかも有償でなければならない。

掲示の場所については、都道府県の選挙管理委員会が指定するが、通例、発行所、販売所等で従前

から掲示されてきた場所を基準として指定をしている。

3 新聞、雑誌の不法利用は買収と同罪（法一四八の二、二二三の二）

新聞・雑誌は、選挙に関して大きな影響力を有するから、候補者等がこれを悪用すると、選挙の公正が甚だしく阻害される。そこで、新聞・雑誌の編集その他経営を担当する者を買収して自己に有利な報道や評論を掲載させた場合には、多数人買収罪（法二二二）と同程度の罪と考えて、厳しく処罰するものとされている。

また、新聞・雑誌の編集その他経営上の特殊の地位を利用して特定の候補者の当選を図る報道や評論を掲載し又は掲載させた場合も、同様に処罰される（法二三五の二Ⅲ）。

問答

問 いわゆる壁新聞は、公選法第百四十八条にいう新聞紙か。

答 公選法第百四十八条にいう新聞紙ではない。

問 労働組合等の機関紙に記事として組合推薦の特定候補者の政見、経歴を記載し、これを組合員に頒布することはどうか。

答 選挙運動期間中及び選挙の当日、選挙に関する報道及び評論を掲載することのできる条件を具備している機関紙であれば、差し支えないが、虚偽事項を記載し、又は事実を歪曲して報道する等選挙の公正を害すること、あるいは通常の方法以外による頒布等の行為は禁止される。

問　電光ニュースは公選法第百四十八条にいう新聞紙か。

答　公選法第百四十八条にいう新聞紙ではない。

問　毎月一回発行の新聞は、選挙に関して報道評論することはできないのか。

答　選挙運動期間中及び選挙の当日は禁止される。したがって、告示前であれば差し支えない。

問　選挙に関する報道・評論を掲載した業界紙を会員以外の者に頒布することはどうか。

答　通常の方法による頒布とは認められず、違反となる。

問　校友会の雑誌は、公選法第百四十八条にいう雑誌であるか。単行本はどうか。

答　校友会雑誌は、公選法第百四十八条にいう雑誌である。単行本及びパンフレットは、公選法第百四十八条にいう雑誌ではない。

問　新聞の定期購読契約者には、購読契約期間の直前の三日間程度、無料サービスで一般の新聞紙を頒布する商慣習があるが、選挙に関する報道評論を掲載したものについては、かかる無料頒布を選挙運動の期間中に行うこともできないか。

答　お見込みのとおり。

二十　新聞広告

新聞を利用して行うことができる選挙運動は、新聞広告のみであって、それ以外は一切禁止されている。

1　新聞広告の回数は（法一四九）

候補者は、選挙運動期間中（立候補の届出をしたときから選挙の期日の前日までの間）二回（知事の選挙にあっては四回）に限り、いずれか一つの新聞に一定寸法以内で、自己の選挙運動のための広告をすることができる。同じ新聞に二回掲載することも、別々の新聞に一回ずつ掲載することもでき、いかなる新聞を選ぶかは、全く候補者の自由であるから、新聞の購読範囲、読者の階層の分布等の状況を考慮して選定する必要がある。

広告の費用は、知事選挙は無料、その他の選挙は候補者の負担で、この費用は、選挙運動費用に加算しなければならない。この場合、料金は新聞で違うから、選挙運動費用の制限額と照らし合わせた上で、どの新聞にするかスペースの大きさをどうするか（**3**に述べるように大きさに最大限の制限がある。）を考えなければならない。

2　掲載の手続は

掲載の手続については別段の定めはないが、知事選挙の場合は、立候補受付の際に交付される「新聞広告掲載証明書」を、希望する新聞社へ広告原稿とともに提出しなければならない。新聞によっては、相当日時の余裕をもって申し込まなければ、自己の希望する日に希望する箇所に広告することができない場合があるから、注意を要する。

なお、知事選挙において新聞社は、掲載の承諾をしたときは、あらかじめ選挙長に掲載の予定月日等を通知する取扱いとなっている（施行規則二〇4）。

3　スペース・内容等は

広告の寸法は、横九・六センチメートル、縦二段組以内である。新聞広告の場所は、記事下に限られており、色刷りは認められていない。広告は、候補者でなければできないが、その内容は自由であって、候補者の政見等はもとより、第三者の推薦文を入れることも差し支えない。また写真を入れることもできる。

二人以上の候補者が共同して広告を行うことは、一人分のスペースの範囲内であれば差し支えないが、その回数については、それぞれの候補者について一回として計算される。

4　広告を掲載した新聞の頒布の方法等（法一四九）

広告を掲載した新聞は、新聞販売業者が、通常の方法かつ有償で頒布し、又は都道府県の選挙管理委員会が指定する場所（前述）に掲示することができるだけであって、その他の方法、例えば、候補者が自己の広告の掲載されている新聞を多量に購入して選挙人に頒布、あるいは掲示するようなことは違反となる。

また、広告のできる期間は、選挙の期日の前日までであるから、選挙当日の新聞に掲載されるように申込みをすることはできない。

5　他の広告との関係（法一四二、一四三、一四六、一五二）

選挙運動に関する広告は、右に述べた他は一切禁止され、違反したときは罰せられる。

なお、選挙運動期間中は、有料で行うものでなくとも、新年の挨拶、寒中見舞、暑中見舞、退官挨拶等の挨拶広告を行うこと（自己の選挙区内に頒布、掲示されるものに限る。）は、文書図画の頒布又は掲示の禁止を免れる行為とみなされるから、これを行うことができない。

また、一般の営業広告、著述、演芸等の広告であっても、通常の場合であればやらないような大きなスペースを用いたり、あるいは多数の新聞に広告したりしたような場合には、多くの場合禁止を免れる行為として文書図画の頒布、掲示の違反となる。

一方、政党等の行う政策広告は純粋な政治活動にとどまる限り、行うことができる。

問答

問 労働組合又は農業団体等が推薦候補者を決定した旨を新聞に広告し、又はポスターに記載して掲示することはどうか。

答 公営で行う候補者の新聞広告、あるいは候補者の選挙運動用ポスターに掲げるほかは、違法の文書図画の頒布又は掲示として禁止される。

問 新聞広告を同一日付の同一新聞に一度に二回分掲載できるか。できるとすれば、規格の二倍のスペースで掲載できるか。

答　前段　できる。

後段　新聞広告はそれぞれ独立したものでなければならず、規格の二倍のスペースでは掲載できない。

問　選挙運動の期間中、候補者が著述、演芸等の広告にその者の氏名を記載して頒布、又は掲示することができるか。

答　文書図画の頒布又は掲示の制限を免れる行為として行うことは禁止される。

二十一　投票所内、共通投票所内の氏名等の掲示（法一七五）

1　投票所、共通投票所における氏名等の掲示

市町村の選挙管理委員会は投票当日には、投票所内、共通投票所内の投票の記載をする場所その他適当な箇所に候補者の氏名と党派別の掲示をしなければならない（記号式投票の場合並びに記号式投票を原則とする都道府県の選挙及び指定都市の選挙で電磁的記録式投票機を用いる投票所の場合には行われない。）。

2　期日前投票所又は不在者投票所における氏名等の掲示

市町村の選挙管理委員会は告示があった日の翌日から選挙期日の前日までは、期日前投票所又は市町村の選挙管理委員会の委員長が管理する投票を記載する場所内の適当な箇所に、候補者の氏名及び党派別の掲示をしなければならない。

3 掲示の掲載の順序

投票所、共通投票所、期日前投票所及び不在者投票所における氏名等の掲示の掲載の順序は、原則、告示があった日の届出時間経過後に、市町村の選挙管理委員会が開票区ごとにくじで定める順序（市町村の区域が数開票区に分けられている場合の2の掲示の掲載の順序については、市町村の選挙管理委員会が指定する開票区におけるくじで定める順序）による。

候補者又はその代理人は、このくじに立ち会うことができる。

問答

問 投票所内の氏名掲示の党派別は、立候補届の際添付した所属党派証明書の党派によるのか。

答 立候補届の際添付された所属党派証明書の党派による。その後党派変更の届出がなされた場合は、それによる。

問 単に一政党から推薦されたにとどまり入党していない候補者は、党派別の記載については、無所属として取り扱われることとなるのか。

答 無所属として取り扱われる。

二十二　選　挙　公　報

1　選挙公報が発行される選挙は（法一六七、一七二の二）

選挙公報は、知事の選挙については、都道府県の選挙管理委員会が必ず一回発行するが、その他の選挙では、発行するかどうかは、それぞれの都道府県、市町村の任意とされ、発行する場合は、条例でその手続を定めることになっている。

したがって、知事の選挙以外の選挙に立候補しようとする者は、まず、選挙公報が発行されるかどうか、次に、発行されるとすれば、その発行手続（およそ知事選挙の選挙公報に準ずる取扱いとなっている。）はどうかについて、あらかじめ選挙管理委員会に問い合わせておくとよい。

2　知事選挙の場合の選挙公報の発行方法等

(1)　掲載の申請をするには（法一六八1）

選挙公報にその氏名、経歴、政見等の掲載を受けようとする場合は、選挙の期日の告示があった日から二日間の間に（立候補締切日の翌日までに）、掲載文を添えて文書で申請をしなければならない。

国政選挙においては掲載文の電子データを添えて文書で申請することも可能であるが、地方選挙においては条例で定めるところにより掲載文の電子データによる提出が可能となるため、申請方法についてはあらかじめ選挙管理委員会に問い合わせておくとよい。

　申請は郵便等によることもできるが、できるだけ持参することが適当である。また、申請期間中の受付時刻は、午前八時三十分から午後五時までであり、これは、申請の締切日にあっても同様であるから、郵便等で申請する場合には、特に時間の余裕をみておく必要がある。

(2)　**字数等に制限があるのか**（法一六八）

　選挙公報掲載文の字数制限はない。また、掲載文に図、イラストレーション及びこれらの類を記載しようとする場合には、それらの部分に係る面積等は都道府県の選挙管理委員会の定めによるため、あらかじめ選挙管理委員会に問い合わせておくとよい。

(3)　**内容にはどのようなことを書くか**

　掲載文には、候補者の氏名、経歴、政見等を記載するものとされているが、選挙公報の氏名欄に記載する候補者の氏名は必ず戸籍簿に記載された氏名（通称使用認定書を交付されている場合はその認定書に記載されている通称）を記載しなければならない。また、その内容は原則として自由であるが、虚偽、利害誘導等罰則に触れるようなことは記載できない。

(4)　**公報の体裁や掲載の順序は**（法一六九３・６・７）

　選挙公報には、申請された原稿が原文のまま掲載されるので、印刷が不鮮明になるおそれのあるような原稿を提出しないよう活字の使用やペン書きの場合の文字の大小、濃淡等に十分注意が必要である。

掲載の順序は、申請の前後にかかわらず、都道府県の選挙管理委員会がくじで定める。このくじは、掲載申請締切日の締切時間経過後か締切日の翌日に行われるのが通例であって、この際には、候補者又はその代理人が、立ち会うことができるものとされている。

(5)　**選挙公報は有権者にどのようにして届けられるか**（法一七〇）

選挙公報は、市町村の選挙管理委員会から、その選挙に用うべき選挙人名簿に登録された者の属する各世帯に対して、選挙の期日前二日までに配布されることとなっている。

なお、選挙公報を選挙人の各世帯に配布することが困難と認められる特別の事情があるときは、その配布に代えて、市町村の選挙管理委員会は、あらかじめ、都道府県の選挙管理委員会に届け出て、新聞折込みその他これに準ずる方法による配布をすることができるが、この場合には、市町村の選挙管理委員会は、選挙人が、選挙公報を容易に入手することができるような補完措置を講ずるよう努めなければならないものとされている。

また、交通困難その他特別の事情がある区域で都道府県の選挙管理委員会が指定する区域には、選挙公報は発行されないこととなっている。

問　答

問　選挙公報の申請期限日までに掲載の申請をしなかった者は、選挙公報に掲載される権利を失うものとなるか。

答 失う。

問 一度提出した掲載文は、その後訂正することができるか。

答 申請期間中であればできる。

問 選挙公報の掲載文の内容に制限があるか。

答 他人の名誉を傷つけ若しくは善良な風俗を害し又は特定の商品の広告その他営業に関する広告にわたることを禁じられている。また、利害誘導、虚偽事項の公表等公選法の他の規定に違反するような事項又は刑法、破壊活動防止法等の規定に違反する事項がその内容にある場合はそれぞれの規定によって、罰則の適用がある。

問 選挙公報に写真を掲載することができるか。

答 写真掲載の可否その他大きさ、枚数等一切の事項は、選挙管理委員会規程に定められているので、あらかじめ当該事務を管理する選挙管理委員会に問い合わせるとよい。

二十三　言論による選挙運動

1　言論による選挙運動は重要な選挙運動である

候補者の人物、政見を有権者によく知らせることが選挙運動の本旨である以上、言論による選挙運動は本来自由に任せられるべきものであって、特に弊害のあるもの以外は制限しない建前とされている。

2　主な運動方法は

言論による選挙運動には、全く禁止されているもの、禁止されないがその方法等について制限されているもの、及び全く自由なものがある。

(1)　禁止されているもの

ア　放送施設利用（知事選挙における経歴放送、政見放送を除く。）

イ　候補者以外の者が開催する演説会

ウ　戸別訪問

(2)　方法等につき制限されているもの

ア　個人演説会

イ　街頭演説

ウ　連呼行為

エ　政見放送、経歴放送（知事選挙のみ）

オ　政談演説会又は街頭政談演説において行う選挙運動

(3)　自由なもの

ア　幕間利用による演説

イ　電話利用による選挙運動

ウ　個々面接

二十四　個人演説会

1　個人演説会とはどのような演説会か（法一六一～一六四の四）

個人演説会とは、候補者の政見の発表、有権者に対する投票依頼等選挙運動のために、候補者個人が開催する演説会である。聴衆を参集させた上で演説するという点において、単なる「演説」とは区別される。

個人演説会を開催できる者は候補者に限られているが、開催回数の制限はない。ただ、知事選挙の候補者については、個人演説会の開催中は、都道府県の選挙管理委員会の交付する表示板を付けた立札又は看板の類を会場前に掲示しなければならないこととされており、この表示板は五個に限られているので、同時に開催することができる個人演説会は、五箇所に限られる。

2　個人演説会では誰でも演説できるか（法一六二、一六四の四）

個人演説会では、候補者本人はもとより、候補者以外の者でも演説をすることができる。候補者の主催ではあるが、候補者が演説しないで、他の者だけが演説することもできる。

また、テープ・レコーダー等の録音装置を使用して、不在の候補者や応援者の演説を聞かせることも差し支えない。要するに、演説者については当該候補者の選挙運動のための演説である限りなんらの制限もない。

3　個人演説会は誰が行うか

個人演説会を開催できる者は、候補者に限られている。したがって、候補者以外の第三者（例えば、青年団、新聞社等）が主催して選挙運動のための個人演説会を開催することはできないし、候補者もこれらの個人演説会に参加することはできない。

4　個人演説会の施設は（法一六一、一六一の二、一六四、令一一二3）

個人演説会は、(1)公営施設使用の個人演説会と、(2)その他の施設使用の個人演説会とに区分される。

(1)　公営施設使用の個人演説会

使用できる施設は、学校、公民館、地方公共団体が管理する公会堂及び市町村の選挙管理委員会が指定する施設（集会場、図書館等）である。これらの施設については、その管理者が演説会の開催に必要な設備（照明設備、演壇、聴衆席等）をすることになっており、また、この施設の使用は、候補者一人について、同一施設ごとに一回を限り無料である。したがって、二回目からは、あらかじめ費用を納付しなければ使用することはできない。施設の管理者が備える設備のほかに、候補者が自己負担で他の必要な設備をすることは差し支えない。なお、これらの施設の使用時間は、無料の場合も有料の場合も一回について五時間以内とされているので、注意を要する。

(2)　その他の施設使用の個人演説会

候補者は、公営施設以外の施設を使用して、個人演説会を開催することができる。例えば、個人の居宅、神社、寺院あるいは劇場等である。しかし、国又は地方公共団体の所有し又は管理する建物あるいは病院若しくは診療所等の施設など特定の建物等を使用することはできない（一九六・一九七頁参照）。公営施設以外の施設使用の個人演説会については、(1)の場合と異なり、一回当たり使用時間の制限はない。

5　個人演説会の開催の手続は（法一六三）

(1)　公営施設を使用する場合

候補者が、公営施設を使用して個人演説会を開催しようとする場合には、

ア　開催予定日前二日までに

イ　使用しようとする施設、開催予定日時及び候補者氏名を、都道府県の選挙管理委員会が定める様式による文書に記入して

ウ　市町村の選挙管理委員会に申し出なければならない

右の申出があると、例えば、学校等の場合には授業、研究等の本来の行事に支障がなく、また他の候補者からの申出と競合することがなければ、施設の管理者から、申出のあった候補者に対して、個人演説会開催の可否について通知がなされるから、候補者は、その日時にその会場に行けば、個人演説会が開催できるわけである。この場合、選挙期日の前日は、学校等は投票所の設備の準備のため使用できない場合があるので、注意を要する。

(2)　公営施設以外の施設を使用する場合

個人演説会（公営施設使用）開催申出書の様式と記載例

個人演説会開催申出書

令和〇年〇月〇日

山川市選挙管理委員会委員長　殿

山川市議会議員選挙　候補者氏名　甲　山　花　子　㊞

住　　所　山川市甲町一丁目二番三号

連　絡　先　山川市新町一丁目二番三号　新町ビル一〇五号室

電話　〇〇〇―〇〇〇〇

公職選挙法第百六十三条の規定により、次のとおり公営施設を使用して個人演説会を開催したいので申し出ます。

候補者氏名	甲山花子	受付	月　日　午前／午後　時　分	無料・有料
開催日時	令和〇年〇月〇日　午前／午後　五時〇分から　午前／午後　八時〇分まで			
施設　名称	山川市公会堂			
施設　所在地	山川市谷川町一丁目三番			
その他の事項				

備考　候補者本人が申し出る場合にあつては本人確認書類の提示又は提出を、その代理人が申し出る場合にあつては委任状の提示又は提出及び当該代理人の本人確認書類の提示又は提出を行うこと。ただし、候補者本人の署名その他の措置がある場合はこの限りではない。

（記載上の注意）候補者が他の候補者と共同して演説会を開催する場合及び自ら開催に必要な設備を付加する場合等においては、その他の事項欄にその旨を記載しなければならない。

公営施設以外の施設を使用して個人演説会を開催しようとする場合には、候補者は、開催しようとする施設の管理者と交渉してその承諾を得ればよい。

6　個人演説会の周知は候補者が行う

個人演説会の開催の周知は、候補者が行うこととされている。周知の方法としては、選挙運動用ポスター（知事選挙の場合は、ポスター掲示場に掲示する選挙運動用ポスター及び個人演説会告知用ポスター）や選挙運動用ビラ、選挙運動用通常葉書、インターネット等を利用する方法が主となろうが、街頭演説等の機会を利用して、口頭で選挙人に周知することもできる。戸別に演説会のあることを周知する行為は、戸別訪問とみなされ、選挙運動の制限違反となるので注意を要する。

7　他の選挙の投票日にもできるか（法一六五の二）

他の選挙の投票当日には、その投票所、共通投票所を設けた場所の入口から三〇〇メートル以内の区域では、午前零時から投票所、共通投票所の閉鎖時刻（一般には午後八時）までの間は、個人演説会（演説を含む。）を開催することはできない。

8　個人演説会場で掲示できる文書図画は（法一四三1Ⅳ・ⅣのⅡ・8～10、一六四の二）

(1)　**演説会場の内部では**

ア　ポスター、立札及び看板の類（規格制限なし）
イ　高さ八五センチメートル、直径四五センチメートル以内のちょうちん
ウ　屋内の演説会場内においてその演説会の開催中掲示する映写等の類
　を掲示することができる。

アのポスター、立札及び看板の類の数は制限はないが、イのちょうちんは、知事選挙の場合には各会場ごとに会場内にのみ一個に限られ、知事選挙以外の選挙の場合には、各会場ごとに会場内か会場外のいずれか一個に限られる。

(2)　演説会場の外では

会場の入口、建物の外側、外廻りの塀等会場の外部に掲示することができる文書図画は、選挙の種類により異なる。

ア　知事選挙の場合

個人演説会の開催中は、演説会場前に都道府県の選挙管理委員会から交付された表示板を付けた立札又は看板の類（縦二七三センチメートル、横七三センチメートル以内）を一以上必ず掲示しておかなければならない。表示板は五個交付されるので、同時に開催できる個人演説会は、最大五箇所に限定される。個人演説会場外では、この表示板を付けた立札又は看板の類以外の文書図画は、一切掲示することはできない。この立札及び看板の類は、演説会の開催中は、必ず会場前に掲示しておかなければならないが、個人演説会用として使用しないものは、演説会場外のいずれの場所においても選挙

運動のために使用することができる。なお、立札及び看板の類には、記載の内容について特に制限はないので、必ずしも○○○○個人演説会（場）の旨の記載の必要はなく、党派、氏名のみでもよい。政見を記載することも自由である。

イ　その他の選挙の場合

ポスター、立札及び看板の類（縦二七三センチメートル、横七三センチメートル以内）を会場ごとに通じて二個、(1)のイのちょうちんを一個（会場内にちょうちんを掲示した場合は、会場外には掲示できない。）会場外に掲示することができる。「通じて二」というのは、例えば、立札を二か、ポスター、立札各一ということである。

(3)　**掲示者の氏名等の記載**（令一一〇、一二五の二）

前述(1)、(2)の文書図画には、その表面に掲示責任者の氏名及び住所を記載しなければならない。

9　個人演説会場で頒布できる文書図画は（法一四二、令一〇九の六）

個人演説会の会場内では、選挙運動用ビラを頒布することができる。

10　個人演説会で連呼できるか（法一四〇の二）

個人演説会場においては連呼することができる。「演説会場において」とは、「会場内で会場内の聴衆に向かって」という意味であるから、窓や入口で外に向かって連呼することはできない。

11　他の演説会は禁止される（法一六四の三）

選挙運動のためにする演説会は、公選法で定められている個人演説会のほかはいかなる名目によっても開催することができない。したがって、新聞社及び青年会議所等が主催して合同演説会を開催することはできない。

問答

問　第三者（新聞社、婦人会、青年団等）が二人以上の候補者又はその運動員から政見を聞くために会合（例えば、合同演説会等）を催すことができるか。

答　個人演説会以外の演説会は禁止されているので、開催できない。

問　個人演説会を同一時刻に二箇所以上行うことができるか。

答　個人演説会の開催手続をとれば差し支えない。なお、知事選挙の場合は、同時には最大五箇所までしか開催できないが、この場合いずれの会場前においても、都道府県の選挙管理委員会の定めるところの表示板を付けた立札又は看板の類を掲示しておくことが必要である。

問　選挙の告示が、例えば、三月十六日になされたときに、三月十六日と十七日にそれぞれ公営施設を利用して個人演説会を開催することができるか。

答　公営施設を使用して開催する場合は、開催日前二日までに市町村の選挙管理委員会に申し出ることになっている（法一六三）ので、三月十八日以後でなければならない。

問　青年団、婦人会等の会合にたまたま出席して演説した場合には、これは個人演説会とみなされるか。

答　単なる演説であって、個人演説会とはならない。

問　農業団体等の集会、芝居の幕間にあいさつすることは個人演説会にならないか。

答　単なる演説であって、個人演説会とはならない。

問　映画、演劇等の幕間又は会社、工場等の休憩時間等を利用して行う演説はどうか。

答　単なる演説であって、個人演説会とはならない。

問　「投票所を設けた場所の入口」とは何か。

答　投票所の施設及びその敷地の入口であり、学校等に投票所を設けた場合はその校門をいう（その校門が二箇所以上あるときは、その各々をいう。）。

問　個人演説会と政談演説会を合同して開催することはできるか。

答　できない。

問　村民大会の席上で、第三者が候補者の投票依頼の内容を持つメッセージを代読する行為は違反か。

答　単なる幕間演説とみなされる場合は違反とならないが、その村民大会の目的がメッセージを読むことを目的としていた場合は、公選法第百六十四条の三に違反する。

二十五　街頭演説

1　街頭演説は止まって標旗の下で（法一六四の五1）

街頭演説とは、街頭又はこれに類似する場所（例えば、公園、空地等）で多数の人に向かってする選挙運動のための演説をいう。

街頭演説を行うためには、選挙管理委員会が交付する標旗を掲げていなければならない。

街頭演説においては、候補者はもとより、第三者が候補者のために演説することも自由であるが、演説者は必ずそこに止まってしなければならないので、標旗で表示していると認められる一定の場所のほかに移動して演説することは許されない。したがって、道路を歩行しながらする演説や、走行する自動車や自転車等の上からする演説、すなわち「流し演説」は禁止される。なお、屋内から街頭に向かって行う演説（例えば、選挙事務所から道を通る人々に向かって行う演説等）も街頭演説となるから、右と同様に標旗を掲げなければならない。

2　街頭演説は早朝や夜間もできるか（法一六四の六）

街頭演説は、午前八時から午後八時までの間に限ってこれをすることができる。したがって、午後八時から翌朝八時までの間は、街頭演説をすることは禁止されている。

また、街頭演説を行う者は次のことに努めなければならない。

⑴　学校及び病院、診療所その他の療養施設の周辺においては、静穏を保持するようにすること。
⑵　長時間にわたり、同一の場所にとどまってすることのないようにすること。

3　標旗の交付は（法一六四の五２・３）

標旗は、立候補届出の際に、選挙管理委員会から候補者一人について一本交付される。紛失したり、破損したりしないように注意しなければならない。紛失又は破損した場合の処置については、選挙管理委員会に問い合わせられたい。

4　運動員は腕章を着けなければならない（法一六四の七）

街頭演説において選挙運動に従事する者は、候補者一人について十五人を超えてはならず、さらにこれらの者は、一定の腕章を着けていなければならない。

この腕章は、先に述べた選挙運動用自動車又は船舶に乗車（船）できる者が着用する乗車（船）用腕章をそのまま街頭演説用腕章として使用することができるため、街頭演説用腕章は候補者一人につき十一枚交付される。この腕章を紛失又は破損した場合における再交付の手続については、標旗の紛失等の場合（前記**3**参照）と同様である。

5　街頭演説にポスターや立札等が使えるか

街頭演説をする場所では、その候補者の演説であることや、候補者の政見等を示すために、ポスター、立札、ちょうちん及び看板の類は一切使用できない。しかし、街頭演説の場所に停止している選挙運動用自動車又は船舶に取り付けられているポスター、立札、ちょうちん及び看板の類並びに知事選挙の場合に個人演説会の表示板を付けた立札及び看板の類については差し支えない。

6 街頭演説の場所で頒布できる文書図画は（法一四二、令一〇九の六）

街頭演説の場所では、選挙運動用ビラを頒布できる。

7 街頭演説の場所では連呼できる（法一四〇の二）

街頭演説をする場合には、その場所で、街頭演説の一部として連呼することは許されている。この場合の連呼行為も、当然、街頭演説と同様に、午後八時から翌朝八時までの間は禁止される。

8 録音盤の使用もできる（法一六四の四）

街頭演説においても録音盤（テープ・レコーダー等を含む。）を使用して演説することができる。また、録音盤の使用の際、広く通行人に聞こえるように、拡声機を用いることは、それが公選法の制限内の拡声機、すなわち、選挙管理委員会から交付された表示板を付けた拡声機である限り差し支えない。

9 街頭演説や幕間演説が禁止される場合（法一六五の二）

他の選挙の投票日には、一定時間内、一定の地域内において演説を行うことが禁止されるが、これについては、一八五頁を参照されたい。

問答

問 街頭演説において、選挙運動に従事する者の人数の制限に候補者は含まれるのか。

答 含まれない。

問 街頭演説において、一人の弁士が二人の候補者（例えば、県議会議員の候補者と市議会議員の候補者）の応援演説をする場合、標旗等はどのようにすればよいか。

答 その場所に二人の候補者の標旗を掲げ、弁士は二人の候補者の腕章を着用しなければならない。

問 運転手、助手その他労務を提供する者は、街頭演説の人数の制限に含まれるか。また船員はどうか。船員は船員法にいう船員に限られるか。

答 運転手（自動車一台について一人に限る。）と船員を除き、運転手の助手その他労務を提供する者は街頭演説の人員に含まれる。なお、この場合の船員は、船員法にいう船員に限定されない。

問 人数の制限を受ける者は、街頭演説中街頭演説用腕章を着用しなければならないか。

答 着用しなければならないが、自動車又は船舶を使用する場合には、選挙運動用自動車又は船舶に乗車又は乗船している者は、乗車用又は乗船用の腕章のみを着用していればよい。また、自動車又は船舶を使用しない場合にあっても、乗車用又は乗船用の腕章の着用で差し支えない。

問 候補者、運転手、船員等街頭演説の人数制限に含まれない者は、もちろん腕章を着ける必要はないと思うがどうか。

答 必要ない。なお、運転手、船員が街頭演説をするときも、乗車（船）用腕章、街頭演説用腕章を着けなくてもよい。

問 街頭演説の標旗及び運動員の腕章を着用のまま街頭演説も行わず、町中を歩き回ることはどうか。

答　文書図画の回覧行為として許されない。

問　街頭演説の場所で、レコードをかけ歌をスピーカーから流すことができるか。

答　気勢を張る行為及び利益供与にわたらない限り差し支えない。

問　他の選挙の投票当日においても、当該他の選挙の投票所、共通投票所を閉じる時刻後であれば、演説会等を開催することについてなんの制限もないのか。

答　制限はない。ただし、街頭演説を行うことができるのは、午後八時までである。

問　屋内（屋外より演説者が見えない場所）から拡声機を通じて、通行人のみを対象として演説することができるか。

答　街頭演説としてできるが、標旗を揚げていなければならない。

二十六　幕間演説・個々面接・電話による選挙運動

1　幕間演説とは

映画、演劇等の幕間、青年団、婦人会等の集会、会社、工場の休憩時間に、たまたまそこに集まっている者を対象にして、候補者、選挙運動員又は第三者が選挙運動のための演説をすることをいうものであって、わざわざ選挙運動のために聴衆を集めてする演説会とも異なり、また、街頭演説ともならないので、自由に行うことができる。幕間演説が自由だからといっても、あらかじめ聴衆を集めてもらっておいて、そこに出向いて選挙運動のための演説をすることはできない。なお、幕間演説についても、他の選挙の投票日には一定時間内、一定の地域内において演説を行うことが禁止されている。これについては、一八五頁を参照されたい。

2 個々面接とは

デパート、電車、バスの中あるいは道路等でたまたま知人等に会ったときに、その機会を利用して、選挙運動をすることをいうもので、法律上禁止されていないので自由に行える（一一五頁参照）。

3 電話による選挙運動とは

法律上制限されていないので、全く自由である。しかし、候補者、総括主宰者、出納責任者等選挙運動の重要な地位を占める者から、計画的に電話による選挙運動を指示されたような場合は、電話料等の費用は選挙運動費用に算入しなければならないので、注意を要する。

問答

問 有線放送電話による投票依頼は、電話による選挙運動として許されるか。

答 一戸、一戸を呼び出して行う場合はよい。しかし、有線放送電話には色々の種類があり、送信の内容を二戸以上に同時に知らせる結果となるものは使用できない。

二十七　演説による選挙運動には他にどのような制限があるか

公選法は、演説に伴う種々の弊害を防止し、他方、候補者の負担の軽減と選挙運動の平等を保障するために、必要最小限の規制を加えている。個人演説会、街頭演説等における各種の制限については、それぞれの項でも触れてきたが、これらに加えて次のような制限があるので、注意を要する。

1　公共の建物では禁止される（法一六六Ⅰ）

国又は地方公共団体の所有し又は管理する建物の中では、選挙運動のための演説及び連呼行為は、全くできない。しかし、これらの建物が公営施設使用の個人演説会会場となっている場合に、公選法の規定に従い個人演説会を開催することは差し支えない。なお、地方公共団体の所有し又は管理する建物のうち、公営住宅、すなわち、県営住宅や市営住宅については、県庁や市役所の庁舎とは異なり、一般住民の用に供せられ、通常の社会生活が営まれるのであるから、選挙運動のための演説をすることが許される。この公共の建物での演説等の禁止は、何人もどのような名義をもってするを問わず、選挙運動のために行うことを禁ずるものであって、幕間演説として演説することも、また演説会を開いて演説することも、全て禁止される。この禁止は、結局、公共の事務の処理を阻害しないようにする趣旨にほかならない。

2　汽車・電車・バス・停車場でも（法一六六Ⅱ）

汽車、電車、バス、船舶（選挙運動のために使用される候補者専用の船舶は別である。）のような交通機関の中や、停車場その他鉄道地内で演説等を行うことは、禁止される。この禁止は、多数の人々の集まる停車場等の施設の混雑を防止し、交通機関を利用する乗客の利便を図ろうとするものである。

3　病院その他の療養施設でも（法一六六Ⅲ）

病院、診療所その他の療養施設は、患者のために静穏を保つことが必要であり、その建物の中はもとより、その構内の庭等でも、選挙運動のための演説等をすることは禁止される。

問答

問　デパートや病院又は電車の中で、たまたま会った友人に対して投票を依頼することができるか。

答　知人にたまたま会って、投票を依頼するのは演説でも連呼でもなく、単なる個々面接であるから差し支えない。

問　バスの停留所等で待ち合わせの乗客に、大声で「○○候補をお願いします」と連続して呼びかけることはどうか。

答　個々面接の限度を超え、連呼行為となるので、違反となる。

二十八　放送設備の使用

1　知事選挙以外の選挙では放送設備は使用できない

(1)　知事の選挙に限りテレビ及びラジオの使用が認められる（法一五〇、一五一）

テレビ及びラジオによる選挙運動は、知事の選挙に限り、法律の定めるところにより行われる政見放送及び経歴放送が認められている。知事の選挙以外の選挙においては、一切テレビ及びラジオを使用することはできない（政見放送及び経歴放送については後述**2**及び**3**参照）。

(2)　広告放送等も禁止される（法一五一の五）

広告放送設備、共同聴取用放送設備その他の有線電気通信設備を利用して選挙運動をすることは、一切できない。したがって、いわゆる「スポット放送」や、商店、会社、工場の場内放送設備等も使用することは許されない。

2　政見放送をするには（知事選挙に限る。）（法一五〇）

知事の選挙においては、候補者は、日本放送協会及び民間放送会社の放送局（実施放送局）のテレビ放送及びラジオ放送の放送設備により、その政見を無料で放送することができる。政見放送の実施の手続等は、政見放送及び経歴放送実施規程（平成六年自治省告示第百六十五号）に詳細に定められているが、必要な手続等の概略は次のとおりである。

(1)　**放送の回数**

政見放送の回数は、候補者一人について、テレビ放送及びラジオ放送を通じて八回とし、日本放送協会の放送設備によりテレビ放送及びラジオ放送各二回、民間放送会社の放送設備による放送は都道府県の選挙管理委員会が残りの四回の放送回数の中から、政見放送を実施する民間放送局の内訳を定めて行うことができるが、やむを得ない事情が生じた場合には、この回数は減らされることもある。なお、詳細は都道府県の選挙管理委員会に問い合わせるとよい。

(2)　**放送時間**

放送時間は、候補者一人について一回につき五分三十秒以内である。ただし、候補者の数が著しく多いことその他やむを得ない事情があるときは、その時間を短縮されることもある。

(3)　**実施放送局**

政見放送を実施する放送局は、日本放送協会、政見放送及び経歴放送実施規程別表第一に掲げられた中で都道府県の選挙管理委員会が定める民間放送会社の放送局（巻末附録**4**参照）である。

(4)　**政見放送の実施手続**

ア　**申込み**

政見放送をするためには、まず、一定の期日までに日本放送協会及び巻末附録**4**の中から都道府県の選挙管理委員会が定める民間放送会社が指定する放送局（申込放送局）に、候補者又はその代理人が出向いてその申込みをしなければならない。

(ア)　申込締切期限

申込みは、選挙期日の告示のあった日までにしなければならない。この期日までに申込みをしない候補者の政見放送は行わないことになっているから、注意を要する。なお、告示の前においても放送局において申込みをすることができるが、詳細は、都道府県の選挙管理委員会に問い合わせるとよい。

(イ)　申込場所

候補者又はその代理人が出向いて申込みをする場所は、日本放送協会の放送設備による場合にあっては日本放送協会が、民間放送会社の放送設備による場合にあっては巻末附録**4**の中から都道府県の選挙管理委員会が定める民間放送会社が指定する場所であるが、実際には、告示のあった日については立候補届出受付会場がほとんどである。告示の日前については、日本放送協会の放送設備による場合にあっては協会の指定する放送局（巻末附録**5**参照）、民間放送会社の放送設備による場合にあってはそれぞれの放送局である。なお、詳細は、都道府県の選挙管理委員会に問い合わせるとよい。

イ　録音又は録画の実施

政見の録音又は録画を行う日時及び場所は、各候補者の希望を考慮して、政見放送を実施する放送局が定めることとされており、候補者が正当な理由がなく定められた日時及び場所に出向かなかったときは、その候補者の政見放送は行わないこととされているから、注意を要する。

政見の録音又は録画は、候補者本人について行い、代理人による方法や対談その他これに類する方法によって行うことはできない。

また、候補者等から自らが選定した手話通訳士一人による手話通訳を付して政見を録画するよう申込みがあったときは、当該選挙に関する事務を管理する選挙管理委員会が定める放送事業者は、当該手話通訳士による手話通訳を付して政見を録画するものとされている。

政見の録音又は録画を行うときは、候補者は、たすき、はちまきなどの特別の意図を表す服飾の類を着用したり、放送用原稿以外の用具を使用したりすることはできない。

なお、音声機能等に障害のある候補者については、当該者を常時介護する者であって日本放送協会及び民間放送事業者に届け出たものを通じて政見を述べ、又は録音物を使用することが認められている。

ウ　**放送の実施**

放送の日時は、政見放送を実施する放送局が定めた放送時間帯に基づいて、都道府県の選挙管理委員会が定めることとされている。また、各候補者の放送の日時は、定められた放送の日時の中において、都道府県の選挙管理委員会がくじで定めることとされている。このくじには候補者又はその代理人が立ち会うことができる。

放送に当たっては、政見放送を実施する放送局は、録音又は録画した政見をそのまま放送しなければならないし、全ての候補者について、同一の放送設備を使用する等、同等の利便を提供しなければならない。

候補者は、政見放送をするに当たっては、他人の名誉を傷つけたり、善良な風俗を害したり、特定の商品の広告その他営業に関する宣伝をするなど政見放送としての品位を損なう言動をしてはならない（法一五〇の二）。

政見放送は、無投票当選が確定したときは中止される。また、天災その他避けることのできない事故その他特別の事情によって政見放送が不能となった場合は、これに代わる政見放送は行わない。さらに、政見放送及び経歴放送実施規程及びこの規程に基づく定め（後述の放送実施の細目を含む。）に違反する候補者については、政見放送を行わせないことがあるから、注意を要する。

補充立候補者の政見放送については、前述の(4)ア(ア)にかかわらず、政見放送を実施する放送局が都道府県の選挙管理委員会と協議して定めるところにより行うことができる。

放送の実施の細目については、政見放送を実施する放送局がそれぞれ定める。

3　経歴放送はどのようにして行われるか（知事選挙に限る。）（法一五一）

経歴放送は、候補者の氏名、年齢、党派別、主要な経歴等を選挙人に周知させるため、次のとおりテレビ放送及びラジオ放送によって行われるが、詳細は、都道府県の選挙管理委員会に問い合わせるとよい。

(1)　テレビ放送による場合

テレビ放送により行う経歴放送は、政見放送を実施する放送局が、経歴書に基づいて、それぞれの

候補者経歴書の様式

候補者経歴書

ふりがな 所属党派		
ふりがな 氏名		性別
生年月日	年　月　日（　歳）	
主要な経歴		

右のとおり提出します。

令和　年　月　日

住所

候補者　氏名　印

あて

備考

一　当該選挙の公示（告示）があった日までに、この経歴書を提出する。

二　所属党派欄には、所属党派証明書に記載された党派を記載する。この場合において、所属党派名が二十字を超える場合は、放送用として二十字以内の略称を併記する。所属党派証明書を有しない候補者については、「無所属」と記載する。

三　氏名欄には、当該選挙長の認定した通称があるときは、その通称を記載する。

四　生年月日欄中の（　歳）内には、当該選挙の期日により算定した満年齢を記載する。

五　主要な経歴欄には、五十字以内で記載し、固有名詞には振り仮名を付ける。

六　あて名欄には、経歴放送を実施する放送事業者名を記載する。

候補者の政見放送を行う直前に行うものと、日本放送協会が経歴放送のみを行うものとがある。経歴書は候補者が、前頁に掲げる様式に準じて調製し、告示のあった日までに放送局に提出しなければならない。

(2)　ラジオ放送による場合

ラジオ放送により行う経歴放送は、日本放送協会が、その定めるところにより（手続は(1)の場合と同じである。）、おおむね五回行うこととされている。

問答

問　政見放送の内容に制限はないか。

答　特定の商品の広告、その他営業に関する宣伝をすることは禁止されている。その他刑法、公選法又は他の法令に違反するとき（例えば、刑法における名誉毀損罪、公選法における利害誘導罪、選挙の自由妨害罪、選挙犯罪のせん動罪、虚偽事項の公表罪等）も、当然に処罰の対象となるものである。

問　候補者の代理人が、政見放送の録音をすることができるか。

答　できない。

問　政党代表者が政策の普及宣伝のため、ラジオ、テレビ等を利用して放送することができるか。

答　単に政策の普及宣伝にとどまる限りは差し支えないが、特定候補者のための選挙運動にわたるときは、違反となる。

問　政見放送を候補者が運動員との対談の形ですることができるか。

答　できない。

二十九　特殊乗車券（知事選挙に限る。）

1　特殊乗車券とは（法一七六）

知事選挙に限り、候補者、推薦届出者その他の選挙運動員が選挙運動の期間中、当該都道府県内で鉄道、軌道及び乗合バスの交通機関を利用するため、当該都道府県内全域に通用する無料の乗車券十五枚の交付を受けることができる。

2　特殊乗車券の入手方法

立候補届が済むと、選挙長から「公職の候補者旅客運賃後払証」が十五枚交付される。これに必要事項を記入して、選挙期日の告示のあった日から選挙当日までの間に、次に掲げる乗車券の発行所に提示すればよい。

この場合、どの交通機関を選ぶかは、全く自由であり、例えば、特殊乗車券十五枚のうち鉄道の分十枚、乗合バスの分五枚というように分けてもらうことができるので、十分工夫することが必要である。

＜乗車券の発行所＞

ア　鉄　　道　　　鉄道の各駅
イ　軌　　道　　　軌道の各駅
ウ　一般乗合旅客自動車　　バス会社本社

3　誰でも使えるか

特殊乗車券を使用することができる者は、候補者、推薦届出者その他の選挙運動員（単に労務を提供する者は含まれない。）に限られ、これらの者以外の人は使うことができないので、無資格者が使用した場合は、それを無効として回収されることとなっている。

4　通用期間等

特殊乗車券は、発行の日から選挙の期日（投票日）後五日目まで使える。なお、普通乗車券以外に料金を必要とするグリーン車、急行、特急、寝台等を利用するときは、それぞれの料金を別に支払わなければならない。

5　特殊乗車券の返還・譲渡禁止（法一七七、二四四1Ⅶ・Ⅷ）

候補者が立候補を辞退したとき、若しくは立候補の届出を却下されたときは、これを、直ちに返還しなければならない。また、これを他人に譲渡することはできない。これに違反すると、一年以下の禁錮又は三十万円以下の罰金に処せられる。

三十　政談演説会、街頭政談演説において行う選挙運動

知事、市長、都道府県の議会の議員及び指定都市の議会の議員の選挙において、所属する候補者や支援する候補者がある政党その他の政治団体で選挙管理委員会に申請してその確認書の交付を受けた団体（確認団体という。詳細については選挙管理委員会に問い合わせられたい。）が行う政談演説会又は街頭政談演説においては、それらの団体の政策の普及宣伝のほか、その団体に所属する候補者やその団体が支援する候補者の選挙運動のための演説をもすることができる。この場合、弁士には制限がないので、候補者自身が弁士となって自己の選挙運動のための演説をすることも許される。しかし、この演説会（演説）はあくまでそれらの団体の政治活動として行うのであるから、演説会が専ら候補者の選挙運動のための演説を行う等、その実態が個人演説会又は街頭演説になるようなやり方は許されない（詳細については、「第六　地方選挙における政党その他の政治団体等の政治活動」の項参照）。

第三　選挙運動費用

一　収入・寄附・支出とは何か

選挙運動費用に関する規定を厳格に守るためには、基礎的用語の意味を正確に理解しておかなければならない。

1　選挙運動に関する収入とは（法一七九1）

「収入」とは、「金銭、物品その他の財産上の利益の収受、その収受の承諾又は約束をいう」のであって、日常用いられている「収入」という言葉より広い意味であることに注意しなければならない。すなわち、

(1)　金銭の収受だけでなく、物品その他財産的価値のある物の収受あるいはそれらのものを利用する利益の享受も収入になる。例えば、拡声機や選挙事務所に使用する家屋を無料で借りた場合は、通常支払うべき借上料を支払わずに済んだという利益があるから、その借上料に相当する額が収入（寄附）となる。また、選挙運動に関する支出の項でも記述しているが、当該借上料相当額は支出にも計上する必要がある。

(2)　金銭や財産上の利益を現実に収受した場合だけでなく、その収受の承諾又は約束だけでも収入となる。もちろんこの場合、その約束に基づいて現実に物や利益を受けたときに、さらに収入になるものでないことはいうまでもない。

2　選挙運動に関する寄附とは（法一七九２）

「寄附」とは、「金銭、物品その他の財産上の利益の供与又は交付、その供与又は交付の約束で党費、会費その他債務の履行としてなされるもの以外のものをいう」とされている。つまり、寄附も、これを受ける者の立場からみれば、収入の一種ではあるが、公選法が、このように収入のうち、寄附（寄附による収入）を区別したのは、寄附については、その寄附者の氏名を記入させ、寄附による運動資金の根源を選挙人に公開しようとする趣旨にほかならない。

3　選挙運動に関する支出とは（法一七九３）

選挙運動費用に関する公選法の規制の目的は、その収入を明らかにすることもあるが、主たる目的は、選挙運動に関する支出金額を制限し、また、その支出の具体的内容を届け出させてこれを選挙人に公開することにある。したがって、選挙運動に関する支出とは何を意味するかを、明確に認識しておかなければならないが、次に掲げる事項に注意しなければならない。

(1)　「支出」とは、「金銭、物品その他の財産上の利益の供与又は交付、その供与又は交付の約束をいう」ものとされており、日常用いられる「支出」という言葉よりも広い意味であることに注意を要する。

(2)　「選挙運動に関する支出」（本書では「選挙運動費用」ともいう。）という場合の「選挙運動に関する」とは、選挙運動自体よりも広い意味に用いられている。すなわち、立候補の準備行為や選挙運動の準備行為、例えば、選挙運動に従事する者同士の内部的な意見の連絡統一のための行為等は、選挙運動には当たらないが、選挙運動に関するものとされるから、これらに要した経費は、原則として支出に計上しなければならない。

(3)　特定の候補者の選挙運動のために支出されたものであることが疑いのない費用であっても、後述四の**4**（二四三頁参照）で説明するものは、公選法によって特に選挙運動に関する支出でないものとされている。

(4)　選挙運動費用と日常生活費との関係にはむずかしい問題がある。例えば、候補者が自己の平素居住する家屋を選挙事務所にあてているときは、その家屋の時価による借上料相当額を支出のなかに計上する必要はない。また、飲食費についても、候補者の日常普通の飲食費は選挙運動費用には入らない。同様に、選挙区内に住所を有しない候補者が選挙運動期間中選挙区に出張し、一定の旅館又は知人宅等を拠点として選挙運動を行う場合においては、その宿泊費及びその場所において日常の衣食のために要する費用は選挙運動費用に計上する必要はない。ところが、候補者がその拠点である宿舎（旅館、知人宅等）を離れてさらに選挙区内の各地を転々と移動して選挙運動をする場合に旅館に宿泊したときは、その宿泊費は、選挙運動費用として計上すべきである。

(5) 次に、支出には、金銭支出ばかりでなく、財産的利益の消費も含まれることは、収入の場合と同様である。ただ、例えば、紙を購入すれば支出になるが、これは、消費したときに再び支出として計上する必要のないことはいうまでもない。ところが、選挙事務所を無料で借りて使用した場合等には、その使用料を時価に見積もった額を寄附として収入に計上すると同時に、支出にも計上しなければならない。

4 花輪、供花、香典、祝儀等（法一七九４）

1から**3**までの「金銭、物品その他の財産上の利益」には、花輪、供花、香典又は祝儀として供与され、又は交付されるものその他これらに類するものを含むものとされている。

このような日常の社交に用いられるものであっても、いやしくも財産的価値のあるものは全て「財産上の利益」に含まれるので、特に後述「六　寄附の禁止」に関しては注意を要する。

問答

問 自己の預金を引出し又は他人から借金して、これを選挙運動費用にあてた場合は、収入となるか。

答 選挙運動に関する収入となる。

問 陣中見舞は寄附として取り扱うべきか。

答 寄附として取り扱わなければならない。

一　収入・寄附・支出とは何か

問　選挙運動でない労務の無償提供は寄附と認められるか。

答　寄附と認められ、かつ、支出となる。

問　実費弁償を選挙運動員が受けない場合、実費弁償に相当する費用は、これを支出とすべきか。

答　支出となり、かつ、寄附として取り扱わなければならない。

問　応援弁士に対して支払う実費弁償は支出に加算すべきか。出納責任者に対して支払う実費弁償についてはどうか。

答　いずれも支出に加算しなければならない。

問　選挙事務所に電話を架設するために要した費用は支出として計上すべきか。

答　計上しなくてはならない。

問　事務連絡用の電話及び電報に要した経費は支出として計上すべきか。

答　その支出が出納責任者又は候補者と意思を通じて行われたものであれば計上しなくてはならない。

問　財産上の義務負担をすることは、支出とみなされるか。

答　支出とみなされる。

問　候補者が乗用するために使用したハイヤー代、船賃等は選挙運動に関する支出金額として算入されるか。また、選挙の期日後ポスターの撤去のために要した労務賃はどうか。

答　いずれも算入されない（後述四の**4**参照）。

問 政党その他の政治団体（確認団体）の開催する政談演説会において、所属候補者の推薦支持その他選挙運動のための演説をした場合は、これに要した費用の全部又は一部は、当該候補者の負担として支出として計上すべきか。

答 支出として計上することを要しない（後述四の4参照）。

問 供託金は選挙運動費用に算入されるか。

答 算入されない。

問 政党が候補者に与える公認料は寄附か。

答 寄附と認められる。

問 選挙運動用葉書として手持ちの私製葉書を使用する場合並びに選挙運動用ポスターを作成する場合、紙代と印刷費は支出として計上すべきか。

答 支出として計上すべきである。

問 立候補届出が済んだことを、選挙事務所の予定場所、選挙運動員等に電報で通知するための費用は、選挙運動費用として計上すべきか。

答 選挙運動費用として計上される。

問 選挙運動用物資の購入に際し支払った消費税は選挙運動費用として計上すべきか。

答 選挙運動費用として計上する。

一　収入・寄附・支出とは何か

二　出納責任者

1　出納責任者とは

公職の候補者の選挙運動費用の収支について一切の責任を負うべき人が出納責任者であって、選挙運動の総括主宰者と車の両輪の関係にあり、費用面について全面的な責任と権限を持っている。原則として、出納責任者のほか、何人も、候補者のための選挙運動の費用を支出する権限を持たないのである。ただし、特殊の事情により次の場合は、出納責任者でなくても支出することができる（法一八七）。

その一は、立候補準備のために要した費用の支出であって、これは、立候補前であるため、まだ出納責任者が選任されていないからである。その二は、電話及びインターネット等を利用する方法による選挙運動のための支出をする場合である。その三は、出納責任者から文書による承諾を得た者が支出する場合である。この承諾は、包括的ではいけないのであって、費目ごとに分割して承諾することを要する。

2　出納責任者の選任・解任・辞任とその届出（法一八〇〜一八四）

公職の候補者は、出納責任者一人を選任し、直ちに出納責任者の届出を選挙管理委員会にしなければならない。なお、この届出の用紙は、選挙管理委員会に用意してある。

出納責任者に関する届出をしないで、出納責任者が寄附を受けたり、支出をしたりすることはできない。それに違反した場合は処罰されるので、注意を要する。

(1) **出納責任者の選任**（法一八〇1・2）

出納責任者は、選挙運動に関する収入、支出の責任者として、極めて重要な責任を有しているので、これに有能、誠実な人を得ないと過失を犯しかねないことになるから人選には慎重を期さなければならない。出納責任者は、一般的には候補者が選任するのであるが、候補者が自ら出納責任者となり、又は推薦届出者（推薦届出者が数人あるときはその代表者）が候補者の承諾を得て出納責任者を選任し、若しくは候補者の承諾を得て自ら出納責任者となることもできる。

なお、自ら出納責任者となった場合を除き、出納責任者の選任者は、文書で、出納責任者の支出することのできる金額の最高額を定め、出納責任者とともにこれに署名押印しなければならないこととされている。

(2) **出納責任者の解任・辞任**（法一八一）

ア　候補者は、文書で通知することにより、出納責任者を解任することができる。出納責任者を選任した推薦届出者もまた出納責任者を解任することができるが、この場合には、候補者の承諾を得なければならない。

イ　出納責任者は、文書で候補者及び選任者に通知することによって、辞任することができる。

(3) **出納責任者に関する届出**

ア　**選任の届出**（法一八〇3・4）

㈠　出納責任者の選任者（自ら出納責任者となった者を含む。）は、直ちに文書で出納責任者の氏名、住所、職業、生年月日、選任年月日、候補者の氏名を選挙管理委員会に届け出なければならない（次頁参照）。

㈡　推薦届出者が出納責任者を選任した場合には、この届出書に、その選任について候補者の承諾を得たことを証明する書面（二一八頁参照）を添付しなければならない。この場合、推薦届出者が数人あるときは、併せてその代表者であることを証明する書面を添付しなければならない。

イ　**異動の届出**（法一八二）

㈠　出納責任者に異動があったときは、出納責任者の選任者は直ちに、アの㈠、㈡の例により届け出なければならない。

㈡　この届出書（二一九頁参照）には、解任又は辞任による異動に関するものには、その旨の通知のあったことを証明する書面を添付し、出納責任者を選任した推薦届出者がこれを解任した場合には、併せてその解任について候補者の承諾のあったことを証明する書面を添付しなければならない。

これらア、イの届出は、文書でしなければならない。なお、様式は定められていないから、適宜で差し支えないが、選挙管理委員会には備付けの用紙が準備してあるので、あらかじめもらっておくと便利である。

出納責任者選任届の様式と記載例

出納責任者選任届

出納責任者	
氏名	月山一郎
生年月日	昭和〇年〇月〇日
住所	山川県山川市東山町一丁目二番三号 (電話) 〇〇—〇〇〇—〇〇〇〇
職業	会社員
選任年月日	令和〇年〇月〇日
候補者氏名	甲山花子

令和〇年〇月〇日執行の山川市議会議員選挙における出納責任者を右のとおり選任しましたから届出をします。

令和〇年〇月〇日

選任者　住所　山川県山川市甲町一丁目二番三号
電話〇〇—〇〇〇—〇〇〇〇
氏名　甲山花子

山川市選挙管理委員会委員長　〇〇〇〇　殿

備考　選任した者本人が届け出る場合にあっては本人確認書類の提示又は提出を、その代理人が届け出る場合にあっては委任状の提示又は提出及び当該代理人の本人確認書類の提示又は提出を行うこと。ただし、選任した者本人の署名その他の措置がある場合はこの限りではない。

(記載上の注意)　1　推薦届出者が出納責任者を選任した場合は、候補者の承諾書を添付すること。
2　推薦届出者が数人あったときは、その代表者たることを証する書面を添付すること。

推薦届出者が届け出た場合の候補者の承諾書の様式と記載例

承　諾　書

令和〇年〇月〇日執行の山川市議会議員選挙において月山一郎を出納責任者として選任することを承諾します。

令和〇年〇月〇日

候補者　甲　山　花　子

山川市議会議員　選挙

推　薦　届　出　者　乙　野　次　郎　殿

出納責任者異動届の様式と記載例

出納責任者異動届

区分	出納責任者の氏名	住所	職業	生年月日	選任（異動）年月日
旧	月山一郎	山川県山川市東山町一丁目二番三号	会社員	昭和〇年〇月〇日	令和〇年〇月〇日
新	海川次郎	山川県山川市西海町二丁目一番三号	会社員	昭和〇年〇月〇日	令和〇年〇月〇日

令和〇年〇月〇日執行の山川市議会議員選挙における出納責任者を右のとおり異動しましたから届出をします。

令和〇年〇月〇日

住所　山川県山川市甲町二丁目二番三号　電話　〇〇〇―〇〇〇〇

選任者　氏名　甲山花子

山川市選挙管理委員会委員長　〇〇〇〇　殿

備考　選任した者本人が届け出る場合にあつては本人確認書類の提示又は提出を、その代理人が届け出る場合にあつては委任状の提示又は提出及び当該代理人の本人確認書類の提示又は提出を行うこと。ただし、選任した者本人の署名その他の措置がある場合はこの限りではない。

（記載上の注意）

1　解任又は辞任による場合は、解任又は辞任の通知があつたことを証する書面を添付すること。

2　推薦届出者が出納責任者を解任した場合又は新たに出納責任者を選任した場合には、併せて解任又は選任に関する候補者の承諾書を添付すること。

これらの届出書類を郵便で差し出す場合においては、引受時刻証明の取扱いでこれを日本郵便株式会社に託したときをもって、これらの規定による届出があったものとみなされている（法一八三の二）。これは、届出の日時をはっきりさせるためである。これらの届出書類を単にポストに投げ入れ、又は持参する場合は、選挙管理委員会において受理されたときに効力が生ずることとなる。

(4)　**出納責任者の職務代行とその届出**（法一八三）

出納責任者に事故があるとき又は出納責任者が欠けたときは、その職務を代行する者を次のとおりおくこととなる。

ア　候補者が出納責任者を選任した場合及び推薦届出者が自ら出納責任者となった場合は、候補者。

イ　推薦届出者が出納責任者を選任した場合は、当該推薦届出者。なお、この場合において当該推薦届出者にも事故があるとき又はその者も欠けたときは、候補者。

この場合には、出納責任者の職務を代行する者がその旨を選任届と同じ内容を記載して届け出なければならないが、この届出書には、出納責任者の氏名（出納責任者を選任した推薦届出者にも事故があるとき又はその者も欠けたときは、併せてその氏名）、事故又は欠けたことの事実、その職務代行を始めた年月日を記載する。出納責任者に代わってその職務を行う者がこれをやめたときは、その事由及びその職務代行をやめた年月日を記載しなければならない。

3　出納責任者の職務は

(1)　**会計帳簿の備付けと記載**（法一八五）

出納責任者は、次頁～二二六頁に掲げる様式の会計帳簿（収入簿と支出簿がある。）を作成して備え付け、候補者のためのすべての選挙運動に関する寄附、その他の収入、支出に関する事項を記載しなければならない。

なお、金銭以外の財産上の利益については、時価に見積もった金額を記載することになっている。

(2) 立候補準備のために要した費用の精算（法一八七2）

立候補準備のために要した支出で、候補者若しくは出納責任者となった者が支出し、又は他の者がこれらの者と意思を通じて支出したものは、選挙運動の費用とされる。したがって、出納責任者は、その就任後直ちにその候補者又は支出者について精算し、会計帳簿に記載しなければならない。

(3) 明細書の提出（法一八六）

出納責任者以外の者で、候補者のために選挙運動に関する寄附を受けたものがあるときは、その寄附を受けた日から七日以内に（出納責任者の請求があるときは直ちに）、寄附者の氏名、住所、職業、寄附の金額と年月日を記載した明細書を出納責任者に提出しなければならない。

なお、この寄附で候補者が立候補届出前に受けたものについては、立候補届出後直ちに出納責任者にその明細書を提出しなければならない。したがって、出納責任者は、この明細書を受領して保存するとともに、提出のないときは提出を求めなければならない。

(4) 領収書等の徴収と送付（法一八八）

会計帳簿の様式と記載例（施行規則第二二条、第三〇号様式）

（収入簿）

月　日	金額又は見積額	種　別	寄附をした者			金銭以外の寄附及びその他の収入の見積の根拠	備　考
			住所又は主たる事務所の所在地	氏名又は団体名	職　業		
0月0日	500,000円	その他の収入					自己資金
0月0日	100,000	その他の収入					借入金
0月0日	100,000	寄　附	00県00市00町0番地	○○党	政党		
0月0日	50,000	寄　附	00県00市00町0番地	山川四郎	商業	事務所無料借上0日間50㎡1室	
0月0日	30,000	寄　附	00県00市00町0番地	甲山太郎	〃		金銭の供与の約束0年0月0日履行された
0月0日	20,000	寄　附	00県00市00町0番地	乙川二郎	会社員	無償労務従事0月0日、0月0日の2日間	
合　計	1,080,000						

備　考

1　この帳簿には、選挙運動に関するすべての寄附及びその他の収入を記載するものとする。

2　債務の免除、保証その他金銭以外の財産上の利益の収受については、その債務又は利益を時価に見積った金額を記載するものとする。

3　寄附及びその他の収入が金銭以外のものであるときは、「金銭以外の寄附及びその他の収入の見積の根拠」の欄にその員数、金額、見積の根拠等を記載するものとする。

4　寄附の中金銭、物品その他の財産上の利益の供与又は交付の約束は、その約束の日の現在において記載するものとし、その旨並びにその履行の有無及び年月日等を「備考」欄に記載するものとする。

5　「種別」の欄には寄附金とその他の収入との区別を明記するものとする。

6　前各号に定めるものの外、出納責任者において必要と認める事項を記載することができる。

（支出簿）　㈠ 立候補準備のために支出した費用

月　日	金額又は見積額			支出の目的	支出を受けた者			金銭以外の支出の見積の根拠	支出をした者の別	備　考
	金銭支出	金銭以外の支出	合　計		住所又は主たる事務所の所在地	氏名又は団体名	職業			
○月○日	円	円 50,000	円 50,000	事務所借料	○○県○○市○○町○番地	山川四郎	商業	無料借上 ○日間50m²1室	候補者	
｛										
(イ)選挙事務所費計	45,000	55,000	100,000							
｛										
(ロ)集合会場費計	15,000		15,000							
(家屋費計)	60,000	55,000	115,000							
○月○日	1,400		1,400	電車賃	○○県○○市○○町○番地	乙田一夫	農業		出納責任者	
｛										
(交通費計)	73,500		73,500							
○月○日	1,100		1,100	ノート6冊 ボールペン4本	○○県○○市○○町○番地	○○文具店	文具商		出納責任者	
｛										
(文具費計)	4,500		4,500							
〜〜	〜〜	〜〜	〜〜	〜〜	〜〜	〜〜	〜〜	〜〜	〜〜	〜〜
合　計	248,000	78,000	326,000							

(二)　選挙運動のために支出した費用

月日	金額又は見積額			支出の目的	支出を受けた者			金銭以外の支出の見積の根拠	支出をした者の別	備考
	金銭支出	金銭以外の支出	合計		住所又は主たる事務所の所在地	氏名又は団体名	職業			
○月○日	円	円 20,000	円 20,000	人件費	○○県○○市○○町○番地	乙川二郎	会社員	無償労務従事 ○月○日、○月○日の2日間	出納責任者	
∫										
(人件費計)	120,000	80,000	200,000							
○月○日	1,600		1,600	切手代 20枚	○○県○○市○○町○番地	○○郵便局			丁山事務所	
∫										
(通信費計)	35,000		35,000							
○月○日		12,000	12,000	宿泊代 1人分	○○県○○市○○町○番地	甲田三郎	団体役員	無料宿泊 6畳2食	候補者	
∫										
(休泊費計)	12,000	26,000	38,000							
合計	588,000	120,000	708,000							

備　考

1　この帳簿には、選挙運動に関するすべての支出を記載するものとする。

2　この帳簿には、㈠立候補準備のために支出した費用　㈡選挙運動のために支出した費用の二科目を設けて（又は各々分冊して）記載し、「支出をした者の別」の欄に、出納責任者の支出、候補者の支出、その他の者の支出の別を明記するものとする。

3　この帳簿の各科目には、㈠人件費　㈡家屋費　（(イ)選挙事務所費　(ロ)集合会場費等）　㈢通信費　㈣交通費　㈤印刷費　㈥広告費　㈦文具費　㈧食糧費　㈨休泊費　㈩雑費の費目を設けて、費目ごとに記載するものとする。

4　金銭の支出をしたときは、「金額又は見積額」欄中「金銭支出」の欄に記載し、財産上の義務を負担し、又は建物、船車馬、飲食物、その他の金銭以外の財産上の利益を使用し、若しくは費消したときは「金銭以外の支出」の欄に時価に見積った金額を記載し、その都度あわせて合計を記載するものとする。

前項の場合において「金銭支出」と「金銭以外の支出」とは、別行に記載するものとする。

5　支出が金銭以外の支出であるときは、「金銭以外の支出の見積の根拠」の欄にその員数、金額、見積の根拠等を記載するものとする。

6　「支出の目的」の欄には、支出の目的（謝金、人夫賃、家屋贈与等）、員数等を記載するものとする。

7　支出の中金銭、物品その他財産上の利益の供与又は交付の約束は、その約束の日の現在において記載するものとし、その旨並びにその履行の有無及び年月日を「備考」欄に記載するものとする。

8　選挙運動に係る公費負担対象支出（選挙運動用ビラ又はポスターの作成に係るもの）については、「備考」欄にその旨を記載するものとする。

9　前各号に定めるものの外、出納責任者において必要と認める事項を記載することができる。

出納責任者は、選挙運動に関するすべての支出について、その支出の金額、年月日及び目的を記載した領収書その他の支出を証明する書面を徴収しなければならない。ただし、天災地変のため連絡が途絶したり、相手方が死亡した場合及び電車、バスの切符の購入の場合等社会通念上、領収書を発行しない慣例となっているような場合には、徴収しなくてもよい。

候補者又は出納責任者と意思を通じて、そのために支出した者も同様である。また、この場合には、領収書等を徴収したら、直ちに出納責任者に送付しなければならない。

4　会計帳簿にはどのような支出を記載するのか

選挙運動の費用として支出されたものは、支出簿に記載しなければならない。この帳簿には、どのようなものが記載されるのか。抽象的には、右に述べた選挙運動に関する支出の全部を記入すればよいわけであるが、具体的にはどんなものがあるか。支出簿の様式の備考の項目に従って具体的に述べてみよう。

⑴　人　件　費

選挙運動のために使用する労務者、事務員、車上等運動員（いわゆる「うぐいす嬢」）、手話通訳者及び要約筆記者に対する報酬が考えられる。なお、選挙運動員等については、実費弁償が支払われるが、その内容は、⑷交通費、⑻食糧費等として処理すべきものである。

⑵　家　屋　費

ア　家屋費として考えられるのは、主として選挙事務所の借上料であって、このなかには、事務所自体の借上料と机などの備品の借上料が考えられる。また、事務所の電話を架設する費用も家屋費のなかに含まれるので、注意を要する。

イ　集合会場費は、主として個人演説会場の借上料である。このなかにも机などの備品の借上料が入る。

⑶　通　信　費

通信費の内容は、電報、電話、葉書、封書等に要する費用である。電報は文書にほかならないから、選挙運動のために使用することはできないが、事務上の連絡のために使用することは差し支えない。葉書、封書も同様に事務連絡用のものに限り許される（なお、選挙運動用通常葉書で規定枚数以内のものの郵送料は無料であり、計上されない。）。電話架設費は、先述のとおり選挙事務所費のなかに入るが、電話機の借上料と通話料は通信費に入る。また、選挙管理委員会等に対する届出等のために要した通信料も、忘れず計上すべきものである。

⑷　交　通　費

交通費のなかには、具体的にどのようなものがあるか。交通費は、候補者、選挙運動員、事務員、労務者について生ずるが、このうち、候補者の分は、原則として選挙運動の費用とみなされない（法一九七１Ⅲ）から問題はないが、選挙運動員以下については、実費弁償があるわけである。選挙運動用自動車及び船舶を使用するために要した費用は、選挙運動のための支出とみなされないから、ここに記載する必要はない（二四三頁(7)参照）。「使用するために要した費用」の内容としては、借上料、ガソリン代、軽油代、オイル代、修繕代、タイヤ代、運転手並びに船員の雇料、超過勤務手当、宿泊代及び食事代等があり、これらは選挙運動費用とみなされない。ただし、自動車及び船舶に取り付ける文書図画に要する経費は、ここでいう「使用するために要した費用」とは認められないので、選挙運動費用に計上しなければならない。

(5) 印刷費

選挙運動のために使用するポスター、ビラ、葉書等の印刷費が主である。

(6) 広告費

立札、看板、ちょうちん、たすき及び拡声機等の費用である。

(7) 文具費

紙、筆記用具その他選挙事務所において使用した消耗品等である。

(8) 食糧費

湯茶及びこれに伴い通常用いられる程度の菓子の提供に要した費用とか、法律で認められた選挙運動員、労務者に対して提供する弁当の調製に要した費用等がある。

(9) 休泊費

休憩及び宿泊に要した費用である。

(10) 雑費

雑費にはどんなものがあるか。候補者により、またいろいろ異なると思われる。例えば、看板の作製について考えてみると、看板屋に請け負わせたものであれば広告費に入り、材料を提供して労務者を雇い作製したものであれば労務費は人件費のなかに、木材、トタン等の材料代は雑費のなかに、墨やペンキ代は文具費というように分けられる。また、ガス代、電気代、水道代等の光熱水費もこれに入る。

以上十種についてだいたいの輪郭を描いてみたのであるが、選挙運動の費用は、これだけに限るものではなく、およそ「選挙運動に関する」費用は、全て適宜十項目のなかに当てはめ、月日順に明細を記載しなければならない。

問答

問　出納責任者は、その選任、異動、職務代行の開始があった場合、選挙管理委員会に対する届出書類を提出する前に選挙運動のための支出をし、又は寄附を受けることができるか。

答　できない。

問　これらの届出をする前に出納責任者以外の者、例えば、候補者又は推薦届出者が寄附を受けることは差し支えないか。

答　差し支えない。この場合は、寄附を受けた日から七日以内に（出納責任者の請求があるときは、直ちに）寄附をした者の氏名、住所及び職業並びに寄附の金額及び年月日を記載した明細書を出納責任者に提出しなければならない。

問 出納責任者の選任・異動の届出は、到達主義であるか。

答 到達主義であるが、引受時刻証明の取扱いによって郵便で差し出す場合に限り発信主義である。

問 出納責任者選任の届出について、公選法第二百七十条（選挙に関する届出等の時間、すなわち午前八時三十分から午後五時まで）の規定の適用があるか。

答 原則として適用があるが、引受時刻証明の取扱いによって郵便で差し出す場合に限り適用されない。したがって、引受時刻証明の取扱いによるときは到達が午後五時を過ぎた場合であっても、届出の効果は発生するが、その他の場合で午後五時を過ぎて到達した場合には、翌朝午前八時三十分に効果を生ずることになる。

問 右の届出書類を郵便で差し出す場合、単なる書留の取扱いでは、日本郵便株式会社の営業所に託したときをもって届出があったものとされないのか。

答 単に書留の取扱いで日本郵便株式会社の営業所に託した場合には、届出があったものとみなされない。

問 出納責任者が辞任し、又は解任されたときは、事務の引継ぎをしなければならないこととされているが、その手続はどうか。

答　辞任又は解任された場合においては、直ちに選挙運動に関してなされた寄附その他の収入や支出の計算をし、収支報告の例によって引継書を作成し、引継ぎの旨と年月日を記載して、現金及び会計帳簿その他の書類とともに、新たに出納責任者となった者（新たに出納責任者となった者がないときは、出納責任者の職務を代行する者）に対し引継ぎをし、両者で引継書に署名押印しなければならない。

三　選挙運動員・労務者に対する実費弁償・報酬の支給

選挙運動員、労務者に対する実費弁償、報酬は、選挙運動費用を膨大ならしめないために、一定の制限が設けられている。この制限に違反すると、多くの場合は、買収の推定を受けることになるので、十分注意することが必要である。

1　実費弁償の支給は（法一九七の二、令一二九）

(1)　実費弁償は誰に対してどの範囲で支給することができるか

実費弁償は、選挙運動に従事する者（いわゆる選挙運動員）及び選挙運動のために使用される労務者に対して、支給することが認められる。ここにおける労務者とは、立候補準備行為及び選挙運動に付随して行う単純な機械的労務（例えば、葉書の宛名書き及び発送、看板の運搬、自動車の運転等）で、自らの労務の対価である報酬の取得を目的とする行為に服する者である。

選挙運動に従事する者に対しては弁当料、茶菓料の実費を支給することができるのに対し、労務者に対しては支給することはできない。また、選挙運動に従事する者に対しては食事料を含んだ宿泊料を支給することができるのに対し、労務者には食事料を除いた宿泊料しか支給することができない。この区別は特に注意を要する。

実費弁償は、あくまで実費として支出がなされたものに対して弁償されるのでなければならない。したがって、例えば、鉄道の場合、普通車両に乗車したのにグリーン料金を支給したり、八百円の食事をしたのに千円を支給するのは、明らかに違反である。

(2) 実費弁償の金額には制限がある（法一九七の二、令一二九）

支給をすることができる額は、次に定める基準に従い、選挙管理委員会が定めることになっている。実際は、ほとんどこの基準どおりであると思われるが、あらかじめ問い合わせておくことが必要である。これらの定められた額の範囲内で、実費弁償の支給をしなければならないのであって、いかなる理由があるにせよ、これを超えて支給すると、買収の推定を受けることになる。

ア　選挙運動に従事する者一人に対し支給することができる実費弁償の額の基準

(ア) 鉄道賃　　鉄道旅行について、路程に応じ旅客運賃等により算出した実費額

(イ) 船　賃　　水路旅行について、路程に応じ旅客運賃等により算出した実費額

(ウ) 車　賃　　陸路旅行（鉄道旅行を除く。）について、路程に応じた実費額

(エ) 宿泊料（食事料二食分を含む。）　一夜につき一万二千円

(オ)　弁当料　一食につき千円　一日につき三千円

ただし、選挙運動に従事する者に弁当を提供した場合には、その者に実費弁償として支給できる弁当料は、一日当たりの弁当料の制限額（選挙管理委員会告示の額）から提供した弁当の実費相当額を差し引いた額の範囲内である。

また、選挙事務所において提供する弁当については、別に数量の制限がある（一二四～一二六頁参照）ことに注意を要する。

(カ)　茶菓料　一日につき五百円

イ　選挙運動のために使用する労務者一人に対し支給することができる実費弁償の額の基準

(ア)　鉄道賃、船賃、車賃　アの(ア)、(イ)、(ウ)に掲げる額

(イ)　宿泊料（食事料を含まない。）　一夜につき一万円

2　報酬の支給は（法一九七の二、令一二九）

報酬とは、一定の役務に対する給付をいうものであって、選挙運動のために使用する労務者、事務員、車上等運動員、手話通訳者及び要約筆記者に限り支給することができる。

(1)　**労務者に支給する報酬の額は**

支給することができる額は、次に定める基準に従い、選挙管理委員会が定めることになっている。実際は、この基準どおりである場合が多いと思われるが、あらかじめ問い合わせておくことが必要である。なお、ここにおける労務者とは、立候補準備行為及び選挙運動に付随して行う単純な機械的労

務で自らの労務の対価である報酬の取得を目的とする行為に服する者であり、選挙人に対し直接に投票を勧誘する行為又は自らの判断に基づいて積極的に投票を得させるために有利な行為を行うような者、つまり選挙運動に従事する者については、次の(2)の場合を除いて報酬は一切支給することができないので、注意を要する。

(ア) 基本日額　一万円以内

(イ) 超過勤務手当　一日につき右の基本日額の五割以内

なお、労務者に対して弁当を提供した場合は、労務者に支給すべき報酬の基本日額から弁当の実費に相当する額を差し引いたものを支給しなければならない。

(2) **事務員、車上等運動員、手話通訳者及び要約筆記者に支給する報酬は**

選挙運動に従事する者のうち、選挙運動のために使用する事務員、専ら車上又は船舶上における選挙運動のために使用する者、専ら手話通訳のために使用する者及び専ら要約筆記のために使用する者に限って報酬を支給してよいこととされている。ここでいう「選挙運動のために使用する事務員」とは、選挙運動に関する事務に従事する者として使用するため雇い入れた者をいうものであり、総括主宰者、出納責任者等のように選挙運動のすう機に参画するような者はもちろん、親族等の特別信頼関係から選挙運動に関する事務に従事する者は含まれない。

「専ら車上又は船舶上における選挙運動のために使用する者」とは、いわゆる「うぐいす嬢」のように、選挙運動用自動車又は船舶の上において連呼行為等の選挙運動を行うことを本務として雇用された者である。したがって、このような者が一時的に停車した自動車等の周囲において演説を行うことがあっても、車上等における選挙運動を本務としていると認められるときは報酬を支給することができるが、車上等における選挙運動を本務としない者が一時的に車上等における選挙運動に従事することがあっても、報酬を支給することはできないので注意を要する。

なお、事務員、車上等運動員、手話通訳者及び要約筆記者に対して無制限に報酬を支給してよいのではなく、次の規制に従わなければならない。

ア　支給できる期間

立候補の届出後、報酬の支給を受けることができる者を、文書で、その選挙管理委員会に届け出たときから選挙の期日の前日までの間

イ　員　数

各選挙ごとに一日につき、事務員、車上等運動員、手話通訳者及び要約筆記者を通じて次に掲げる員数の範囲内。ただし、アの期間を通じて、最大限、次に掲げる員数の五倍を超えない延員数、すなわち（　）内の人員まで、異なる者を届け出て報酬を支給することができる。

(ア)　都道府県知事の選挙　五十人（延員数二百五十人）
(イ)　都道府県の議会の議員の選挙　十二人（〃　六十人）
(ウ)　指定都市の議会の議員の選挙　十二人（〃　六十人）
(エ)　指定都市の長の選挙　三十四人（〃　百七十人）

(オ) 指定都市以外の市の議会の議員の選挙　九人（〃　四十五人）
(カ) 指定都市以外の市の長の選挙　十二人（〃　六十人）
(キ) 町村の議会の議員の選挙　七人（〃　三十五人）
(ク) 町村長の選挙　九人（〃　四十五人）

ウ 支　給　額

選挙運動のために使用する事務員等に対して支給することができる報酬の額の基準は、選挙運動のために使用する事務員にあっては一人一日につき一万円以内、専ら選挙運動用自動車又は船舶の上における選挙運動のために使用する者、専ら手話通訳のために使用する者及び専ら要約筆記のために使用する者にあっては一人一日につき一万五千円以内で選挙管理委員会が定める額を超えることはできない。また、超過勤務手当を支給することはできない。

エ 届　出

報酬の支給を受けることができる者について、その者を使用する前に必ず文書で、選挙管理委員会に対して届け出なければならない。この文書を郵便で差し出す場合においては、引受時刻証明の取扱いを受けていれば、そのときに届出をしたこととなる。

この届出書の様式の見本を示すと、次頁のとおりである。

報酬を支給する選挙運動事務員、車上等運動員、手話通訳者及び要約筆記者に関する届出書の様式と記載例

届　出　書

公職選挙法第百九十七条の二第二項の規定により報酬を支給する者を次のとおり届け出ます。

令和〇年〇月〇日

山川市　議会議員選挙候補者　甲　山　花　子

山川市選挙管理委員会委員長

〇　〇　〇　〇　殿

記

氏名	住所	年齢	性別	使用する者の別	使用する期間	備考
乙山一子	山川県山川市北町五丁目五番三号	22	女	車上運動員	令和〇年〇月〇日〜令和〇年〇月〇日	
丙野一郎	山川県山川市東町三丁目四番二号	29	男	事務員	令和〇年〇月〇日〜令和〇年〇月〇日	
丁川月子	山川県山川市西町一丁目三番一号	26	女	手話通訳者	令和〇年〇月〇日〜令和〇年〇月〇日	

備考　一　「使用する者の別」の欄には、選挙運動のために使用する事務員にあっては「事務員」と、専ら公職選挙法第百四十一条第一項の規定により選挙運動のために使用される自動車又は船舶の上における選挙運動のために使用する者にあっては「車上運動員」と、専ら手話通訳のために使用する者にあっては「手話通訳者」と、専ら要約筆記のために使用する者にあっては「要約筆記者」と記載するものとする。

二　既に届け出た者につき、その者に係る使用する期間中、その者に代えて異なる者を届け出る場合においては、その旨を「備考」欄に記載するものとする。

三　候補者本人が届け出る場合にあつては本人確認書類の提示又は提出を、その代理人が届け出る場合にあつては委任状の提示又は提出を行うこと。ただし、候補者本人の署名その他の措置がある場合はこの限りではない。

（記載上の注意）　「備考」欄の具体的な記載方法は、例えば、「〇月〇日に届け出た何某と〇月〇日から交代」と書く。

四　選挙運動費用の制限

1　選挙運動費用の制限とはどういうことか

選挙には多額の経費を要するが、これを放置しておくと、金持ちが当選し、有能の士でも、金がないために、住民の代表者となることができないという結果を生じかねない。そこで、公選法は、選挙運動費用の最高額を定めて、その範囲内でなければ、選挙運動の費用が支出できないものとし、それを超えて支出すれば、当選を無効とするような制裁を科する方法をとっている。

この選挙運動費用の最高額の制限は、後に述べる選挙運動費用の収支の届出及び公開と相まって、選挙運動上重要な制度となっている。

2　選挙運動費用の最高額はいくらか（法一九四、一九六、令一二七）

選挙運動のために使い得る費用の最高額（法定制限額）は、各選挙によってまちまちであり、選挙人の数に伴って変動する。具体的には、選挙の期日の告示とともに、選挙管理委員会で告示するから、それで知ることができるが、選挙運動の計画をたてるために、あらかじめ使い得る費用の最高額を知ることが必要な場合も多いであろう。その場合は、選挙管理委員会に問い合わせればよい。

(1)　知事及び市町村長の選挙

その選挙の期日の告示の日において選挙人名簿に登録されている者の総数に、各選挙について次頁の表に掲げられている人数割額を掛けて得た額と、同じく次頁の表に掲げられている固定額とを合わ

せた額を制限額とする。式によって示すと、

法定制限額＝A＋固定額

（注）　A＝告示日における選挙人名簿登録者数×人数割額

ただし、知事選挙及び指定都市以外の市の長の選挙の場合には、法定制限額について次のような特例がある。

（知事選挙の場合）

Aが固定額の一・五倍に相当する額を超えるときは、Aは固定額の一・五倍に相当する額とされる。

（指定都市以外の市の長の選挙の場合）

Aが固定額の五倍に相当する額を超えるときは、Aは固定額の五倍に相当する額とされる。

選挙の種類	人数割額	固定額
都道府県知事の選挙	七円	二千四百二十万円（北海道にあっては三千二十万円）
指定都市の長の選挙	七円	千四百五十万円
指定都市以外の市の長の選挙	八十一円	三百十万円
町村長の選挙	百十円	百三十万円

(2) 都道府県及び市町村の議会の議員の選挙

その選挙区内の議員の定数（選挙区がないときは議員の定数）で、その選挙の期日の告示の日において選挙人名簿に登録されている者の総数を割って得た数に、各選挙について次頁の表に掲げられている人数割額を掛けて得た額と、同じく次頁の表に掲げられている固定額とを合算した額を制限額とする。

すなわち、次の式によって算出される。

法定制限額＝A＋固定額

（注） $A=\dfrac{\text{告示の日におけるその選挙区内の選挙人名簿登録者総数}}{\text{その選挙区内の議員定数}}\times\text{人数割額}$

ただし、指定都市の議会の議員の選挙及び指定都市以外の市の議会の議員の選挙の場合には、法定制限額について次のような特例がある。

（指定都市の議会の議員の選挙の場合）

Aが、当該選挙区において道府県の議会の議員の選挙が行われるものとして算出した法定制限額から当該固定額を減じて得た額を超えるときは、Aは当該減じて得た額とされる（すなわち、この場合の指定都市の議会の議員の選挙における法定制限額は、当該選挙区において道府県の議会の議員の選挙が行われるものとして算出した法定制限額から、それぞれの固定額の差（390万円－370万円＝20万円）を控除した額となる。）。

（指定都市以外の市の議会の議員の選挙の場合）

Aが固定額の二倍に相当する額を超えるときは、Aは固定額の二倍に相当する額とされる。

選挙の種類	人数割額	固定額
都道府県の議会の議員の選挙	八十三円	三百九十万円
指定都市の議会の議員の選挙	百四十九円	三百七十万円
指定都市以外の市の議会の議員の選挙	五百一円	二百二十万円
町村の議会の議員の選挙	千百二十円	九十万円

3　どのようなものが選挙運動に関する支出となるか

いったい選挙運動に関する支出とは、どのような費用を指すか。実質的にいえば、直接たると間接たるとを問わず、候補者たると推薦届出者たると第三者たるとを問わず、また、候補者、推薦届出者、出納責任者、選挙運動の総括主宰者等の中心人物と意思を通じてなされようと意思を通じないでなされるとを問わず、また、合法的な運動であろうと違法な運動であるとを問わず、いやしくも実質上選挙運動たる行為及び立候補のための準備行為であれば、そのために要した支出は、すべて、選挙運動に関する支出ということになる。しかしながら、次の**4**で述べるように、その性質においては選挙運動に関する支出であるが、これを統制し、集計することが困難である等の特殊な事情により、選挙運動に関する支出として取り扱うことが適当でないものについては、選挙運動に関する支出ではないものとみなして、選挙運動費用に算入しないこととされている。

4　選挙運動費用に算入されないもの（法一九七）

次に掲げるものは、選挙運動に関する支出とはみなされないので、これらは選挙運動費用に算入する必要はない。したがって、これについては出納責任者は収支報告をする必要はない。

(1)　立候補準備のために要した支出のうちで、候補者又は出納責任者となった者のした支出又はその者と意思を通じてした支出以外のもの

(2)　立候補の届出後、候補者又は出納責任者と意思を通じてした支出以外のもの

(3)　候補者が乗用する船車馬等のために要した支出

(4)　選挙の期日後において選挙運動の残務整理のために要した支出

(5)　選挙運動に関し支払う国又は地方公共団体の租税又は手数料

(6)　確認団体が行う選挙運動のために要した支出

(7)　選挙運動用自動車及び船舶を使用するために要した支出（二二八頁(4)参照）

なお、供託金は、当然選挙運動費用ではないと解されている。

5　制限額を超過して支出した場合はどうなるか（法二四七、二五一の二3）

出納責任者が選挙運動費用の制限額を超過して支出をし、又はさせたときは、出納責任者は処罰され、連座制により候補者の当選も無効とされ、かつ、連座裁判の確定の日から五年間の立候補制限が科せられる。詳細は、二八三頁以降を参照されたい。

問　答

問　街頭演説等に行くため選挙運動員が乗った自動車（選挙運動用自動車である場合を除く。）にたまたま候補者が乗った場合は、その費用は選挙運動費用に算入されるか。

答　候補者が乗用する車ではないから、算入される。

問　選挙運動用ポスターを選挙期日後取り去るために要する清掃費は、選挙運動費用に算入されるか。

答　算入されない。

問　個人演説会告知用ポスター（知事選挙のみ）、選挙運動用ポスター、選挙運動用ビラの作成費は、公費で負担される場合であっても、選挙運動費用に算入しなければならないか。選挙運動用自動車の使用について公費負担とされる場合はどうか。

答　前段　お見込のとおり。

後段　選挙運動用自動車の使用に要した支出は、公選法第百九十七条第二項の規定により、選挙運動に関する支出でないものとされているので、選挙運動費用に算入する必要はない。

問　個人演説会告知用ポスター（知事選挙のみ）、選挙運動用ポスター及び選挙運動用ビラの作成費が公費で負担される場合は、収入に計上する必要はあるか。

答　収入に計上する必要はない。

問 選挙運動用物資の購入に際し支払った消費税は選挙運動費用として計上すべきか。
答 選挙運動費用として計上する。

五 選挙運動に関する収入・支出の報告書の提出等とその公表

1 収支報告書の提出のしかたは（法一八九）

出納責任者は、候補者の選挙運動に関してなされた寄附その他の収入及び支出に関する事項を記載した報告書（後に掲げる様式）を、それぞれ、次の⑴⑵に掲げる期限までに、選挙管理委員会に提出しなければならない。この場合、その報告書には、支出の金額、年月日及び支出の目的を記載した領収書の写し又はその他の支出を証すべき書面の写し（領収書その他の支出を証すべき書面をとりがたい事情があったときは、その旨及び支出の金額、年月日、目的を記載した書面（後に掲げる様式）又は当該支出の目的を記載した書面（後に掲げる様式）並びに金融機関が作成した振込みの明細書であって当該支出の金額及び年月日を記載したものの写し（振込みの明細書に支出の目的が記載されているときは、支出の目的を記載した書面は不要））を添付することを要する。

⑴ ①選挙期日の告示の日前まで、②選挙の期日の告示の日から選挙の期日まで及び③選挙の期日経過後になされた寄附その他の収入及び支出については、これを併せて精算し、選挙の期日から十五日以内に

(2)　(1)の精算届出後になされた寄附その他の収入及び支出については、その寄附その他の収入及び支出がなされた日から七日以内に

なお、この報告書には、真実の記載がなされていることを誓う旨の文書を添えなければならない。また、この報告書の提出を怠り、あるいはこれに虚偽の記入をした出納責任者は処罰される（法二四六ⅤのⅡ）。

2　収支報告書は公表される（法一九二）

報告書を受理したときは、選挙管理委員会は、報告書の要旨を公表しなければならない。この報告書は、受理された日から三年間保存され、この間何人も閲覧を請求することができる。

3　帳簿・書類等は保存しなければならない（法一九一）

出納責任者は、会計帳簿、明細書、領収書その他の支出を証する書面を、前述**1**の報告書提出の日から三年間保存する義務がある。

4　報告書の様式及び記載例

報告書の様式及び記載例を示すと、次頁～二五三頁のとおりであるが、なお、わからない点があれば、当該選挙を管理する選挙管理委員会に問い合わせて作成することがよいと思われる。

選挙運動費用収支報告書の様式と記載例（施行規則第二十三条、第三十一号様式）

選挙運動費用収支報告書

1　令和○年○月○日　執行山川市議会議員選挙

2　公職の候補者　　住　所　山川県山川市甲町1丁目2番3号

氏　名　甲　山　花　子

3　○月○日から

○月○日まで　　（第1回分）

4　収入の部

月　日	金額又は見積額	種別	寄附をした者　住所又は主たる事務所の所在地	寄附をした者　氏名又は団体名	寄附をした者　職業	金銭以外の寄附及びその他の収入の見積の根拠	備考
○月○日	500,000円	その他の収入					自己資金
○月○日	100,000	その他の収入					借入金
○月○日	100,000	寄附	○○県○○市○○町○番地	○○党	政党		
○月○日	50,000	寄附	○○県○○市○○町○番地	山川四郎	商業	事務所無料借上10日間50㎡1室	
○月○日	30,000	寄附	○○県○○市○○町○番地	甲山太郎	〃		金銭の供与の約束○年○月○日履行された
○月○日	20,000	寄附	○○県○○市○○町○番地	乙川二郎	会社員	無償労務従事 ○月○日、○月○日の2日間	

〜								
計	寄附	435,000						
	その他の収入	645,000						
	計	1,080,000						
前回計	寄附							
	その他の収入							
	計							
総額	寄附	435,000						
	その他の収入	645,000						
	総計	1,080,000						

参考	公費負担相当額　90,000円　（内訳）ポスター作成費　90,000円

5　支出の部

月日	金額又は見積額	区分	支出の目的	支出を受けた者 住所又は主たる事務所の所在地	支出を受けた者 氏名又は団体名	支出を受けた者 職業	金銭以外の支出の見積の根拠	備考
○月○日	20,000円	選挙運動	人件費	○○県○○市○○町○番地	乙川二郎	会社員	無償労務従事 ○月○日、○月○日の２日間	
〜								
（人件費計）	200,000							

○月○日	50,000	立候補準備	事務所借料	○○県○○市○○町○番地	山川四郎	商業	無料借上 10日間50㎡1室	
⟆								
(イ) 選挙事務所費計	100,000							
○月○日	3,000	選挙運動	演説会場費	○○県○○市○○町○番地	○○市民会館			
⟆								
(ロ) 集合会場費計	15,000							
(家屋費計)	115,000							
○月○日	1,600	選挙運動	切手代 20枚	○○県○○市○○町○番地	○○郵便局			
⟆								
(通信費計)	35,000							
○月○日	1,400	立候補準備	電車賃	○○県○○市○○町○番地	乙田一夫	農業		
⟆								
(交通費計)	73,500							
○月○日	12,000	選挙運動	宿泊代 1人分	○○県○○市○○町○番地	甲田三郎	団体役員	無料宿泊 6畳2食	
⟆								
(休泊費計)	38,000							

∫									
計	立候補準備のための支出	326,000							
	選挙運動のための支出	708,000							
	計	1,034,000							
前回計	立候補準備のための支出								
	選挙運動のための支出								
	計								
総額	立候補準備のための支出	326,000							
	選挙運動のための支出	708,000							
	総計	1,034,000							

支出のうち公費負担相当額	項目	単価（A）	枚数（B）	金額（A）×（B）＝（C）
	ビラの作成	円	枚	円
	ポスターの作成	600 円	150 枚	90,000 円
	計			90,000 円

この報告書は，公職選挙法の規定に従って作製したものであって，真実に相違ありません。

令和 ○ 年 ○ 月 ○ 日

出納責任者　住　所　山川県山川市西海町２丁目
１番３号
海　川　次　郎

備考

1　収入の部においては、一件１万円を超えるものについては各件ごとに記載し、一件１万円以下のものについては種別ごとに各収入日における合計額を一欄に記載するものとする。なお、寄附については、一件１万円以下のものについても必要に応じて各件ごとに記載してさしつかえない。

2　収入の部中「種別」欄には、寄附金、その他の収入の区分を明記するものとする。

3　収入の部中「参考」欄には、選挙運動に係る公費負担相当額（選挙運動用ビラ又はポスターの作成に係るものをいう。以下同じ。）を記載するものとし、また、その他の参考となる事項を記載することができるものとする。

4　支出の部中「区分」の欄には、立候補準備のために支出した費用と選挙運動のために支出した費用との区別を明記するものとする。

5　支出の部中「支出のうち公費負担相当額」欄には、選挙運動に係る公費負担相当額を記載するものとする。ただし、各項目において二以上の契約がある場合には、契約ごとに欄を追加して記載するものとする。

6　精算届後の報告書にあっては、「収入の部」「支出の部」ともに前回報告した金額をあわせて総額の欄に記載するものとする。

7　収入の部の記載については第三十号様式収入簿の備考中２から６までの例により、支出の部の記載については同様式支出簿の備考中３から８までの例によるものとする。

8　出納責任者本人が提出する場合にあつては本人確認書類の提示又は提出を、その代理人が提出する場合にあつては委任状の提示又は提出及び当該代理人の本人確認書類の提示又は提出を行うこと、ただし、出納責任者の署名その他の措置がある場合はこの限りではない。

（記載上の注意）

収入、支出の部の記載とも、前述会計帳簿の様式の備考（222～226頁）を参照のこと。

領収書等を徴し難い事情があった支出の明細書の様式と記載例

領収書等を徴し難い事情があった支出の明細書

支出の年月日	支出の金額	区　　分	支出の目的	領収書その他の支出を証すべき書面を徴し難かった事情
○年○月○日	20,000 円	選挙運動	人件費	労務の無償提供のため
○年○月○日	50,000	立候補準備	事務所借料	事務所の無償提供のため
○年○月○日	1,400	立候補準備	電車賃	領収書の発行をしないため

1　令和○年○月○日　執行　山川市 議会議員選挙

2　公職の候補者

氏名　甲　山　花　子

3　出納責任者

氏名　海　川　次　郎

備考1「区分」の欄には，立候補準備のために要した費用及び選挙運動のために支出した費用の区別を明記するものとする。
　2「支出の目的」の欄は，第三十号様式支出簿の備考中6の例により記載するものとする。

（記載上の注意）「支出の目的」の欄は、支出簿の備考6の例により記載すること（226頁参照）。

振込明細書に係る支出目的書の様式と記載例

振込明細書に係る支出目的書

支出の費目	支出の目的
家屋費（集会会場費）	演説会場借料

1 令和〇年〇月〇日執行　山川市　議会議員選挙

2 公職の候補者　　氏　名　甲　山　花　子

3 出納責任者　　氏　名　海　山　次　郎

備　考

1 「支出の費目」の欄は，第三十号様式支出簿の備考中3の例により記載するものとする。
2 「支出の目的」の欄は，第三十号様式支出簿の備考中6の例により記載するものとする。
3 支出の目的ごとに別葉とするものとする。
4 支出の目的に対応する振込明細書の写しと併せて提出するものとする。

問　答

問　収支報告書の提出義務を負うものは誰か。

答　出納責任者（出納責任者の職務代行者を含む。）である。

問　故意に支出の一部を収支報告書から除外して報告した場合はどうなるか。

答　公選法第二百四十六条第五号の二の規定により処罰される（三年以下の禁錮又は五十万円以下の罰金）。

問　候補者がその所属する政党その他の政治団体に対し寄附をした場合、その額は選挙運動に関する支出として収支報告書に記載しなければならないか。

答　記載する必要はない。

六　寄附の禁止

1　都道府県、市町村と特別の関係がある者の寄附の禁止（法一九九、二〇〇）

次に述べる者は、それぞれの選挙に関し寄附をしてはならない。「選挙に関し」とは、選挙に際し選挙に関する事項を動機としての意であり、きわめて広い概念である。

(1)　地方公共団体の議会の議員及び長の選挙に関して当該都道府県、市町村と、請負その他特別の利益を伴う契約の当事者である者

「請負」には、土木事業等の請負契約のほかに物品の払下契約、物品の納入契約、特定の運送契

約、施設の特別使用契約等も含まれる。
「特別の利益を伴う契約」には、利益の契約全体に対する割合が通常の場合に比し、特に大きい契約と、利益の割合は通常であっても、一般業者が参加できない特恵的又は独占的な利益を伴う契約とがある。

(2) 会社その他の法人が融資（試験研究、調査及び災害復旧に係るものを除く。）を受けており、一方、その融資を行っている金融機関等が、その融資について当該都道府県、市町村から利子補給金の交付の決定（利子補給金に係る契約の承諾の決定を含む。）を受けた場合には、その融資を受けている会社その他の法人（ただし、その利子補給金が交付されてから一年を経過している場合、又はその利子補給金の交付の決定の全部が取り消された場合は、禁止されない。）

この場合、規制を受けるのは直接利子補給金の交付を受けている金融機関等ではなく、その金融機関等から利子補給金に係る融資を受けている会社その他の法人である。

何人も、このような特別の関係にある者に対し、その選挙に関し、寄附を勧誘し又は要求してはならないし、また、このような者から寄附を受けてはならない。

以上に述べたところに違反して、寄附をしたり、寄附を勧誘し又は要求しあるいは受領した者は、処罰される（法二四八、二四九）。（なお、会社等の行う寄附については、政治資金規正法による制限があることに注意（二六四頁参照）。）

2 候補者等の寄附の禁止（法一九九の二1）

候補者等（一七頁参照）は、当該選挙区（選挙区がないときは選挙の行われる区域。以下同じ。）

内にある者に対し、いかなる名義をもってするを問わず寄附をしてはならない。この場合、その寄附が選挙に関するか否かを問わず、また、時期のいかんを問わず禁止される。

「当該選挙区内にある者」とは、その者が選挙権・被選挙権を有するか否かにかかわらず、また、その区域内に住所又は居所を有する者だけでなく、一時的な滞在者をも含み、かつ、人、法人だけでなく、人格のない社団も含むと解される。

「寄附」とは、公選法第百七十九条に規定する寄附の意であり、金銭、物品その他の財産上の利益の供与又は交付、その供与又は交付の約束で党費、会費、その他債務の履行としてなされるもの以外のものをいう。

例えば、候補者等が町内のお祭りに酒を差し入れたり、町内会のスポーツ大会に際してカップや記念品を贈ったりすることは財産上の利益の供与に当たるので禁止されるが、会費制の会合に出席し、定められた会費を支払うことはそれが妥当な額の会費であり単なる債務の履行と認められる場合には禁止されていない。

「いかなる名義をもってするを問わず」とは、どのような理由をもってしてもという意味であり、したがって、候補者等の政治活動や選挙に関しない、通常の社交上の寄附であっても選挙区内にある者に対するものは禁止されるものである。

候補者等がする寄附は、次の⑴⑵⑶の場合を除いて一切禁止される。

⑴　政党その他の政治団体又はその支部に対してする場合

ただし、その政党その他の政治団体又はその支部が後述**8**でも触れるように、その候補者等の後援団体である場合は、一定の制限がある。

(2) 候補者等の親族（六親等内の血族、配偶者及び三親等内の姻族）に対してする場合

(3) 候補者等が、専ら政治上の主義又は施策を普及するために行う講習会その他の政治教育のための集会に関し、必要やむを得ない実費の補償（食事についての実費の補償を除く。）としてする場合

ただし、このような集会であっても、供応接待（通常用いられる程度の食事の提供を除く。）が行われるもの、その選挙区外で行われるもの及び次の一定期間に行われるものは、除かれている。

ア　地方公共団体の議会の議員又は長の任期満了による選挙　その任期満了の日前九十日に当たる日（法第三十四条の二第二項（同条第四項において準用する場合を含む。）の規定による告示がなされた場合にあっては、任期満了の日前九十日に当たる日又は当該告示がなされた日の翌日のいずれか早い日）から当該選挙の期日までの間

イ　地方公共団体の議会の議員又は長の選挙のうち任期満了による選挙以外の選挙　当該選挙を行うべき事由が生じたとき（法第三十四条第四項の規定の適用がある場合には、同項の規定により読み替えて適用される同条第一項に規定する最も遅い事由が生じたとき）その旨を当該選挙に関する事務を管理する選挙管理委員会が告示した日の翌日から当該選挙の期日までの間

なお、今回の統一地方選挙においては、この期間は、原則として、都道府県及び指定都市の議会の議員並びに長の選挙にあっては令和五年一月九日から同年四月九日まで、市区町村の議会の議員及び長の選挙にあっては令和五年一月二十三日から同年四月二十三日までとなる（特例法七、「選挙期日の統一と臨時特例」の項参照）。

「必要やむを得ない実費の補償」とは、参会者が集会に参加するために最小限度必要である旅費等をいうものであるが、その金額も社会通念上やむを得ないと認められる最小限度のものでなければならない。

3　候補者等の寄附の禁止についての罰則（法二四九の二1・2・3、二五二）

候補者等が前述の禁止される寄附をすることは次の⑴⑵⑶を除き全て罰則の対象とされる。そして、刑罰が科されると候補者等は原則として選挙権、被選挙権が一定期間停止される（被選挙権を停止されると地方公共団体の議会の議員や長は、その身分を失うこととされる（地方自治法一二七1、一四三1））。

⑴　候補者等が結婚披露宴に自ら出席しその場においてする当該結婚に関する祝儀の供与

⑵　候補者等が葬式（告別式を含む。）に自ら出席しその場においてする香典（これに類する弔意を表すために供与する金銭を含む。以下同じ。）の供与

⑶　候補者等が葬式の日（葬式が二回以上行われる場合にあっては最初に行われる葬式の日）までの間に自ら弔問しその場においてする香典の供与

なお、右の⑴⑵⑶に該当するものであっても選挙に関するもの、通常一般の社交の程度を超えるものは罰則の対象となっていることに注意を要する。

具体的な解釈としては次のとおり。

○　ここにいう祝儀は金銭でも品物でもよいが、香典は金銭に限られるものと解される。したがって、香典がわりに線香をもっていくことや供花や花輪を出すことは罰則の対象となると解される。

○　候補者等が出席を予定している結婚披露宴や葬式に係る祝儀や香典を事前に相手方（候補者等の親族以外の選挙区内にある者）に届けることは、その場において供与するものでないため罰則をもって禁止される。

○　候補者等の秘書や配偶者などの親族が葬式に代理出席して候補者等の香典を相手方（候補者等の親族以外の選挙区内にある者）に対して供与することも罰則をもって禁止される。

○　候補者等が葬式の日までの間に自ら弔問しその場においてする香典の供与は罰則の対象とされていない（いわゆる「通夜」に候補者等が自ら出席して香典を供与すること等）。

4　候補者等を名義人とする寄附の禁止（法一九九の二2）

候補者等の寄附禁止の趣旨を徹底するため、候補者等以外の者が、候補者等を寄附の名義人とし、当該選挙区内にある者に対してする寄附（次の⑴⑵の寄附を除く。）についても、いかなる名義をもってするを問わず禁止され、違反した場合は罰則の対象とされる。

⑴　候補者等の親族（六親等内の血族、配偶者及び三親等内の姻族）に対してする場合

⑵　候補者等が専ら政治上の主義又は施策を普及するために行う講習会その他の政治教育のための集会に関し、必要やむを得ない実費の補償（食事についての実費の補償を除く。）としてする場合

したがって、候補者等の親族や友人が、候補者等を名義人とする寄附を選挙区内にある者に対してすることは罰則をもって禁止される（法二四九の二4）。

5　寄附の勧誘・要求の禁止（法一九九の二3・4）

何人も、候補者等に対して、**2**の⑴⑵⑶の場合を除き、当該選挙区内にある者に対する寄附を勧誘

し、又は要求してはならない。また、候補者等を威迫して勧誘し、又は要求すること、候補者等の当選又は被選挙権を失わせる目的で勧誘し、又は要求することは罰則の対象とされる（法二四九の二5・6）。

何人も、候補者等を寄附の名義人とする当該選挙区内にある者に対する寄附については、当該候補者等以外の者に対して**4**の(1)(2)の場合を除き、これを勧誘し又は要求してはならない。また、当該候補者等以外の者を威迫して勧誘し、又は要求することは罰則の対象とされる（法二四九の二7）。

この「威迫」とは「人に不安の念を抱かせるに足りる行為」をいうものと解される。

6　候補者等が関係する会社等の寄附の禁止（法一九九の三）

候補者等がその役職員又は構成員である会社その他の法人又は団体は、その選挙区内にある者に対し、いかなる名義をもってするを問わず、これらの者の氏名を表示し又はこれらの者の氏名が類推されるような方法で寄附をしてはならない。ただし、政党その他の政治団体又はその支部に対して、寄附をする場合はこの限りでない（なお、会社等の行う寄附については、政治資金規正法による制限があることに注意（二六四頁参照））。

「いかなる名義をもつてするを問わず」禁止されるので、会社その他の法人又は団体の広告、宣伝その他いかなる理由によっても候補者等の氏名を表示し又は氏名が類推されるような方法で選挙区内にある者に対し、寄附をすることはできない。「これらの者の氏名を表示し」とは、直接候補者等の氏名を表示することである。例えば、候補者「甲山花子」が「乙川商事株式会社」の代表取締役社長である場合に、「乙川商事株式会社社長甲山花子」と表示することがこれに当たる。「氏名が類推されるような方法」とは、直接候補者等の氏名の表示がなくても、その会社その他の法人又は団体名を記載することによってその氏名が類推されるような場合に、その会社名等を記載することをいう。例えば、候補者「甲山花子」が代表取締役社長である会社の社名が「甲山商事株式会社」であるとした場合に、この社名を表示して寄附をした場合は、「これらの者の氏名が類推されるような方法」によって寄附をしたこととなるものと解する。

7　候補者等の氏名等を冠した団体の寄附の禁止（法一九九の四）

候補者等の氏名が表示され又はその氏名が類推されるような名称が表示されている会社その他の法人又は団体は、その選挙に関し、当該選挙区内にある者に対し、いかなる名義をもってするを問わず、寄附をすることが禁止される。これは、前記**2**で述べた候補者等の寄附の禁止の趣旨を更に徹底させるものである。ただ、このような会社その他の法人又は団体が政党その他の政治団体や支部に対して寄附をすること、氏名等を冠されているその候補者等に対して寄附をすることは、禁止されない（政治資金規正法による制限があることに注意）。

6の規制と**7**の規制とではその方法等に違いがあり、**6**では氏名等が表示されていれば、選挙に関するか否かにかかわらず禁止されるのに対し、**7**では当該選挙に関してする寄附であれば、その表示等の態様がどうであろうと禁止される。

8　後援団体に関する寄附等の禁止（法一九九の五）

政党その他の団体又はその支部で、特定の候補者等の政治上の主義、施策を支持し、又はそれらの者を推薦し、若しくは支持することがその政治活動のうち主たるものであるものを後援団体というが、後援団体が行う寄附については次のような規制がある。

なお、後援団体には、慈善・文化等の目的を主たる目的とする団体であって、その全ての活動のうちでは特定候補者等の支持、推薦が主たる部分でなくても、その団体の行う政治活動のなかでは特定の候補者等の支持、推薦が主たるものになっているというものも含まれる。一方、一般の政党支部は、選挙時においてはその所属候補者を支持することを主たる活動とすることもあるが、その他の政治活動も行っており、また常時、諸般の政治活動を行っていることから、継続的にみると特定の候補者の支持が主たる政治活動とはいい難く、後援団体には当たらないと解されている。

(1)　後援団体は、当該選挙区内にある者に対して、次のアイウを除き、いかなる名義をもってするを問わず、寄附をしてはならない。

ア　政党その他の政治団体又はその支部に対してする場合

イ　当該候補者等（当該後援団体が支持推薦する候補者等）に対してする場合（政治資金規正法による制限があることに注意）

ウ　後援団体がその団体の設立目的により行う行事又は事業に関しする場合

なお、設立目的により行う行事又は事業に関し寄附する場合でも、花輪、供花、香典、祝儀その他これらに類するものとしてされるもの及び選挙前一定期間にされるものは、禁止されている。

「設立目的により行う行事又は事業」とは、その団体の設立目的の範囲内において行う団体の総会その他の集会、見学、旅行その他の行事や印刷、出版などの事業をいうものと解される。

「花輪、供花、香典、祝儀その他これらに類するもの」とは、しきみ（しきび）、法事等における供物や供物料、各種の式典における盛物等が考えられる。

「一定期間」とは、

ア　任期満了による選挙　その任期満了の日前九十日に当たる日（法第三十四条の二第二項（同条第四項において準用する場合を含む。）の規定による告示がなされた場合にあっては、任期満了の日前九十日に当たる日又は当該告示がなされた日の翌日のいずれか早い日）から当該選挙の期日までの間

イ　任期満了による選挙以外の選挙　当該選挙を行うべき事由が生じたとき（法第三十四条第四項の規定の適用がある場合には、同項の規定により読み替えて適用される同条第一項に規定する最も遅い事由が生じたとき）その旨を当該選挙に関する事務を管理する選挙管理委員会が告示した日の翌日から当該選挙の期日までの間

である。

なお、今回の統一地方選挙においては、この期間は、原則として、都道府県及び指定都市の議会の議員並びに長の選挙にあっては令和五年一月九日から同年四月九日まで、市区町村の議会の議員及び長の選挙にあっては令和五年一月二十三日から同年四月二十三日までとなる（特例法七、「選挙期日の統一と臨時特例」の項参照）。

⑵　何人も、後援団体の総会その他の集会又は後援団体が行う見学、旅行その他の行事においては、一定期間（⑴参照）、当該選挙区内にある者に対し、選挙に関するか否かにかかわらず、供応接待（通常用いられる程度の食事の提供を除く。）又は金銭若しくは記念品その他の物品を供与することは禁止される。

「供応接待」とは、一般的には、酒食の供与、映画、演劇の鑑賞、温泉への招待等で、相手方に慰安快楽を与えることであり、通常用いられる程度の食事の提供は普通これに当たらないと考えられる。

(3)　候補者等は、一定期間（(1)参照）、自己の後援団体（政治資金規正法第十九条第二項の規定による届出がされた政治団体（資金管理団体）を除く。）に対して寄附をしてはならない。すなわち、自分を支持、推薦してくれる後援団体に対する寄附が禁止されるのであって、他の候補者の後援団体に対する寄附は、禁止されない。

9　政治資金規正法による寄附の制限

政治活動に関する寄附については、政治資金規正法による制限があるが、政治資金規正法上の「政治活動に関する寄附」には、政治団体に対してされる寄附のほか候補者等の政治活動（選挙運動も含む。）に関してされる寄附も含まれ、次のように規制されている。

(1)　**会社等の寄附の制限**（政資法二一）

会社・労働組合等の団体（政治団体を除く。）が行う寄附は、政党及び政治資金団体（政党のために資金上の援助をする目的を有する団体で、政党の指定を受け総務大臣にその旨の届出がされているもの。一政党につき一団体に限る。）に限り認められることとされている。

(2)　**政治家の政治活動に関する寄附の制限**（政資法二一の二）

金銭等により候補者等個人に対して政治活動に関する寄附を行うことは、政党が行うものを除き、原則として禁止されている。ただし、選挙運動に関するものや金銭等以外によるものは禁止の対象外であるが、この場合も会社等の団体からのものは一切禁止されている。

(3) **寄附の量的制限**（政資法二一の三、二二）

ア　個人は、政党・政治資金団体に対しては、総枠制限（年間二千万円以内）の範囲内で寄附することができる（個別制限なし）。また、その他の政治団体・候補者等に対しては、総枠制限（年間一千万円以内）の範囲内で一団体あるいは一個人に対し年間百五十万円以内（個別制限）において寄附をすることができる。なお、候補者等が政党から受けた寄附について自己の資金管理団体に寄附する場合及び個人の遺贈による寄附については総枠制限及び個別制限は適用されず、候補者等が歳費等の自己資金により自己の資金管理団体に寄附する場合は個別制限は適用されない（個人のする寄附の総枠制限である一千万円の範囲内で可能）。

イ　会社・労働組合等の団体（政治団体を除く。）は、政党・政治資金団体に対しては総枠制限（資本金・構成員の数等に応じ、年間七百五十万円以内～一億円以内）の範囲内で寄附をすることができる（個別制限なし）が、これ以外の者に対しては寄附は一切禁止される。

ウ　政党及び政治資金団体以外の政治団体が同一の政治団体（政党及び政治資金団体を除く。）に対して、年間五千万円（個別制限）を超えて寄附をすることは、禁止される（総枠制限なし）。

また、これらの制限に違反して寄附を受けることも禁止される。

(4) **寄附の質的制限**

ア　特定会社等のする寄附の制限（政資法二二の三、二二の四）

次に述べる者は、選挙に関するか否かを問わず政治活動に関する寄附をしてはならない。

(ア)　地方公共団体から補助金、負担金、利子補給金その他の給付金（試験研究、調査又は災害復旧に係るものその他性質上利益を伴わないもの及び政党交付金を除く。）の交付の決定（利子補給金については契約の承諾の決定を含む。）を受けた会社その他の法人（ただし、その給付金の交付の決定通知を受けた日から一年を経過している場合、又はその給付金の交付の決定の全部が取り消された場合は、禁止されない。）

規制の対象となる「補助金、負担金、利子補給金その他の給付金」には、地方公共団体が直接交付するものであれば、交付金とか助成金といった名称を問わず全て含まれる。ただ委託契約に基づき交付される委託費等のように、相当の反対給付のあるものはこれに含まない。また、補助金、負担金等であっても、それが試験研究、調査又は災害復旧に係るものその他性質上利益を伴わないもの（例えば、間接的利子補給金のように単なる通り抜けにすぎないもの、また、はじめから欠損が予想される事業でも、民生安定、特定地域の住民の生活向上のために、これを経営せしめてその欠損を補てんするような補助金等）は除かれる。

(イ)　地方公共団体から資本金、基本金その他これらに準ずるものの全部又は一部の出資あるいは拠出を受けている会社その他の法人

(ウ)　三事業年度以上にわたり継続して欠損を生じている会社

何人も、以上に述べた制限に違反することを知りながら寄附を受けること、並びに(ア)及び(イ)については寄附を勧誘し又は要求することはできない。

イ　外国人等からの寄附の受領の禁止（政資法二二の五）

何人も、外国人、外国法人又はその主たる構成員が外国人若しくは外国法人である団体その他の組織（日本法人のうち上場会社であって、その発行する株式が金融商品取引所において五年以上継続して上場されているもの等を除く。）から、選挙に関するか否かを問わず政治活動に関する寄附を受けてはならない。

ウ　匿名の寄附等の禁止（政資法二二の六）

何人も、本人以外の名義又は匿名で選挙に関するか否かを問わず政治活動に関する寄附をしてはならない。これらの寄附は、何人もこれを受けてはならない。

また、これらの寄附に係る金銭又は物品の提供があったときは、その所有権は、国庫に帰属し、これらの金銭又は物品の保管者は、国庫に納付する手続をとらなければならない。

ただし、街頭又は一般に公開される演説会若しくは集会の会場において政党又は政治資金団体に対してする匿名の寄附でその金額が千円以下のものについては、この規制を受けない。

(5)　**寄附のあっせんに関する制限**（政資法二二の七）

何人も、政治活動に関する寄附のあっせんをする場合において、相手方に対し業務、雇用その他の関係又は組織の影響力を利用して威迫する等不当にその意思を拘束するような方法で、当該寄附のあっせんに係る行為をしてはならない。

また、政治活動に関する寄附のあっせんをする者は、いかなる方法をもってするを問わず、寄附をしようとする者の意思に反して、その者の賃金、工賃、下請代金その他性質上これらに類するものからの控除による方法で、当該寄附を集めてはならない。

問答

問 候補者等がパチンコ屋の開店に際し、花輪を贈呈することはどうか。

答 そのパチンコ屋が当該選挙区内にあるときは、選挙に関するものでなくても罰則をもって禁止される。

問 候補者は、選挙区内の他の選挙の候補者等個人に政治献金や選挙献金ができないか。

答 寄附になり、罰則をもって禁止される。

問 候補者等が寄附をしてはいけないということであるが、妻や後援会の名義でするのはどうか。

答 実質上候補者等がする寄附は、たとえ妻や後援会の名義でも罰則をもって禁止される。

問 祝電や弔電を打つことも寄附となるか。

答 祝電や弔電は、財産上の利益の供与には当たらないので、寄附ではない。

問 候補者等が選挙区内にある者に対してするお中元、お歳暮、入学祝、結婚祝、出産祝、お祭り等の寄附、せん別等従来から慣行として行われているようなものも寄附に該当し、罰則をもって禁止されるものと解してよいか。

答 お見込みのとおり。

問 候補者等が氏子である神社や檀家となっている寺（選挙区内にある）の社殿や本堂修復のため、候補者等が寄附をすることはどうか。

答　罰則をもって禁止される。

問　候補者等が町内会の野球大会に際してカップや記念品を贈ることはどうか。

答　罰則をもって禁止される。

問　候補者等の政治教育のための集会において候補者等が湯茶及びこれに伴い通常用いられる程度の茶菓を選挙区内にある者に対して提供することができるか。

答　必要やむを得ないものであれば差し支えない。

問　（選挙前の一定期間外において）選挙区内の過疎地で交通不便な場所において行う純粋な政治講習会に関し、候補者等がバスをチャーターして、その参加者を会場まで運ぶことは、寄附の禁止に当たらないと思うがどうか。

答　その地域の交通事情等から判断して、必要やむを得ない実費の補償と認められるかぎりお見込みのとおり。

（注）　公選法第百九十九条の二第一項ただし書の「必要やむを得ない実費の補償」とは、金銭による実費の弁償だけではなく、現物支給も含むものと解する。なお、「必要やむを得ない実費の補償」には「食事についての実費の補償」は含まない。

問　候補者等が自己の財産を次の相手に対して寄附することは、罰則をもって禁止されると解してよいか。

(1)　市町村（候補者等の選挙区内にあるもの）

(2)　当該市町村を包括する都道府県

(3)　国

答　いずれもお見込みのとおり。

問(1)　候補者等が選挙区内にある者に対し、色紙を贈ることは寄附の禁止に該当するか。
(2)　選挙区内にある者から差し出された色紙に、候補者等はサインをすることができるか。
(3)　候補者等が購入した色紙について実費をもらい、これにサインをして選挙区内にある者に渡すことはどうか。

答(1)　お見込みのとおり。
(2)　一般には、差し出された色紙にサインをすることは、寄附には当たらない。
(3)　相手方が色紙代を払って色紙を購入し、それにサインを求める場合は、(2)と同様と考える。

問　候補者等が選挙区内にある者に対して、匿名で寄附をすることはどうか。また、配偶者や秘書などの名義で寄附をすることはどうか。

答　匿名であっても他人名義であっても、実質上候補者等が寄附をするものである限り、罰則をもって禁止される。

問　候補者等が葬儀の際に神官、僧侶等に、いわゆるお布施を出すことは寄附に当たるか。

答　役務の提供に対する債務の履行と認められる限り、寄附には当たらない。

問　町内会の役員は、町内にいる候補者等に対して祭の寄附の勧誘・要求をしてはならないか。

答　お見込みのとおり。

問 前記の場合、候補者等を威迫して寄附の勧誘・要求をした場合は罰則の対象となるか。

答 お見込みのとおり。

問 候補者等が会長である団体が、候補者等の氏名を表示した表彰状を授与することは、公選法第百九十九条の三に違反しないと解するがどうか。また、記念品やカップを贈ることはどうか。

答 前段 お見込みのとおり。
後段 公選法第百九十九条の三に違反する。

問 後援団体の設立目的に会員の親睦が入っている場合、花輪、供花、香典、祝儀等を出すことはどうか。

答 罰則をもって禁止される。

問 後援団体が会員のゲートボール大会を開催した場合、後援団体が優勝者に高額な時計等を贈ることはどうか。

答 高額な時計等を寄贈することは、後援団体の設立目的により行う行事、事業に関するとは認められない場合が多く、祝儀に該当すると認められる場合もあると考えられる（こうした場合は罰則あり）。

問 後援団体が選挙区内にある者の家の新築祝いを出すことはどうか。

答 罰則をもって禁止される。

第四　選挙犯罪と当選無効・立候補制限・選挙権及び被選挙権の停止

選挙に関する犯罪とこれに対する刑罰のうち、主なものをあげると、次のとおりである。
選挙犯罪を犯せば、刑罰の適用があるばかりでなく、せっかくの当選をフイにしてしまったり、一定期間の立候補制限や公民権の停止を科されたりする場合もあり得るから、注意して選挙に臨まなければならない。

一　おもな選挙犯罪

1　買収罪（法二二一～二二三）

(1)　利益供与、職務供与又は供応接待の罪（法二二一 1 Ⅰ）

当選を得若しくは得しめ又は得しめない目的で、選挙人又は選挙運動者に対して金銭、物品その他の財産上の利益若しくは公私の職務の供与、その供与の申込み若しくは約束をし、又は供応接待、その申込み若しくは約束をしたときは、三年以下の懲役若しくは禁錮又は五十万円以下の罰金に処せられる。

「財産上の利益」というのは、債務（借金）の免除、支払いの猶予、保証人になること、金銭や物品の貸与、得意先を与えることなど、相手方にとって「財産的な価値のあるいっさいのもの」を含むものである。したがって、先に述べたとおり、選挙運動のために使用する労務者、事務員、車上等運動員、手話通訳者及び要約筆記者以外の一般の選挙運動員に対して報酬を与えることも禁止される。しかしながら、選挙運動費用の項で述べたとおり（二三二頁以降参照）、法定額の範囲内で運動員の要した宿泊料、交通費等の実費弁償をすることは、利益供与罪には該当しない。また、選挙運動のために使用する労務者、事務員、車上等運動員、手話通訳者及び要約筆記者に対して、法定額以内の報酬を支給することや、あるいは鉄道賃、船賃、車賃、宿泊料の実費弁償を支給すること等は、利益供与罪にはならない。

「供応接待」とは、飲食物を与えたり、芝居や遊覧旅行に案内したり、あるいは、その他相手方に慰安又は快楽を与えて歓待することであって、これらのことを行った場合、この罪に該当するものとされている。

(2) 利害関係誘導の罪（法二二一 1 Ⅱ）

当選を得若しくは得しめ又は得しめない目的をもって選挙人又は選挙運動者に対して、その者又はその者と関係のある社寺、学校、会社、組合、市町村等に対する用水、小作、債権、寄附その他特殊の直接利害関係を利用して誘導したとき、この罪が成立する。刑罰は、(1)と同様である。

(3) 事後の報酬供与罪（法二二一 1 Ⅲ）

投票をしたこと、投票をしなかったこと、選挙運動をしてくれたこと、やめてくれたこと、又はこれらのことについて周旋、勧誘をしてくれたことに対する報酬として、選挙人又は選挙運動者に対して、(1)に掲げた行為をしたときも、(1)と同様の刑に処せられる。

(4)　**利益の収受又は要求罪**（法二二一１Ⅳ）

(1)若しくは(3)の供与や供応接待を受け、若しくはこれを要求したり、(1)若しくは(3)の申込みを承諾したり、又は(2)の利害誘導に応じたり、若しくはこれを促したりした場合も、(1)と同様の刑に処せられる。

(5)　**買収のための金銭物品授受の罪**（法二二一１Ⅴ）

(1)から(3)の行為をさせる目的で、選挙運動者に対して、金銭、物品を渡し、あるいは渡す旨の申込み若しくは約束をした場合、又は選挙運動者が、それを受け取り、あるいは渡すことを要求し、若しくは渡す旨の申込みを承諾したときも、また、(1)と同様の刑に処せられる。

(6)　**買収の周旋又は勧誘罪**（法二二一１Ⅵ）

(1)から(5)までに説明した各種の買収行為を周旋したり、あるいはそれを勧誘した場合も、(1)と同様の刑に処せられる。

以上の罪を、中央選挙管理会の委員、中央選挙管理会の庶務に従事する総務省の職員、参議院合同選挙区選挙管理委員会の委員若しくは職員、選挙管理委員会の委員若しくは職員、投票管理者、開票管理者、選挙長若しくは選挙分会長その他選挙事務に関係のある国又は地方公共団体の公務員、公安委員会の委員又は警察官が犯したときは、その刑は、特に加重され、四年以下の懲役若しくは禁錮又は百万円以下の罰金に処せられる（法二二一2）。

また、公職の候補者、総括主宰者、出納責任者、実質的に出納責任者に相当する者（公職の候補者又は出納責任者と意思を通じて当該公職の候補者のための選挙運動に関する支出の金額のうち、選挙運動に関する支出金額の制限額として告示された額の二分の一以上に相当する額を支出した者をいう。）又は地域主宰者（選挙区（選挙区がないときは選挙の行われる区域）を三以内の地域に分けて選挙運動をした場合において、そのうち一又は二の地域において選挙運動を主宰すべき者として候補者又は総括主宰者により定められ、かつ、その地域において選挙運動を主宰した者をいう。）が犯したときも、同様にその刑は加重される（法二二一3）。

(7)　**多数人買収罪**（法二二二）

財産上の利益を図る目的で、候補者又は候補者となろうとする者のために、多数の選挙人又は選挙運動者に対して、(1)から(3)、(5)又は(6)に説明した買収行為を自ら行ったり、又は他の者を使ってさせた場合、あるいは、(1)から(3)、(5)又は(6)に説明した行為をすることを自ら請け負い、若しくは請け負わせ、又はその申込みをした場合には、その刑は特に重く、五年以下の懲役又は禁錮に処せられる（法二二二1）。

(8)　**常習的買収罪**（法二二二2）

公職の候補者、総括主宰者、出納責任者、実質的に出納責任者に相当する者又は地域主宰者がこの罪を犯したときは、その刑は加重されて、六年以下の懲役又は禁錮に処せられる（法二二二3）。

(1)から(3)、(5)又は(6)に説明した罪を犯した者が常習者であるときも、五年以下の懲役又は禁錮に処せられる。

(9)　**立候補辞退等の買収罪**（法二二三1Ⅰ）

選挙人を買収するよりも、有力な候補者を買収して立候補を辞退させることの方が、かえって確実な効果を挙げ得ることもある。最も悪質のものだが、ときには、買収されるために、わざわざ、いやがらせに立候補したり、立候補させることもありうることである。そこで、このような特殊の買収行為をしたときは、四年以下の懲役若しくは禁錮又は百万円以下の罰金に処せられる。

(10)　**立候補辞退等に対する事後の報酬供与罪**（法二二三1Ⅱ）

立候補を辞退したこと、立候補届出を中止したこと又はその周旋勧誘をしたことに対する報酬とする目的で、その立候補辞退者、立候補中止者等に対して(1)に掲げる行為をしたときも、(9)と同様の刑に処せられる。

(11)　**立候補辞退等のための利益収受又は要求罪**（法二二三1Ⅲ）

(9)及び(10)の供与、供応接待を受け、若しくは要求し、これらの申込みを承諾し、又は(9)の誘導に応じ若しくはこれを促したときも同様の刑に処せられる。

(12)　**立候補辞退等のための買収、事後の報酬供与等の周旋勧誘罪**（法二二三1Ⅳ）

(9)から(11)までに説明した買収行為を周旋したり、勧誘した場合も、同様の刑に処せられる。

(6)の買収行為のところで付け加えて説明したところに掲げた、選挙関係の公務員及び警察関係の公務員又は候補者、総括主宰者、出納責任者、実質的に出納責任者に相当する者若しくは地域主宰者が、⑼から⑿までに説明した買収行為をした場合は、その刑は、特に加重されて、五年以下の懲役若しくは禁錮又は百万円以下の罰金に処せられる（法二二三2・3）。

なお、以上のように買収等によって、収受したり、交付を受けた利益は没収され、もし没収できないときは、相当価額を追徴される（法二二四）。

2 おとり罪（法二二四の二）

次の⑴に述べる罪を犯したときは、一年以上五年以下の懲役又は禁錮に処せられ、また、総括主宰者、出納責任者、実質的に出納責任者に相当する者、地域主宰者、候補者や立候補予定者の一定親族、候補者や立候補予定者の秘書又は組織的選挙運動管理者等（前述五四～五六頁参照）が⑵に述べる罪を犯したときは、刑は加重され、一年以上六年以下の懲役又は禁錮に処せられる。

⑴ 連座制によって候補者や立候補予定者の当選を失わせ、又は立候補の資格を失わせる目的をもって、他の候補者等と意思を通じて、その候補者の総括主宰者、出納責任者、実質的に出納責任者に相当する者、地域主宰者、候補者や立候補予定者の一定親族、候補者や立候補予定者の秘書又は組織的選挙運動管理者等を誘導し又は挑発して買収及び利益誘導罪（法二二一）、多数人買収及び多数人利害誘導罪（法二二二）、公職の候補者及び当選人に対する買収及び利害誘導罪（法二二三）、新聞紙、雑誌の不法利用罪（法二二三の二）、選挙費用の法定額違反（法二四七）の罪を犯させたとき

⑵ 総括主宰者、出納責任者、実質的に出納責任者に相当する者、地域主宰者、候補者や立候補予定

者の一定親族、候補者や立候補予定者の秘書又は組織的選挙運動管理者等が自分の候補者を連座制により当選を失わせ、又は立候補の資格を失わせる目的をもって他の候補者等と意思を通じて(1)の罪を自ら犯したとき

3　選挙の自由妨害罪等（法二二五～二三〇）

これには、①選挙人、候補者、立候補予定者、選挙運動者、当選人に対して直接暴行したり、引き連れて行ったりする罪（法二二五Ⅰ）、②交通や集会を妨害し、演説を妨害し、文書図画を毀棄し、そのほか偽計、詐術等不正の方法で選挙の自由を妨害する罪（法二二五Ⅱ）、③選挙人、候補者、立候補予定者、選挙運動者、当選人等に対する債権、寄附その他特殊の利害関係を利用して、これらの者を威迫する罪（法二二五Ⅲ）、④投票所又は開票所で正当な理由がなくて、選挙人の投票に干渉したり、又は被選挙人の氏名を認知する方法を行う罪（法二二六1）、⑤選挙事務関係者に暴行を加えたり、投票所等を騒擾したりする罪（法二二九）、⑥多くの者が集合して①又は⑤の行為を行う罪、⑦選挙に関し、多くの者が集合して交通や集会を妨害し、又は演説を妨害する罪（法二三〇）等がある。刑はそれぞれの項目によって異なるが、例えば、①、②及び③については四年以下の懲役若しくは禁錮又は百万円以下の罰金に処せられる。

4　虚偽事項公表罪（法二三五）

(1)　当選を得又は得させる目的で、候補者若しくは立候補予定者の身分、職業、経歴、その者の政党その他の団体への所属又はその者に対する人若しくは政党その他の団体の推薦若しくは支持に関し

て、虚偽の事項を公にした者は、二年以下の禁錮又は三十万円以下の罰金に処せられる（法二三五1）。

(2) 当選を得させない目的で候補者若しくは立候補予定者に関し、虚偽の事項を公にし、又は事実をゆがめて公にした者は、四年以下の懲役若しくは禁錮又は百万円以下の罰金に処せられる（法二三五2）。

ここで注意すべき点は、当選を得させない目的で、公表される虚偽事項又は事実を歪曲した事項は、候補者等に関することであればよく、候補者等の本人に直接関係のある事項に限らない。例えば、候補者等の妻に贈賄の疑いがあるとか、候補者等の親族が傷害罪で起訴されたとか、候補者等に打撃を与えるような虚偽の事項又は事実を歪曲した事項を公にすれば、この罪に該当する。

5 政見放送又は選挙公報の不法利用罪（法二三五の三）

(1) 政見放送又は選挙公報を利用して他の候補者に関し、当選を得させない目的をもって虚偽の事項を公にし、又は事実をゆがめて公にした者は、五年以下の懲役若しくは禁錮又は百万円以下の罰金に処せられる（法二三五の三1）。

(2) 政見放送又は選挙公報を利用して特定の商品の広告その他営業に関する宣伝をした者は、百万円以下の罰金に処せられる（法二三五の三2）。

6 氏名等虚偽表示罪（法二三五の五）

当選を得若しくは得しめ又は得しめない目的をもって真実に反する氏名、名称又は身分の表示をして郵便等、電報、電話又はインターネット等を利用する方法により通信した者は、二年以下の禁錮又は三十万円以下の罰金に処せられる。

7　詐偽投票及び投票偽造、増減罪（法二三七）

(1)　氏名を詐称しその他詐偽の方法をもって投票し又は投票しようとした者は、二年以下の禁錮又は三十万円以下の罰金に処せられる。例えば、他人の入場券を持参して投票所に行く等の替玉投票や、投票用紙を持ち帰って別の人が投票するのを繰り返すたらいまわし投票等は、すべてこれに該当する（法二三七2）。

(2)　投票を偽造し又はその数を増減した者は、三年以下の懲役若しくは禁錮又は五十万円以下の罰金に処せられる（法二三七3）。

8　立候補に関する虚偽宣誓罪（法二三八の二）

(1)　選挙期日において住所要件を満たすと見込まれることや候補者となることができない者に該当しないことについて、立候補の届出時に宣誓書を添付することとされており、この宣誓書において虚偽の誓いをした者は、三十万円以下の罰金に処せられる（法二三八の二1）。

(2)　なお、本罪については、悪質なものを処罰する趣旨から、選挙管理委員会の告発による親告罪とされている（法二三八の二2）。

9　その他の罪

以上のほかに、投票に関する不正の罪、詐偽登録罪、文書図画の制限違反罪、立会人の義務懈怠罪、選挙運動費用の届出義務違反の罪等がある。

問答

問 買収罪が、適用される時期はいつか。

答 買収罪を構成するのは時期がいつであるかを問わない。選挙期日の告示前でも選挙の期日後でも適用される。

問 立候補しない場合、又は立候補を辞退した場合も買収罪は成立するか。また、落選した場合はどうか。

答 買収罪は、実際に立候補したかどうかを問わず成立し、落選した場合も成立する。

問 買収された者は処罰されるか。

答 買収した者ばかりでなく、買収された者も買収罪に該当し処罰される。

問 特定候補者を支持推薦している団体等が、タクシーを雇って団体員等を投票所へ送迎することは差し支えないか。

答 特定候補者の当選に資するためと認められ、利益供与に該当するおそれがある。

問 政党に所属しているが公認はされなかった者が、立札、看板、ポスター等に「○○党公認」と記入することができるか。

答 虚偽事項公表罪に該当する。

二　候補者自身の違反行為による当選無効

候補者自身の違反行為により公選法によって刑に処せられた場合、制裁として当選人の当選が無効になる場合がある（法二五一）。

当選人が公選法第十六章に規定する罪を犯し、刑に処せられたときはその当選が無効となる。ただし、第二百三十五条の六（あいさつを目的とする有料広告の制限違反）、第二百三十六条の二（選挙人名簿の抄本等の閲覧に係る命令違反及び報告義務違反）、第二百四十五条（選挙期日後のあいさつ行為の制限違反）、第二百四十六条（選挙運動に関する収入及び支出の規制違反）第二号から第九号まで、第二百四十八条（寄附の制限違反）、第二百四十九条の二（公職の候補者等の寄附の制限違反）第三項から第五項まで及び第七項、第二百四十九条の三（公職の候補者等の関係会社等の寄附の制限違反）、第二百四十九条の四（公職の候補者等の氏名等を冠した団体の寄附の制限違反）、第二百四十九条の五（後援団体に関する寄附等の制限違反）第一項及び第三項、第二百五十二条の二（推薦団体の選挙運動の規制違反）、第二百五十二条の三（政党その他の政治活動を行う団体の政治活動の規制違反）並びに第二百五十三条（選挙人等の偽証罪）の罪は、除かれる。なお、以上の当選無効とならない罪を犯した場合であっても、公民権の停止には当たる場合があるので、後述の選挙権及び被選挙権の停止の項（二八八〜二九〇頁）を参照のこと。

三　連　座　制

候補者や立候補予定者と一定の関係にある者又は組織的選挙運動管理者等が買収罪等の悪質な選挙違反を犯し刑に処せられた場合には、たとえ候補者や立候補予定者が買収等の行為に関わっていなくても、候補者や立候補予定者本人について、選挙の当選が無効となるとともに立候補制限が科せられる。

1　総括主宰者、出納責任者又は地域主宰者の選挙犯罪によって候補者の当選が無効となり、立候補制限が科せられる場合――連座制その一（法二一〇、二一一、二五一の二、二五一の五）

①総括主宰者（これは、選挙運動に関する事実上の総参謀をさしている。）、②出納責任者（公職の候補者又は出納責任者と意思を通じて当該公職の候補者のための選挙運動に関する支出の金額のうち、選挙運動に関する支出金額の制限額として告示された額の二分の一以上に相当する額を支出した者を含む。）又は③地域主宰者（選挙区（選挙区がないときは、選挙の行われる区域）を三以内の地域に分けて選挙運動をした場合において、そのうち一又は二の地域において選挙運動を主宰すべき者として候補者又は総括主宰者により定められ、かつ、その地域において選挙運動を主宰した者）が、第二百二十一条（買収及び利害誘導罪）第三項、第二百二十二条（多数人買収及び多数人利害誘導罪）第三項、第二百二十三条（公職の候補者及び当選人に対する買収及び利害誘導罪）第三項、第二

百二十三条の二（新聞紙、雑誌の不法利用罪）第二項により刑に処せられた場合（執行猶予を含む。）、又は出納責任者が第二百四十七条（選挙費用の法定額違反）の罪を犯し、すなわち、選挙運動費用の支出制限額を超えて支出をし、又はさせたことにより、刑に処せられた場合（執行猶予を含む。）に、これらの者に係る候補者であった者が裁判所からこれらの者が刑に処せられた（執行猶予を含む。）旨の通知を受けたときは、これらの者に係る候補者であった者は、検察官を被告とし、通知を受けた日から三十日以内に、高等裁判所に、これらの者が総括主宰者等に該当しないこと等を理由とし、当選が無効とならないこと又は立候補制限が科せられないことの確認を求める訴訟を提起し、勝訴しない限り、その候補者であった者の当選は無効となり、五年間の立候補制限が科せられる。

このように、次の**2**に掲げるような検察官の提起による当選無効訴訟の手続を要せず、逆に候補者等であった者からこれらの者が総括主宰者等であるとの認定につき、不服がある場合に限って訴えを提起し得ることとする不服申立制度が採用されており、候補者であった者がこの訴えを提起しない限り、その選挙の当選を失うことになるとともに立候補制限が科せられる。また、この訴えを提起したときは、訴えの取下げがあったとき又は原告敗訴の判決が確定したときに、その当選を失うことになるとともに、同じ選挙で同じ選挙区から五年間立候補できなくなる。ただし、総括主宰者等が候補者又は立候補予定者に連座制が適用されることを目的として他の候補者などの陣営と意思を通じてわざと買収罪等に当たる行為を行った（いわゆるおとり又は寝返り）場合には、立候補制限の制裁は科せられない。

総括主宰者等の選挙犯罪による連座については、このように不服申立制度によるものではあるが、事実上総括主宰者等の地位にありながら、刑事裁判においてそれが認定されないまま刑が確定し、その後に新たな証拠が出て総括主宰者等であることが判明するという場合も考えられるので、このような場合には、**2**と同様に、検察官から当選無効や立候補制限に関する訴訟を提起することとされている。

2　候補者や立候補予定者の親族又は秘書の選挙犯罪によって候補者の当選が無効となり、立候補制限が科せられる場合——連座制その二（法二一一、二五一の二、二五一の五）

候補者や立候補予定者の父母、配偶者、子若しくは兄弟姉妹（これらの親族が、候補者と同居しているか否かは問わない。）又は候補者や立候補予定者の秘書（候補者や立候補予定者に使用される者で当該候補者や立候補予定者の政治活動を補佐するものをいう。）で、候補者や立候補予定者、総括主宰者若しくは地域主宰者と意思を通じて選挙運動をしたものが、第二百二十一条（買収及び利害誘導罪）、第二百二十二条（多数人買収及び多数人利害誘導罪）、第二百二十三条（公職の候補者及び当選人に対する買収及び利害誘導罪）、第二百二十三条の二（新聞紙、雑誌の不法利用罪）の罪を犯し、禁錮以上の刑に処せられたとき（執行猶予を含む。）は、その候補者等であった者の当選は無効となるとともに、候補者や立候補予定者に五年間の立候補制限が科せられる。

この場合も、当選人以外の者の選挙犯罪によって候補者や立候補予定者であった者のその選挙の当選が無効となるとともに候補者や立候補予定者本人について立候補制限が科せられるが、前述**1**の場合と異なり、この選挙犯罪に関する刑事裁判が確定したからといって、直ちに当選が無効となるのではない。すなわち、刑事裁判が確定すると、検察官は確定の日から三十日以内に、その候補者や立候補予定者であった者を被告として高等裁判所に対し、これを理由とする当選無効や立候補制限に関する訴訟を提起しなければならない。この訴訟において原告（検察官）の勝訴の判決が確定することによって、候補者や立候補予定者であった者の当選が無効となることと立候補制限が科されることが確定するのである。

このような訴訟が必要な主な理由は、先に述べたような選挙犯罪を犯した者が連座対象者に該当するものであるかどうかを確定する必要があるためといえよう。

ただし、親族や秘書の買収罪等に当たる行為がいわゆるおとり又は寝返りの場合には、総括主宰者等に関する連座制と同じく立候補制限は科されない。

3　組織的選挙運動管理者等の選挙犯罪によって候補者の当選が無効となり、立候補制限が科せられる場合――連座制その三（法二一一、二五一の三、二五一の五）

組織的選挙運動管理者等（候補者や立候補予定者と意思を通じて組織により行われる選挙運動において、当該選挙運動の計画の立案若しくは調整又は選挙運動に従事する者の指揮若しくは監督その他選挙運動の管理を行う者、詳細は前記五四頁参照）についても**2**で記された買収罪等の悪質な選挙違反の罪を犯し、禁錮以上の刑に処せられた場合（執行猶予を含む。）には、その候補者であった者の当選は無効となるとともに五年間の立候補制限が科せられる。

　この組織的選挙運動管理者等とは、組織により行われる選挙運動において選挙運動の計画・作戦の立案調整、情報の収集分析、運動員の指揮監督、資金の調達などの管理の行為を行う人をとらえる概念であり、一定の地域あるいは一定の分野の全部又は一部において、組織により行われる選挙運動の中心となって取りまとめている人、それを補佐する立場の人、それらの者と一緒になって選挙運動の重要な部分を担当する参謀格の人など、選挙運動を行う組織の構成員の選挙運動のあり方を決定し、実行させる行為を行う人をいう。

　例えば、組織を活用して選挙運動を行う政党、後援会、労働組合、宗教団体、同窓会などの上層部はもちろん、地域支部、職域支部、青年部、婦人部における選挙運動において、選挙運動全体の計画をたてる人、ビラ配りの計画をたてる人、電話作戦に当たる人の指揮監督を行う人、選挙運動従事者への弁当の手配を行う人など、ある分野を担当する末端の責任者も、これに当たる。

　この場合の訴訟手続、確定期については前述**2**の場合と同様である。

　なお、組織的選挙運動管理者等に関する連座制については、組織的選挙運動管理者等の買収罪等に該当する行為がおとり若しくは寝返りにより行われた場合又は候補者や立候補予定者が、組織的選挙運動管理者等が買収罪等に該当する行為を行うことを防止するため相当の注意を怠らなかったときは当選無効を含めて適用されない。

四　選挙権及び被選挙権の停止（法二五二）

選挙法規に違反して、刑に処せられると、前記二及び三で説明したように、当選人の当選が無効になる場合や立候補制限が科せられる場合があるほか、処刑者は一定期間選挙権及び被選挙権を停止される場合がある。もっとも、この付加的な制裁に関する第二百五十二条の規定は、情状により、判決で、全然適用しないこともできるし、あるいは停止期間を短縮することもできることになっている。以下、項を分けて説明する。

なお、選挙犯罪によって選挙権又は被選挙権を停止された者は、その期間選挙運動ができないことは、前に述べたとおりである。

(1)　付加制裁の適用があるのは、公選法の罪を犯した者、すなわち、候補者はもちろんのこと、選挙運動者、出納責任者その他すべての者に及ぶことはいうまでもない。

(2)　公選法第十六章（一部の軽い形式犯の例外がある。）に規定する罪を犯して罰金刑に処せられた者は、次の期間、選挙権及び被選挙権を有しない。

ア　執行猶予にならない者は、裁判確定の日から五年間

イ　執行猶予の言渡しを受けた者は、裁判確定の日から、刑の執行を受けることがなくなるまでの間

(3) 公選法第十六章（第二百五十三条の罪を除く。）の罪を犯し禁錮以上の刑に処せられた者は、次の期間、選挙権及び被選挙権を有しない。

ア 裁判確定の日から刑の執行が終わるまでの間若しくは刑の時効による場合を除くほか刑の執行の免除を受けるまでの間及びその後五年間

イ 裁判確定の日から刑の執行を受けることがなくなるまでの間

(4) 公選法第二百二十一条（買収及び利害誘導罪）、第二百二十二条（多数人買収及び多数人利害誘導罪）、第二百二十三条（公職の候補者及び当選人に対する買収及び利害誘導罪）、第二百二十三条の二（新聞紙、雑誌の不法利用罪）の罪によって刑に処せられた者が、さらにこれらの罪を重ねて犯した場合には、付加制裁の期間は、五年が十年とされる。

(5) 裁判所は、情状によって、右に述べた五年間又は執行猶予中の期間の付加制裁を科さなかったり、またその期間を短縮することができる。ただし、(2)のうち公選法第二百二十一条から第二百二十三条の二までの罪につき刑に処せられた者と(3)に掲げる者に対しては、期間を短縮することができるのみであって、選挙権又は被選挙権を停止しないと宣告することはない。なお、(4)の場合は、十年間の期間を短縮することだけが認められている。

なお、公職にある間に犯した収賄罪（刑法第百九十七条から第百九十七条の四までの罪）又は公職者あっせん利得罪（公職にある者等のあっせん行為による利得等の処罰に関する法律第一条の罪）により刑に処せられた者は、実刑期間に加え、その後の五年間（執行猶予の場合はその期間）

選挙権及び被選挙権を有しないものとされ（法一一1Ⅳ）、さらに、実刑期間後五年間を経過した日からさらに五年間、被選挙権を有しない（法一一の二）ので、一四頁もあわせて参照されたい。

五　選挙犯罪の時効

一般の犯罪と同様に、刑事訴訟法第二百五十条の公訴時効の規定による。ちなみに、これを記せば、

(1) 長期十年未満の懲役又は禁錮に当たる罪については五年

(2) 長期五年未満の懲役若しくは禁錮又は罰金に当たる罪については三年

である。

問答

問　連座制の対象者となる「秘書」とはどのような人をいうのか。

答　「秘書」とは、候補者や立候補予定者に使用される者で、候補者や立候補予定者の政治活動を補佐するものをいう。

また、候補者や立候補予定者の秘書という名称を使用する者又はこれに類似する名称を使用する者について、候補者や立候補予定者がこれらの名称の使用を承諾し又は容認している場合に

は、これらの名称を使用する者は、秘書と推定される。

問 連座制の対象となる秘書とは、候補者や立候補予定者と雇用契約が結ばれているものをいうのか。

答 連座制の対象となる秘書は、実態として候補者や立候補予定者の指揮命令に従って労務に服するものをいい、必ずしも候補者等との間に雇用契約があることを要しない。また、必ずしも賃金を支払われているものであることも要しない。

問 都道府県及び市町村の秘書課の一般職の職員は、候補者等の秘書に当たるか。

答 この場合の秘書は、確かに候補者等の指揮命令に従って労務に服するものであるが、公務員の一般職の場合には、公務員法上政治活動が制限されており、候補者等の政治活動を補佐するものには該当しない場合が多く、一般的には、秘書に当たらない場合が多い。
しかし、特別職については、一般職とは異なり、公務員法上政治活動の制限はないため政治活動を補佐するものに該当する場合が多く、秘書に当たる場合が多い。

問 連座対象者となる「親族」とは、どのような人をいうのか。

答 候補者や立候補予定者本人の父母、配偶者、子又は兄弟姉妹をいう。したがって、候補者や立候補予定者の配偶者の父母、兄弟姉妹は当たらない。

問 組織的選挙運動管理者等の定義にある「選挙運動の計画の立案・調整」を行う者とは、具体的にはどのような役割を行っている人をいうのか。

答 「選挙運動の計画の立案・調整」を行う者とは、選挙運動全体の計画の立案又は調整を行う人をはじめ、ビラ配りの計画、ポスター貼りの計画、個人演説会の計画、街頭演説などの計画を立てる人や、その調整を行う人、いわば、司令塔の役割を担う人をいう。

問 「選挙運動に従事する者の指揮・監督」を行う者とは、具体的にはどのような役割を行っている人をいうのか。

答 「選挙運動に従事する者の指揮・監督」を行う者とは、ビラ配り、ポスター貼り、個人演説会の会場設営、電話作戦などに当たる者の指揮監督を行う人、いわば、前線のリーダーの役割を担う人をいう。

問 「その他選挙運動の管理を行う者」とは、具体的にはどのような役割を行っている人をいうのか。

答 「その他選挙運動の管理を行う者」とは、選挙運動の分野を問わず、選挙運動の管理を行う人で、例えば、選挙運動従事者への弁当の手配、車の手配、個人演説会場の確保など、後方支援活動の管理を行う人をいう。

問 「組織」としては、具体的にはどのようなものがあるのか。

答 例えば、政党、政党の支部、政党の青年部・婦人部、候補者や立候補予定者本人の後援会、系列の地方議員の後援会、協力支援関係にある首長の後援会、地元事務所、選挙事務所、政治支援団体、選挙支持母体などが、「組織」に当たると考えられる。

問 会社、労働組合、町内会、同窓会など、本来の目的は政治活動や選挙運動を行うことではない組織により選挙運動が行われた場合にも、連座制は適用されるのか。

答 本来、政治活動や選挙運動以外の目的で存在している、会社、労働組合、宗教団体、協同組合、業界団体、青年団、同窓会、町内会、ＰＴＡなどの複数の人間の結合体が、特定の候補者や立候補予定者を当選させる目的をもって、構成員相互の間で役割を分担し、協力しあって選挙運動を行う場合には「組織」に当たる。

問 実際に買収等を行った組織的選挙運動管理者等と候補者や立候補予定者とが意思を通じていなくても、連座制が適用されるのか。

答 候補者や立候補予定者と、選挙運動を行う組織の総括者との間において、組織により選挙運動が行われることについて意思を通じている場合に、連座制が適用される。

したがって、例えば、組織ぐるみで選挙運動を行うことについて、ある会社の社長と候補者や立候補予定者が意思を通じていれば、課長などの選挙運動の実際のリーダーがそのことを知らなくても、連座制が適用されることになる。

問 自治会の役員が演説会等の会場確保や住民を演説会等に動員するような場合、この役員は「組織的選挙運動管理者等」といえるか。

答 自治会の組織により選挙運動が行われる場合において、候補者や立候補予定者と自治会による選挙運動の総括者との間において、自治会により選挙運動を行うことについて意思を通じてするのであればお見込みのとおり。

問　ある候補者の選挙のたびごとに、組織ぐるみで選挙運動を行っているような場合、「今回もよろしく」程度のやりとりがあったようなときも、「意思を通じ」ることになるのか。

答　「意思を通じ」るについては、意思の連絡が明らかにある場合に限らず、組織により選挙運動を行うことについて暗黙のうちに相互に意思の疎通があるときも、「意思を通じ」ることになる。

したがって、設問のような場合も、「意思を通じ」ることになる場合がある。

問　候補者や立候補予定者が、組織的選挙運動管理者等が買収等の行為を行わないことについて相当の注意を怠らなかったときとはどのような場合をいうのか。

答　候補者や立候補予定者に選挙浄化のための責任を負わせることによって選挙の腐敗をなくすことが、組織的選挙運動管理者等に関する連座制導入の趣旨である。

社会常識上、それだけの注意があれば組織的選挙運動管理者等が買収等の行為を行うことはないだろうと期待しうる程度の注意義務が、候補者や立候補予定者に課せられているものと考えられるが、実際に相当の注意を怠らなかったか否かの判定は、結果発生の予見可能性、回避可能性の程度によって決せられ、具体的には、個々の事情、例えば組織的選挙運動管理者等の選挙運動体の中における地位、役割、候補者や立候補予定者との具体的なかかわり方、候補者や立候補予定者と近い距離にあるか遠い距離にあるかなどの事情により判断されることになる。

いずれにしても、この連座制は、候補者や立候補予定者自身による、徹底的な選挙浄化に対する責任を明確にするものである。「相当の注意」を怠らなかったとして免責されるのは、通常一般の注意能力を有する候補者や立候補予定者が可能な限りの措置を講じていたにもかかわらず、それでもやむを得ず偶発的に買収等の行為が、発生してしまった場合のように、社会通念上、通常こういう努力を払えば違反は発生することはないであろうと思われる程度の措置を講じていた場合であろうと考えられる。

第五　当選後の問題

1　めでたく当選

投票が済むと、早ければその日のうちに、遅くとも翌日には当落が決定される。めでたく当選すれば、選挙管理委員会からその旨の通知がくる。この場合、以下に説明する特別の場合に該当しないかぎり、当選が確定する。

(1)　請負業者はうっかりすると当選失格（法一〇四）

せっかく当選したのに、わずかの不注意から、当選を棒に振ってしまうことがある。都道府県及び市町村の議会の議員又は長の選挙における当選人で、当該都道府県又は市町村に対し請負関係にある者は、速やかにその請負をやめ、かつ、当選の告知を受けた日から五日以内に選挙管理委員会にその請負関係を有しなくなった旨の届出をしないと、当選を失う。右の請負関係を有する者とは、正確にいうと、都道府県又は市町村に対し、若しくは都道府県又は市町村が経費を負担する事業につき都道府県又は市町村の長、委員会、委員あるいはその委任を受けた者に対し、

ア　自ら請負をする者及びその支配人

イ　主として請負をなす法人（ただし、都道府県又は市町村の長については、当該都道府県又は市

町村が資本金、基本金その他これらに準ずるものの二分の一以上を出資している法人を除く。）の

(ア) 無限責任社員、取締役、執行役若しくは監査役若しくはこれに準ずる者

(イ) 支配人

(ウ) 清算人

ということになる。

なお、ここにいう請負とは、必ずしも民法第六百三十二条の請負と同一でなく、物件又は労働の供給契約等も含む相当複雑なものであるから、十分注意を要する。

(2) 兼職禁止の職にある者はどうなるか（法一〇三）

兼職禁止の職にある者が当選したときは、当選告知を受けたときに兼職禁止の職を失ったものとみなされて当選が確定するが、例外として、更正決定又は繰上補充により当選人と定められた者が兼職禁止の職にある場合には、当選の告知を受けた日から五日以内に兼職禁止の職を辞した旨の届出が必要とされ、また一の選挙につき、更正決定又は繰上補充により当選人と定められた者が他の選挙につき候補者である場合には、一の選挙の当選の告知を受けた日から五日以内にその当選を辞する旨の届出をしないときは、他の選挙についてその候補者たることを辞したものとみなされ又はその当選を失う。

要するに、二以上の公職に就くことになる場合には、先に就いている公職を辞めないかぎり、後に当選の告知を受けた選挙の公職を失うことになるから、直ちに選挙管理委員会へ行って相談するよう

にしなければならない。

2　当選御礼の挨拶にも制限がある（法一七八）

めでたく当選できた場合、自分に好意を示してくれた選挙人に対して、お礼の挨拶をしたいのは人情であろう。しかし、これにも法律による制限があって、当選（又は落選）に関し、選挙人に挨拶する目的をもって次に掲げる行為をすることはできない。

⑴　選挙人に対して、戸別訪問をすること。

⑵　文書図画を頒布又は掲示すること。ただし、自筆の信書及び選挙人からもらった祝辞（祝電）等に対する答礼のためにする信書（自筆でなくとも（つまり印刷でも）よい）並びにインターネット等を利用する方法により頒布される文書図画は許される。なお、文書図画の掲示は、いっさい認められない。

⑶　新聞紙又は雑誌を利用（つまり広告）すること。新聞紙又は雑誌が当選人の抱負等を記事として掲載することは、差し支えない。

⑷　放送設備を利用して放送すること。放送設備とは、ラジオ、テレビはもちろん、広告放送等の有線電気通信設備も含まれるものであり、これらの使用は、いっさい禁止される。

⑸　当選祝賀会その他の集会を開催すること。

⑹　自動車を連ね、又は隊を組んで往来する等、気勢を張る行為をすること。

⑺　当選したお礼に、当選人の氏名や政党その他の政治団体の名称を言い歩くこと。

3 供託物の返還（法九三）

当選した場合はもちろん、落選した場合にも、一定数の得票を得た場合には、供託物が返還される。

一定の得票数（供託物の没収点）は、次のように計算され、得票数がこの没収点に達しないと、供託物は没収される。

(1) 都道府県及び市の議会の議員の選挙

$$供託物の没収点=\frac{有効投票の総数}{その選挙区内の議員定数（選挙区がないときは議員の定数）}\times\frac{1}{10}$$

(2) 都道府県知事及び市町村長の選挙

$$供託物の没収点=有効投票の総数\times\frac{1}{10}$$

返還手続は、選挙管理委員会に出向いて、立候補の際提出した供託書を返してもらい（法定の得票数を得たという証明を受けなければならない。）、これを法務局、地方法務局、又はその支局若しくは出張所に提出すればよい。なお、選挙が済んでも、出訴期間中及び争訟係属中は、供託金は返還されない。

なお、立候補を辞退した場合、立候補禁止の公職に就いたため立候補の辞退とみなされる場合又は候補者の届出が却下された場合は、供託金は没収される。

第六　地方選挙における政党その他の政治団体等の政治活動

一　政治活動とは

政治活動とは、一般には政治上の目的をもって行われる一切の活動、すなわち、政治上の主義、施策を推進し、支持し若しくはこれに反対し、又は公職の候補者を推薦し、支持し若しくはこれに反対することを目的として行う直接間接の一切の行為を総称するものであるということができる。したがって、これらの一切の行為の中には、特定の候補者の当選を図るために行う選挙運動にわたる活動をも含むものと解されている。

しかしながら、公選法においては、政治活動と選挙運動を理論的に区別し、ここにいう政治活動とは、「政治上の目的をもって行われる全ての行為の中から、選挙運動にわたる行為を除いた一切の行為をいう」ものとされている。したがって、選挙運動にわたる政治活動は、公選法においては政治活動としてではなく、選挙運動としての規制を受けることになる。

選挙が行われていない時期に、政党その他の政治活動を行う団体が、選挙運動にわたらない政治活動を行うことは自由であり、どのような方法によってもすることができるが（ただし、文書図画の掲示についてはは公選法第百四十三条第十六項の制限がある。）、ある地域で特定の選挙が行われるときには、その選挙の期日の告示の日から選挙の期日までの間は、その区域内における特定の政治活動についてその方法が規制される。これは、選挙の自由公正を確保するため、選挙運動と密接な関係にある特定の政治活動を規制するとともに、一定の条件に該当する政党その他の政治団体について一定の条件のもとに政治活動を認めようとするものである。

二　地方選挙における政党その他の政治団体等の政治活動の規制

1　規制されるものとされないものがある

地方選挙の期間中、選挙の行われる地域で、政党その他の政治活動を行う団体の行う政治活動は全て禁止されるものではなく、**2**以下で述べるように、選挙の種類によって一定の政治活動のみが制限される。

2　知事、市長、都道府県の議会の議員及び指定都市の議会の議員の選挙における規制（法二〇一の八、二〇一の九、二〇一の一三、二〇一の一四）

知事、市長、都道府県の議会の議員及び指定都市の議会の議員の選挙の期日の告示の日から選挙の当日までの間においては、次に掲げる政治活動が規制の対象となる。

(1)　政談演説会の開催

(2)　街頭政談演説の開催
(3)　ポスターの掲示（政党その他の政治活動を行う団体のシンボル・マークを表示したポスターの掲示を含む。）
(4)　政党その他の政治団体の本部又は支部の事務所以外での立札及び看板の類の掲示（政党その他の政治活動を行う団体のシンボル・マークを表示した立札及び看板の類の掲示を含む。）
(5)　ビラ（これに類する文書図画を含む。）の頒布（政党その他の政治活動を行う団体のシンボル・マークを表示したビラの頒布を含む。）
(6)　宣伝告知（政党その他の政治活動を行う団体の発行する新聞紙、雑誌、書籍及びパンフレットの普及宣伝を含む。）のための自動車及び拡声機の使用
(7)　連呼行為
(8)　掲示又は頒布する文書図画（新聞紙、雑誌、インターネット等を利用する方法により頒布されるものを除く。）に当該選挙区（選挙区がないときは、選挙の行われる区域）の候補者の氏名又はその氏名が類推される事項を記載すること。
(9)　国又は地方公共団体が所有し又は管理する建物（専ら職員の居住の用に供されているもの及び公営住宅を除く。）において文書図画（新聞紙及び雑誌を除く。）の頒布（郵便等又は新聞折込みの方法による頒布を除く。）をすること。
また、選挙の期日の告示の前に政党その他の政治活動を行う団体がその政治活動のために使用する

ポスターを掲示した者は、当該ポスターにその氏名又はその氏名が類推されるような事項を記載された者が当該選挙において候補者となったときは、当該候補者となった日のうちに、当該選挙区（選挙区がないときは、選挙の行われる区域）において、当該ポスターを撤去しなければならない。

確認団体（三〇七頁参照）は、これらの政治活動につき一定の制限のもとにこれを行うことができる（その内容については「三」（三〇八頁以下）を参照されたい。）が、確認団体以外の団体には禁止される。その他の態様あるいは手段による政治活動、例えば、ラジオ、テレビ、新聞、パンフレット、インターネット等による政治活動は、選挙運動にわたって行ったり、あるいは前述した政治活動の規制に反しないかぎり自由である。

3　指定都市以外の市及び町村の議会の議員並びに町村長の選挙における規制（法二〇一の一三、二〇一の一四）

指定都市以外の市及び町村の議会の議員並びに町村長の選挙の選挙期日の告示の日から選挙の当日までの間における政治活動は、選挙運動にわたらないかぎり原則として自由であるが、次のことについては制限される。

(1)　連呼行為

(2)　掲示又は頒布する文書図画（新聞紙、雑誌、インターネット等を利用する方法により頒布されるものを除く。）に当該選挙区（選挙区がないときは、選挙の行われる区域）の候補者の氏名又はその氏名が類推される事項を記載すること。

(3) 国又は地方公共団体が所有し又は管理する建物（専ら職員の居住の用に供されているもの及び公営住宅を除く。）において文書図画（新聞紙及び雑誌を除く。）の頒布（郵便等又は新聞折込みの方法による頒布を除く。）をすること。

また、選挙の期日の告示の前に政党その他の政治活動を行う団体がその政治活動のために使用するポスターを掲示した者は、当該ポスターにその氏名又は氏名が類推されるような事項を記載された者が当該選挙において候補者となったときは、当該候補者となった日のうちに、当該選挙区（選挙区がないときは、選挙の行われる区域）において、当該ポスターを撤去しなければならない。

右の選挙と確認団体制度のある選挙が重複して行われている区域においては、その重複している期間は知事、市長、都道府県の議会の議員及び指定都市の議会の議員の選挙の場合の規制（前掲三〇一頁参照）を受ける。なお、衆参両院の選挙が重複して行われる場合にも、衆参両院の選挙の際の政治活動の規制に従って規制を受けるので、注意されたい。

以上の**2**及び**3**で述べた関係を表で示すと、次のとおりである。

選挙の種類／政治活動の態様	知事、市長、都道府県の議会の議員、及び指定都市の議会の議員の選挙(ア)	指定都市以外の市及び町村の議会の議員並びに町村長の選挙(イ)	(ア)と(イ)の選挙が重複して行われる場合の重複する期間
政談演説会の開催	確認団体のみができる（ただし、これらの選挙の当日は確認団体といえども禁止）	自由	確認団体のみができる（ただし、これらの選挙の当日は確認団体といえども禁止）

街頭政談演説の開催	同右	同右	同右
宣伝告知のための自動車及び拡声機の使用	同右	同右	同右
ポスターの掲示（政党その他の政治活動を行う団体のシンボル・マークを表示したポスターの掲示を含む。）	同右	同右	同右
立札及び看板の類の掲示（政党その他の政治団体の本部又は支部の事務所に掲示するものを除く。）（政党その他の政治活動を行う団体のシンボル・マークを表示した立札及び看板の類の掲示を含む。）	同右	同右	同右
ビラ（これに類する文書図画を含む。）の頒布（散布を除く。）（政党その他の政治活動を行う団体の	同右	同右	同右

シンボル・マークを表示したビラの頒布を含む。）			
連呼行為	禁止（ただし、確認団体が政談演説会の会場及び街頭政談演説の場所並びに政治活動用自動車の上でする場合は禁止されない。）	禁止	禁止（ただし、確認団体が政談演説会の会場及び街頭政談演説の場所並びに政治活動用自動車の上でする場合は禁止されない。）
掲示又は頒布する文書図画（新聞紙、雑誌、インターネット等を利用する方法により頒布されるものを除く。）における特定候補者の氏名等の記載	禁止	同右	禁止
国又は地方公共団体が所有し又は管理する建物（専ら職員の居住の用に供されているもの及び公営住宅を除く。）における文書図画（新聞紙及び雑誌を除く。）の頒布（郵便	禁止（ただし、確認団体が政談演説会の会場においてする場合は禁止されない。）	同右	禁止（ただし、確認団体が政談演説会の会場においてする場合は禁止されない。）

等又は新聞折込みの方法による頒布を除く。）			
選挙運動期間前に掲示されたポスターに氏名等を記載された者が候補者となった場合	候補者となった日のうちに撤去	候補者となった日のうちに撤去	候補者となった日のうちに撤去

4　確認団体とは

知事、市長、都道府県の議会の議員及び指定都市の議会の議員の選挙において、確認団体となるためには次のことが必要である（法二〇一の八、二〇一の九）。

(1)　知事及び市長の選挙で確認団体となるためには政党その他の政治団体であって所属候補者がいるか、又は無所属候補者で、当該政党その他の政治団体が推薦し、又は支持する候補者（いわゆる支援候補者）がいなければならない。

(2)　都道府県の議会の議員及び指定都市の議会の議員の選挙において確認団体となるためには、選挙の行われる区域を通じて、三人以上の所属候補者を有する政党その他の政治団体でなければならない。

(3)　その選挙を管理する選挙管理委員会に申請して、確認書の交付を受けなければならない。

(4)　(3)の場合、知事及び市長の選挙にあっては支援候補者について、本人の同意書を添えて確認を受ける必要がある。

(5)　一の確認団体の所属候補者又は支援候補者となった者は、別の確認団体の所属候補者又は支援候補者となることができず、また当該確認団体の支援候補者又は所属候補者となることができない。

所属候補者　公職の選挙につき、立候補に際して、特定の政党その他の政治団体に所属する旨の届出をした者をいう。
公選法上、所属候補者に係る立候補届出又は推薦届出のため提出する文書には、所属政党その他の政治団体の名称を記載するものとし（法八六の四3）、当該記載に関する当該政党その他の政治団体の証明書を添えることとされている（同条4）。

支援候補者　都道府県知事又は市長の選挙において、立候補届出書にはいずれの政党その他の政治団体にも所属しないものとして届け出られているが、政党その他の政治団体がこれを推薦し又は支持することとしている候補者をいう（法二〇一の九）。

三　どのように規制を受けるか

知事、市長、都道府県の議会の議員及び指定都市の議会の議員の選挙においては前掲三〇一頁**2**

(1)～(6)の政治活動については、確認団体のみが選挙期日の告示の日から選挙期日の前日までの間に限り（選挙の当日はできない。）、一定の規制の下にこれを行うことができるが、その規制の内容は次のとおりである。

1　政談演説会

(1)　**政談演説会とは**

政党その他の政治団体がその政治活動として政策の普及宣伝を目的として行う演説会をいう。

(2)　**政談演説会の開催回数には制限がある**（法二〇一の八、二〇一の九）

ア　知事の選挙にあっては衆議院（小選挙区選出）議員の一選挙区ごとに一回、市長の選挙にあっては選挙の行われる区域につき二回に限られている。

イ　都道府県の議会の議員及び指定都市の議会の議員の選挙にあっては、所属候補者の数の四倍に当たる回数に限られている。

(3)　**政談演説会の開催手続**（法二〇一の一一2）

政談演説会を開催しようとする確認団体は、当該選挙に関する事務を管理する選挙管理委員会にあらかじめ届け出なければならない。

(4)　**政談演説会では選挙運動のための演説ができる**（法二〇一の一一1）

確認団体の開催する政談演説会では、政策の普及宣伝（政党その他の政治団体の発行する新聞紙、雑誌、書籍及びパンフレットの普及宣伝を含む。以下同じ。）のほか、所属候補者（都道府県知事又は市長の選挙にあっては所属候補者又は支援候補者）の選挙運動のための演説をもすることができるし、候補者は、そこで弁士として自己の選挙運動のための演説をもすることができる。しかし、政談演説会で選挙運動のための演説ができるのは、政談を本来の目的とする政談演説会においてあくまでも従として行われる程度でなければならない。

(5)　政談演説会の開催についてそのほかに制限があるか（法二〇一の一二2）

選挙運動期間中に他の選挙が執行される場合には、政談演説会は他の選挙の投票当日、投票所又は共通投票所を閉じる時刻までの間は、投票所又は共通投票所を設けた場所の入口から三〇〇メートル以内の区域において開催することができない。

(6)　政談演説会場で連呼行為をすることはできるか（法二〇一の一三）

確認団体が開催する政談演説会の会場においては、政治活動のための連呼行為をすることができるが選挙運動のためにすることはできない（詳細は三二一頁参照）。

(7)　政談演説会を周知させる方法は

政談演説会を周知させることも一種の政治活動であるから、規制を受けない手段による周知はもちろん自由で、例えば、ラジオ、テレビ、新聞、パンフレット、インターネット等によることはなんら差し支えない。これに対してポスター、立札、看板、連呼行為、ビラ（これに類する文書図画を含む。）という規制されている手段による場合は、一定の制限があり、例えば、ポスターによる場合は枚数、規格、検印などの制限の下において利用することができる。ビラによって周知する場合は、当該選挙に関する事務を管理する選挙管理委員会に届け出たもの二種類以内を頒布することは、差し支えないが、散布することが禁止されており、また、周知のために掲示する立札及び看板の類については、その数を一の政談演説会ごとに、立札及び看板の類を通じて五個以内という数についての制限がある。

(8) 政談演説会の会場内において掲示できる文書図画は

選挙の期日の告示の日から選挙の期日の前日までの間に開催される政談演説会の会場内において掲示する文書図画については、その記載内容に当該選挙区の特定の候補者の氏名又はその氏名が類推されるような事項を記載することが禁止されること及びポスターについて制限（後述**5**参照）があるほかは制限はない。

したがって、横断幕、懸すい幕、立札、看板、ちょうちん、のぼり、旗などの掲示は、規格、枚数などに制限はなく自由に掲示できる。

2 街頭政談演説

(1) 街頭政談演説とは

政党その他の政治団体が街頭又は広場、空き地等これに類似する場所において政策の普及宣伝のために行う演説をいう。

(2) 街頭政談演説の態様に制限がある（法二〇一の八、二〇一の九）

街頭政談演説は、停止した自動車（後述**3**参照）の車上及びその周囲においてのみ認められている。したがって、常に自動車の使用を伴うものであり、機動力を発揮して随時、随所において開催されることを特色とするものである。しかし、停止した自動車の車上又は車の周囲において行われる政談演説、また、街頭（屋外）で行われる政談演説であっても、あらかじめその演説の行われることが周知されて、多数の聴衆を集めて開催され、ある程度一般の通行から遮断された場所において行われるという演説会の実態を備えているものは街頭政談演説ではなく政談演説会としての規制を受けるものと解されている。

(3)　街頭政談演説の開催回数に制限はあるか

確認団体が政策の普及宣伝及び演説の告知のために使用を認められた自動車の車上及びその周囲においてするかぎり開催することができ、その回数の制限はない。

(4)　街頭政談演説では選挙運動のための演説はできるか（法二〇一の一一1）

街頭政談演説では、政策の普及宣伝のほか、所属候補者（都道府県知事又は市長の選挙にあっては所属候補者又は支援候補者）の選挙運動のための演説をもすることができるが、選挙運動のための演説はあくまで従として行われるものでなくてはならないのは、政談演説会の場合と同様である。

候補者は、自分の選挙の行われる区域で開催される街頭政談演説において、弁士として自己の選挙運動のための演説を従として行うことができることも政談演説会の場合と同様である。

(5)　街頭政談演説の開催について時間の制限はあるか（法二〇一の一二1）

街頭政談演説は、午後八時から翌日午前八時までの間は開催することができない。

(6) 街頭政談演説の開催についてそのほかに何か制限があるか

ア　二以上の選挙が重複して行われる場合の制限（法二〇一の一二2）

街頭政談演説は、選挙運動期間中に他の選挙が執行される場合には、当該他の選挙の投票当日、投票所又は共通投票所を閉じる時刻までの間は、投票所又は共通投票所を設けた場所の入口から三〇〇メートル以内の区域において開催することができない。

イ　静穏保持の義務及び長時間の街頭政談演説の規制（法二〇一の一二3）

学校、病院、診療所その他の療養施設の周辺では、授業、診療、療養等の妨げにならないように静穏の保持に努めなければならない。また、長時間にわたり、同一の場所にとどまって街頭政談演説をすることのないように努めなければならない。

(7) 街頭政談演説の場所で連呼行為をすることはできるか（法二〇一の一三）

確認団体は、その行う街頭政談演説の場所で政治活動のための連呼行為をすることができるが、選挙運動のための連呼をすることはできない（詳細は三二一頁参照）。

3 政治活動用の自動車の使用

(1) 台数に制限はあるか（法二〇一の八、二〇一の九）

政策の普及宣伝及び演説の告知のために使用される自動車（政治活動用自動車）の台数は、

ア　知事及び市長の選挙　一台

イ　都道府県の議会の議員及び指定都市の議会の議員の選挙　一台。所属候補者の数が三人を超え

三　どのように規制を受けるか

る場合には、その超える数が五人を増すごとに一台を一台に加えた台数以内

(2)　自動車の種類に制限はあるか

政治活動用自動車は、台数の制限内であれば種類には別段の制限はない。

(3)　自動車には表示板を（法二〇一の一一3）

政治活動用自動車には、確認の際交付された政治活動用自動車であることを証する表示板を冷却器の前面その他外部から見やすい箇所に、その使用中常時掲示しておかなければならない。

(4)　自動車の乗車制限はないか

公選法では選挙運動用自動車のような乗車制限はないが、交通取締法規による制限はある。例えば、貨物自動車であれば、荷台乗車については出発地の警察署長の許可を必要とする場合もある。

(5)　自動車に掲示することができる文書図画は

政治活動用自動車に掲示する文書図画については、当該選挙区の特定候補者の氏名等の記載の禁止（三二二頁参照）及びポスターの使用の制限（後述**5**参照）のほかは自由であり、政党名、政策等を記載した立札、看板を取りつけ、またボディーにこれらの記載をしても交通取締法規等に違反しない限り差し支えない。

4　拡声機の使用（法二〇一の八、二〇一の九）

政策の普及宣伝及び演説の告知のための拡声機の使用は、政談演説会の会場、街頭政談演説（政談

演説を含む。）の場所及び政治活動用自動車の車上に限られる。

したがって、例えば、路地裏等において徒歩で電気メガホンを使用して機関紙の普及宣伝等を行うことはできない。

5　ポスターの掲示（法二〇一の八、二〇一の九、二〇一の一一、二〇一の一三）

(1)　**ポスターの規格及び枚数の制限は**（法二〇一の八、二〇一の九）
確認団体が掲示できるポスターの規格は、長さ八五センチメートル、幅六〇センチメートル以内のものに限られ、掲示できるポスターの枚数は、知事選挙にあっては、衆議院（小選挙区選出）議員の一選挙区ごとに五百枚以内、市長選挙にあっては、当該選挙の行われる区域につき千枚以内、都道府県の議会の議員及び指定都市の議会の議員の選挙にあっては、一選挙区ごとに百枚以内、その選挙区内の所属候補者の数が一人を超える場合には、その超える数が一人を増すごとに五十枚を百枚に加えた枚数以内である。

(2)　**ポスターの記載内容は**
ポスターの記載内容は、純然たる政治活動についてはもちろん、所属候補者又は支援候補者の選挙運動にわたる内容を記載することも許される。

ただし、当該選挙が行われる区域の特定の候補者の氏名又はその氏名が類推される事項を記載することは禁止される。したがって、例えば、政談演説会の告知用のポスターに弁士として候補者の氏名を記載することは許されない。

(3)　ポスターには検印又は証紙の貼付が必要（法二〇一の一一4）

ポスターには、当該選挙を管理する選挙管理委員会の定めるところにより、当該選挙管理委員会の交付する証紙を貼り、又は検印を受けなければならない。この場合において都道府県の知事選挙の場合の検印又は交付する証紙は衆議院（小選挙区選出）議員の選挙区ごとに区分され、都道府県の議会の議員及び指定都市の議会の議員の選挙の場合においては、その選挙区ごとに区分して行われるが、その区分されたポスターは、当該選挙区内に限り掲示できる。

(4)　ポスターには掲示責任者の氏名等の記載を（法二〇一の一一5）

ポスターには、その表面に必ず当該政党その他の政治団体の名称並びに掲示責任者及び印刷者の氏名（法人にあっては名称）及び住所を記載しなければならない。

(5)　シンボル・マークだけを表示するものもポスターである（法二〇一の五、二〇一の八、二〇一の九）

政党その他の政治団体を表象する図形その他の記号のみを印刷したもの、いわゆるシンボル・マークのみを印刷した図画を掲示することも政治活動用ポスターの掲示に当たるため、これらの文書図画を制限枚数の外で掲示することは禁止される。

(6)　ポスターの掲示箇所に制限はあるか（法二〇一の一一6）

ポスターの掲示箇所には、次のような制限がある。

ア　国若しくは地方公共団体が所有し若しくは管理するもの又は不在者投票管理者の管理する投票

を記載する場所には、一切掲示できない。ただし、例外として、これらの中でも、橋りょう（道路としての橋りょうをいう。）、電柱（電灯、電話柱をいう。）、公営住宅、地方公共団体の管理する食堂及び浴場に限っては、その管理者の承諾があれば掲示できる。

イ　他人の物件（アの例外とされる物件ももちろん含まれる。）にポスターを掲示するときは、まずその居住者、空家などで居住者がいない場合はその管理者、管理者もいない場合はその所有者の承諾がなければ、貼ることができない。

ウ　無断で掲示されたポスターは、居住者等において撤去することができる。

エ　屋外広告物法に基づく条例によってポスターの掲示が禁止されている地域には、掲示できない。

6　立札及び看板の類の掲示（法二〇一の八、二〇一の九、二〇一の一一、二〇一の一三）

(1)　立札及び看板の類の掲示が許されるのは

確認団体は、選挙の期間中でも選挙の当日を除いて、次のものを掲示することができる。

ア　政談演説会の告知用のもの及びその会場内で使用するもの

イ　政治活動用自動車に取り付けて使用するもの

なお、政党その他の政治活動を行う団体のシンボル・マークを表示した立札及び看板の類の掲示も政治活動用立札及び看板の類の掲示に含まれる。

(2)　立札及び看板の類の規格及び枚数の制限は（法二〇一の八、二〇一の九）

規格についての制限はないが、政談演説会告知用の立札及び看板の類については、一の政談演説会ごとに、立札及び看板の類を通じて五個以内という数の制限がある。ただし、政談演説会の会場内で使用する場合は枚数に制限はない。

(3)　立札及び看板の類の記載内容は

記載内容は、純然たる政治活動に限られ、投票の依頼又は勧誘等の選挙運動にわたる内容の記載は許されない。立札及び看板の類には、いかなる名義をもってするを問わず、候補者の氏名、又はその氏名が類推されるような事項を記載することは禁止される。

したがって、政談演説会告知用の立札及び看板の類に弁士として候補者の氏名を記載することも許されない。

(4)　政談演説会告知用の立札及び看板の類には掲示責任者の氏名等の記載を（法二〇一の一一9）

政談演説会告知用の立札及び看板の類には、その表面に掲示責任者の氏名及び住所を記載しなければならない。

(5)　政談演説会告知用の立札及び看板の類には表示が必要（法二〇一の一一8）

政談演説会告知用の立札及び看板の類には、当該選挙に関する事務を管理する選挙管理委員会の定めるところの表示をしなければならない。

この表示は、政党その他の政治団体が政談演説会を開催する旨の届出の際に選挙管理委員会から交付される。

(6) 掲示箇所に制限はあるか（法二〇一の一一6）

政治活動用のポスターの場合と同じく掲示箇所が制限される。すなわち、国若しくは地方公共団体が所有し若しくは管理するもの又は不在者投票管理者の管理する投票を記載する場所には、掲示することができない。

なお、橋りょう、電柱、公営住宅、確認団体の政談演説会の開催当日におけるその政談演説会の会場内及び会場前並びに公園、広場、緑地及び道路においてはこの限りでない。

ただし、他人の工作物に掲示するときは、その居住者、管理者、又はその所有者の承認を必要とすることは、前記**5**の(6)の場合と同様である。

(7) 使用済みの立札及び看板の類は直ちに撤去を（法二〇一の一一10）

政治活動用自動車に取り付けたもの及び政談演説会告知用のものの使用をやめたとき、又は政談演説会が終了したときは、直ちにこれらの立札及び看板の類を撤去しなければならない。

7 ビラの頒布（散布を除く。）（法二〇一の八、二〇一の九、二〇一の一一、二〇一の一三）

(1) ビラとは

ビラ（これに類する文書図画を含む。以下同じ。）とは、常識的に判断するほかないが、おおむね一定の宣伝目的をもって作成され、不特定多数の人に頒布する文書図画であって綴られていない一枚刷り程度のものをいうものである。

したがって、例えば、雑誌、パンフレットのような小冊子等は、ビラ又はこれに類する文書図画とは言えないが、葉書、封書、宣伝用のちらし、引札、一枚の紙に複刷してある印刷物（リーフレット）の類は、ビラ又はこれに類する文書図画と言えるであろう。

(2)　**ビラの頒布方法は**

ビラの頒布は、確認団体がその開催する政談演説会の会場において行う場合はもちろん、街頭で通行人に直接手渡したり、郵便、新聞折込み等の方法によって頒布することも差し支えない。ただし、選挙人宅を戸別に訪問して頒布することは戸別訪問の禁止違反に問われる場合があるし、多数の通行人に向かってばらまいたり、小型飛行機等により住宅団地等に向かってばらまくことは散布に該当することとなり禁止される。

(3)　**ビラの記載内容は**

ビラの記載内容は、純然たる政治活動のほか、所属候補者の選挙運動のために使用することもできるが、当該選挙区の候補者の氏名又はその氏名が類推されるような事項を記載することは禁止される。

(4)　**ビラの種類の制限は**（法二〇一の八、二〇一の九）

確認団体が頒布することができるビラは、当該選挙に関する事務を管理する選挙管理委員会に届け出た二種類以内に限られる。これらのビラには、その表面に確認団体の名称、選挙の種類及び公選法第十四章の三（政党その他の政治団体等の選挙における政治活動）の規定によるビラである旨を表示する記号を記載しなければならない。

なお、政党その他の政治団体のシンボル・マークのみを表示したビラを頒布する場合についても政治活動用ビラの頒布に該当するため、届出を要するものである。

(5) **ビラの枚数に制限はあるか**

頒布する枚数に別段の制限はなく、何枚でもよい。

8 連呼行為の制限（法二〇一の一三）

(1) **連呼行為が許されるのは**

政治活動のための連呼行為は選挙の期日の告示の日から選挙の当日までの間は禁止されるが、確認団体については次の場合に限り例外として許されている。

ア 政談演説会の会場及び街頭政談演説の場所においてする場合

イ 午前八時から午後八時までの間に限り政治活動用自動車の上においてする場合

(2) **連呼行為に制限があるか**

ア 二以上の選挙が重複して行われる場合の制限（法二〇一の一二2）

他の選挙の投票日当日は、投票所又は共通投票所を閉じる時刻までの間は、投票所又は共通投票所を設けた場所の入口から三〇〇メートル以内の区域における連呼行為は禁止される。

イ 静穏保持の義務（法二〇一の一三2）

学校、病院、診療所その他の療養施設の周辺では、連呼行為をするに当たって静穏保持に努め、授業、診療、療養等の妨げにならないよう十分注意しなければならない。

(3)　選挙運動にわたる連呼行為は許されるか

ここで許されている連呼行為は、政策の普及宣伝又は政談演説会や街頭政談演説の告知のための連呼等政治活動のための連呼に限られるのであって、選挙運動にわたる連呼行為はできない。

9　特定の候補者の氏名等の記載の禁止（法二〇一の一三）

政党その他の政治活動を行う団体は、確認団体であると否とを問わず、全ての選挙につき、その選挙の期日の告示の日からその選挙の当日までの間は、いかなる名義をもってするを問わず、政治活動として頒布又は掲示する文書図画（新聞紙、雑誌、インターネット等を除く。）に当該選挙区の特定の候補者の氏名又はその氏名が類推される事項を記載することが禁止される。したがって、例えば、政治活動用ポスターに掲示責任者として当該選挙区の候補者の氏名を記載することもできない。

10　国又は地方公共団体が所有し又は管理する建物における文書図画の頒布の禁止（法二〇一の一三）

政党その他の政治活動を行う団体は、確認団体であると否とを問わず、全ての選挙につき、その選挙の期日の告示の日からその選挙の当日までの間は、国又は地方公共団体が所有し又は管理する建物（専ら職員の居住の用に供されているもの及び公営住宅を除く。）において文書図画（新聞紙及び雑誌を除く。）の頒布（郵便等又は新聞折込みの方法による頒布を除く。）をすることが禁止される。ただし、確認団体がこれらの建物で開催される政談演説会の会場において頒布する場合は禁止されない。

四　政党その他の政治団体の機関紙誌の発行

1　機関紙誌は規制を受けるか（法二〇一の一五）

政党その他の政治団体が発行する新聞紙及び雑誌（以下「機関紙誌」という。）も、他の一般の新聞紙及び雑誌と同じく、選挙がないときは、選挙に関する報道及び評論を行うことは自由であるが、知事、市長、都道府県の議会の議員及び指定都市の議会の議員の選挙が行われるときは、その選挙の期日の告示の日からその選挙の当日までの間は制限があり、確認団体の機関紙誌で、その選挙の事務を管理する選挙管理委員会に届け出た各一つに限って、当該選挙に関して報道及び評論を行うことができる。

指定都市以外の市及び町村の議会の議員の選挙並びに町村長の選挙のときは、右の制限を受けないが、公選法第百四十八条の一般原則にかえり、選挙に関する報道・評論を掲載できる機関紙誌は、一定の要件が必要とされる（後述三二七頁参照）。

2　確認団体制度のある選挙の選挙期間中の規制

知事、市長、都道府県の議会の議員及び指定都市の議会の議員の選挙が行われる場合には、その選挙の期日の告示の日から選挙の当日までの間は、一定の要件を満たしていれば、確認団体の機関紙誌はその選挙に関して、報道及び評論を行うことができる。

(1)　報道・評論できる機関紙誌とは

次のア～オまでの各要件を備えたものをいう。

ア　確認団体の発行するもの

その選挙の確認団体の発行する機関紙誌でなければならない。したがって、確認団体となるために定められた数の所属候補者又は支援候補者を有しない政治団体の機関紙誌は、届出ができないから知事、市長、都道府県の議会の議員及び指定都市の議会の議員の選挙に関する報道・評論をすることはできない。なお、確認団体については、三〇七頁以下参照。

イ　本部で直接発行するもの

表向きはどうであっても、実際は支部などで編集し発行するものは含まれない。ただ本部において直接発行する機関紙誌の一部に地方版を設けることは差し支えない。

ウ　通常の方法で頒布するもの

普段と異なった方法や、従来から慣例となっていない方法をとるのは認められない。

通常の方法によるかどうかは、例えば、団体又は組合等の内部のみに頒布されていたものを部外者に頒布したりすることは、通常の方法による頒布とはいえないし、また「有償頒布」をしていたものを「無償頒布」する場合も、通常の方法による頒布とはいえない。ただし、機関新聞紙を政談演説会の会場で頒布することは、過去の実績にかかわらず通常の方法により頒布することにあたるとされているので差し支えない。

エ　届け出たもの

アからウまでの要件を備えた機関紙誌で、当該選挙を管理する選挙管理委員会に届け出たものでなければならない。

オ　各一に限る。

各一に限るとは、機関新聞紙一種類か機関雑誌一種類、又は各々一種類ずつという意味である。

なお、右のアからオまでの要件を備えた機関新聞紙又は機関雑誌であっても、当該機関新聞紙又は機関雑誌の号外、臨時号、増刊号その他の臨時に発行するもの（以下「号外等」という。）には、選挙に関する報道・評論を掲載して頒布することができない。

⑵　**機関紙誌の届出の方法は**

ア　選挙のつど、各選挙ごとに

機関紙誌の届出は、選挙のつど、各選挙ごとに届け出なければならない。

選挙のつどであるから、例えば、前回の知事選挙の届出機関紙誌であるからといって、今回の知事選挙において無届で当該選挙の報道・評論をすることはできず、改めて届け出なければならない。

さらに、各選挙ごとに届け出る必要があるから、例えば、○○党の機関新聞紙が県知事と市長選挙との両選挙（両選挙が重複して行われる場合）について報道・評論をしようとする場合は、県と市の選挙管理委員会の両方に届け出なければならない。

イ　定期的刊行紙誌でなくてもよい

届け出る機関紙誌は、定期的に継続して発行されているいわゆる公選法第百四十八条第三項の要件

を具備しているものに限らず、不定期に発行されているものであってもよい。また初めて刊行しよう

とするものでもよい。

ただし、次の⑶に述べるように、引き続いて発行されている期間が六月以上かどうかによって頒布

について場所的制約を受ける。

ウ　届出書の様式

届出書の様式については、当該選挙を管理する選挙管理委員会に問い合わせるとよい。

⑶　頒布、掲示の方法は

ア　選挙に関する報道・評論を掲載した確認団体の届出機関紙誌（号外等を除く。）で、届出の前日までに引き続いて発行されている期間が六月以上のものについては、その頒布方法は、通常の方法（当該選挙の期日の告示の日前六月間において平常行われていた方法をいい、その間に行われた臨時又は特別の方法を含まない。）で頒布することができるが、引き続いて発行されている期間が六月未満のものについては、その頒布方法は、通常の方法としての政談演説会の会場での頒布（機関雑誌については、政談演説会での頒布実績がない場合は頒布できない。）のみに限られ、それ以外の場所で頒布することは、それがたとえ通常行っている頒布の方法であっても、できないこととされているので、注意を要する。また、掲示方法は、都道府県の選挙管理委員会の指定した場所に掲示することができることとされている。

イ　政党その他の政治団体の機関紙誌の号外等については、この規制を受ける期間は、選挙に関す

る報道・評論を掲載したものを頒布することができないので、注意を要する。

ウ　確認団体の届出機関紙誌の号外等で選挙に関する報道・評論を掲載していないものについても、特定の候補者の氏名又はその氏名が類推されるような事項が記載されているときは、当該選挙区内においては、頒布をしてはならない。

3　確認団体制度のある選挙とそれ以外の地方選挙が重複して行われているときはどうなるか

知事、市長、都道府県の議会の議員及び指定都市の議会の議員の選挙とそれ以外の選挙（指定都市以外の市の議会の議員、町村長、町村の議会の議員の選挙）が重複して行われるとき、例えば、知事選挙と町村の議会の議員の選挙が重複して行われるときは、知事選挙の確認団体の届出機関紙誌であっても、町村の議会の議員の選挙に関する報道・評論を掲載するためには、公選法第百四十八条第三項に掲げる発行条件を備えた機関紙誌でなければならず、また逆にその条件を備えた機関紙誌であっても、知事選挙の確認団体としての条件を備えていなかったり、あるいは確認団体であっても、都道府県の選挙管理委員会に届け出ない場合は、知事選挙に関する報道・評論をすることはできない。

4　確認団体制度のある選挙以外の選挙の選挙期間中の機関紙誌の規制

知事、市長、都道府県の議会の議員及び指定都市の議会の議員の選挙以外の選挙、すなわち、指定都市以外の市の議会の議員、町村長、町村の議会の議員の選挙の選挙運動期間中及び選挙の当日においてそれらの選挙に関する報道・評論を掲載できる機関紙誌は、一般原則にかえって公選法第百四十八条の規定が適用されるので、同条第三項の一定の発行条件（一六七頁参照）を備えたものでなければならない。

　この選挙に関する報道・評論を掲載した機関紙誌は、通常の方法（定期購読者以外の者に対して頒布するものについては有償でする場合に限る。）で頒布し、又は都道府県の選挙管理委員会の指定する場所に掲示することができる。

問答

問　政治活動を規制される政党その他の政治活動を行う団体は、政治資金規正法第三条にいう「政党」、「政治団体」として同法第六条の規定によって届け出たものに限定されるか。
答　政治資金規正法第六条の規定によって届け出られた「政党」、「政治団体」に限られず、その実態において政治上の主義若しくは施策を支持し若しくはこれに反対し又は公職の候補者を推薦、支持し若しくはこれに反対する目的を有する団体がこれに該当する。
問　確認団体となることができる「政党その他の政治団体」は、政治資金規正法第三条にいう「政党」、「政治団体」と同範囲のものか。
答　お見込みのとおり。
問　確認団体制度のある選挙における政治活動用ポスターの記載事項の限界はどうか。
答　ポスターの内容が選挙運動にわたっても差し支えないが、記載事項中に候補者の氏名があったり、又はその氏名が類推されるような事項があってはならない。

（認められる記載例）

(ア) あなたの一票は××党候補へ

(イ) ××党にあなたの一票を投じてください

(ウ) 公認候補を勝たせよ！　○○党

(エ) ××党候補の応援のため××党総裁来る

（認められない記載例）

(ア) 確認団体が当該選挙の候補者甲山花子を掲示責任者として作成した場合

> 生活の安定を守りましょう
>
> 政　党　名　…………………
>
> 掲示責任者　甲山花子
>
> 印　刷　者　…………………

・印の部分が違反になる

(イ) 大山清明なる候補者がある場合

四　政党その他の政治団体の機関紙誌の発行

・清い一票
・明るい政治
政　党　名…………………
掲示責任者…………………
印　刷　者…………………

「清」と「明」の字が他の文字より特に大きく又は違った色刷りで記載されている等の場合は、大山清明の氏名が類推される。

問　新聞社等が各政党の代表を招き時局討論会を開催することは、政談演説会となるか。

答　相互に意思を通ずることなく、純粋に第三者の主催と認められる場合は、政談演説会ではない。

問　政党が政策の普及宣伝のためにラジオ放送をし、併せて、自分の党の候補者の氏名をあげて投票を依頼することは、差し支えないか。

答　政党が政策の普及宣伝をするために放送することは差し支えないが、特定候補者のために投票を依頼することは違反となる。

問　政党の政治活動用自動車については、公選法第百四十一条第一項が適用されるか。

答　公選法第百四十一条の規定は、選挙運動用自動車に関する制限であるから、政治活動用自動車については適用されない。

問 知事及び市長選挙において政党その他の政治団体が使用することができる自動車には、法定の枚数以内の政治活動用ポスターを掲示することができるか。

答 確認団体であればできる。

問 知事及び市長選挙において、政党（確認団体）が政治活動用自動車の上から、「○○候補が立候補しました。○○党におねがいします」と連呼する行為は、政策の普及宣伝のための連呼と認められるか。

答 所問の行為は政党の政策普及宣伝の限界を超えており、特定の候補者のための選挙運動と認められるので、できない。

問 知事選と市議選と同時選挙の場合で、知事選の確認団体が政談演説会を開催するとき、その席上で、

(1) 市議選に立候補しているその団体所属の候補者の選挙運動のための演説はできるか。

(2) 市議選に立候補しているその団体所属の候補者が知事選に立候補しているその団体所属の候補者の選挙運動のための演説をもすることはできるか。

答 (1) できない。

(2) できる。

問 A県における知事又は市長選挙において、その所属候補者を有する政党その他の政治団体の本部が東京都にある場合、機関紙誌の届出書に記載する代表者氏名は、A県の支部長等の地位にあ

る者の氏名で差し支えないか。

答　その機関紙誌が本部において直接発行するものであることが確認できる場合は、差し支えない。

第七　特別区の長及び議会の議員の選挙について

1　**特別区の長の選挙は、指定都市以外の市の長の選挙と同じ扱いで行われる**

本書においては、特別区の長の選挙について特に区別して述べていない。それは、公選法において市に関する規定は、特別区に適用される旨指定されているからである（法二六六、令一三八）。したがって、指定都市以外の市の長の選挙に関する手続や規制等の説明が、そのまま特別区の長の選挙にあてはまる。

例えば、既述中、指定都市以外の市長選挙における管理執行機関あるいは各種届出の届出先としての市の選挙管理委員会は、特別区の選挙管理委員会である。その他、手続や規制等の概略は、次のとおりである。

手続や規制等の種類	内容等
候補者等及び後援団体の政治活動用文書図画の掲示の制限	立札・看板の類の総数　候補者、後援団体それぞれ六
供託金	百万円

選挙事務所表示の文書図画	ポスター、立札及び看板の類は、選挙事務所ごとに、通じて三、ちょうちんの類は一個
選挙事務所における弁当の提供	四十五食×選挙運動期間の日数（基準額　一食千円　一日三千円）
選挙運動用ポスター	千二百枚
選挙運動用通常葉書	八千枚
選挙運動用ビラ	選挙管理委員会に届け出た二種類以内のビラ一万六千枚
新聞広告（有料）	二回
個人演説会場（外）における文書図画の掲示	ポスター、立札及び看板の類は、会場ごとに、通じて二、ちょうちんの類は一個（会場の内を含む。）
選挙運動のための事務員、車上等運動員、手話通訳者及び要約筆記者の届出	一日につき十二人（六十人まで異なる者可）
選挙運動費用制限額	人数割額　八十一円、固定額　三百十万円
選挙期間中における政治活動の制限	確認団体制度　あり

なお、任意制の選挙公営（選挙運動用自動車の使用、選挙運動用ビラの作成、選挙運動用ポスターの作成、ポスター掲示場の設置、選挙公報の発行）の有無は、各特別区の条例制定いかんによるところであるので、あらかじめ照会しておく必要がある。

以上、手続や規制内容等を別にすれば、次に述べる特別区の議会の議員の選挙の場合も同様である。

2　特別区の議会の議員の選挙は、指定都市以外の市の議会の議員の選挙と同じ扱いで行われる

前述のとおり、指定都市以外の市の議会の議員に関する説明は、特別区の議会の議員の選挙にあてはまる。

区長の選挙と同様に、手続や規制内容等の概略を例示すれば、次のとおりである。

手続や規制等の種類	内容等
候補者等及び後援団体の政治活動用文書図画の掲示の制限	立札・看板の類の総数　候補者、後援団体それぞれ六
供託金	三十万円
選挙事務所表示の文書図画	ポスター、立札及び看板の類は、選挙事務所ごとに、通じて三、ちょうちんの類は一個
選挙事務所における弁当の提供	四十五食×選挙運動期間の日数（基準額　一食千円　一日三千円）
選挙運動用ポスター	千二百枚
選挙運動用通常葉書	二千枚
選挙運動用ビラ	選挙管理委員会に届け出た二種類以内のビラ四千枚
新聞広告（有料）	二回
個人演説会場（外）における文書図画の掲示	ポスター、立札及び看板の類は、会場ごとに、通じて二、ちょうちんの類は一個（会場の内を含む。）

選挙運動のための事務員、車上等運動員、手話通訳者及び要約筆記者の届出	一日につき九人（四十五人まで異なる者可）
選挙運動費用制限額	人数割額　五百一円、固定額　二百二十万円
選挙期間中における政治活動の制限	確認団体制度　なし

附録

1　届出書の提出とその記載方法

(1)　立候補の届出のほか各種の届出書の様式とその記載のしかたについて

候補者の方々が選挙の際、選挙管理委員会や選挙長等に対して提出しなければならない届出は、立候補の届出（これには、併せて添付書類として、供託証明書、宣誓書、所属党派証明書、戸籍謄本又は抄本等の提出が必要）にはじまり、選挙事務所の設置届、開票・選挙立会人となるべき者の届出、出納責任者の選任届等数多くある。

本書はこれらの各種の届出書について、その届出様式と具体の記載例をわかりやすく示し、解説を加えているので、候補者、選挙運動員をはじめ選挙事務関係者の方々に大いに参考になるものと考えている。これら各種の届出書は候補者自身で用意することは差し支えないが、通常、各選挙管理委員会であらかじめ届出用紙を準備したものがあるので、これを使用することが便利であり、おすすめする。

なお、記載例については、例示的に示したものであるので、各候補者が実際に届出書に記載し、届出をするに当たっては、記載例を参考にしながら、選挙の種類ごとに、候補者氏名、供託金額、選挙長名、立会人名等を自己の選挙に置き替えて記載し、間違いのないように留意する必要がある。

(2) 各種届出書の様式とその記載例の掲載ページ一覧表

	届出書の名称等	頁
立候補関係	供託書（候補者本人による現金供託の場合）の記載例	四七
	供託書（推薦届出人による現金供託の場合）の記載例	四八
	候補者届出書の様式と記載例（本人届出の場合）	六〇
	宣誓書の様式と記載例（都道府県の議会の議員の選挙の場合）	六三
	所属党派証明書の様式と記載例	六四
	通称認定申請書の様式と記載例	六六
	推薦届出書の様式と記載例	六八
	候補者推薦届出承諾書の様式と記載例	六九
	選挙人名簿登録証明書の様式と記載例	七〇
	候補者辞退届の様式と記載例	七七
開票選挙会関係	開票（選挙）立会人となるべき者の届出書の様式と記載例	八〇
	立会人となることの承諾書の様式と記載例	八一
動関係	選挙事務所設置届の様式と記載例（候補者本人の設置の場合）	九四
	選挙事務所設置承諾書の様式と記載例（推薦届出者の設置の場合）	九五
	推薦届出者代表者証明書の様式と記載例	九五

2　令和５年（３月１日～６月10日）地方公共団体の長及び議会議員の任期満了調べ

（令和４年11月１日現在）

都道府県	知事	議員	市（区）町村長								市（区）町村議員							
			３月		４月		５月		６月		３月		４月		５月		６月	
			市（区）	町村	市（区）	町村	市（区）	町村	市（区）	町村	市（区）	町村	市（区）	町村	市（区）	町村	市（区）	町村
北海道	4/22	4/29		秩父別町 東川町	夕張 砂川 函館 千歳 滝川 伊達 室蘭 稚内 江別 赤平 三笠	天塩町，幌加内町，厚沢部町，赤井川村，雨竜町，更別村，羅臼町，美深町，乙部町，今金町，京極町，由仁町，新十津川町，沼田町，美瑛町，下川町，音威子府村，中川町，苫前町，初山別村，中頓別町，	札幌		石狩			長沼町 秩父別町 北竜町 東川町	滝川 小樽 室蘭 釧路 帯広 夕張 岩見沢 網走 留萌 苫小牧 稚内 芦別 江別	森町，南幌町，浦臼町，雨竜町，岩内町，幕別町，池田町，陸別町，当別町，新篠津村，木古内町，七飯町，長万部町，上ノ国町，厚沢部町，乙部町，奥尻町，今金町，せたな町，ニセコ町，真狩村，留寿都村，	札幌 函館 旭川 石狩	蘭越町 鷹栖町 赤井川村		

都道府県	知事	議員	市(区)町村長 3月 市(区)	3月 町村	4月 市(区)	4月 町村	5月 市(区)	5月 町村	6月 市(区)	6月 町村	市(区)町村議員 3月 市(区)	3月 町村	4月 市(区)	4月 町村	5月 市(区)	5月 町村	6月 市(区)	6月 町村
						豊富町, 美幌町, 斜里町, 清里町, 訓子府町, 滝上町, 興部町, 壮瞥町, 鹿追町, 大樹町, 幕別町, 足寄町, 陸別町, 浦幌町							赤平 名寄 三笠 砂川 歌志内 富良野 登別 恵庭 伊達 北広島 北斗	喜茂別町, 京極町, 倶知安町, 泊村, 神恵内村, 古平町, 奈井江町, 由仁町, 栗山町, 月形町, 新十津川町, 沼田町, 東神楽町, 当麻町, 比布町, 愛別町, 美瑛町, 南富良野町, 占冠村, 和寒町, 下川町, 美深町, 音威子府村, 中川町, 幌加内町,				

増毛町，小平町，苫前町，羽幌町，初山別村，遠別町，天塩町，猿払村，浜頓別町，中頓別町，豊富町，幌延町，美幌町，斜里町，清里町，小清水町，訓子府町，置戸町，滝上町，興部町，西興部村，雄武町，壮瞥町，厚真町，洞爺湖町，平取町，新冠町，浦河町，様似町，えりも町，音更

都道府県	知事	議員	市(区)町村長								市(区)町村議員							
			3月		4月		5月		6月		3月		4月		5月		6月	
			市(区)	町村	市(区)	町村	市(区)	町村	市(区)	町村	市(区)	町村	市(区)	町村	市(区)	町村	市(区)	町村
														町，士幌町，上士幌町，鹿追町，新得町，芽室町，中札内村，更別村，大樹町，豊頃町，足寄町，浦幌町，厚岸町，浜中町，標茶町，標津町，鶴居村，白糠町，別海町，羅臼町				

青森県		4/29				板柳町							弘前 黒石	外ヶ浜町，深浦町，七戸町，蓬田村，横浜町，六ヶ所村，大間町，佐井村，階上町，西目屋村，野辺地町，六戸町，おいらせ町，東通村，風間浦村	八戸	田子町		
岩手県					北上	矢巾町								矢巾町，西和賀町，軽米町				
宮城県						大衡村		涌谷町						大衡村				
秋田県		4/29			大館								大館	東成瀬村，上小阿仁村	秋田			

都道府県	知事	議員	市（区）町村長 3月 市（区）	3月 町村	4月 市（区）	4月 町村	5月 市（区）	5月 町村	6月 市（区）	6月 町村	市（区）町村議員 3月 市（区）	3月 町村	4月 市（区）	4月 町村	5月 市（区）	5月 町村	6月 市（区）	6月 町村
山形県		4/29		戸沢村	上山	大蔵村							喜多方 山形 米沢 新庄 寒河江	河北町，小国町，西川町，朝日町，金山町，舟形町，大蔵村，川西町，白鷹町	長井 上山			
福島県						矢祭町，玉川村，古殿町		三島町，檜枝岐村						北塩原村，鮫川村，南会津町		檜枝岐村		
茨城県			潮来		取手 日立	茨城町，五霞町	水戸	美浦村					筑西 行方 結城 牛久 鹿嶋 日立	美浦村，五霞町，利根町	水戸			

													土浦 古河 石岡 龍ケ崎 常総					
栃木県		4/29			那須塩原			芳賀町 上三川町					小山 真岡 宇都宮 足利 矢板	益子町，芳賀町，野木町		市貝町 茂木町		
群馬県		4/29				明和町，吉岡町，神流町，川場村，嬬恋村	高崎 桐生	榛東村					太田 高崎 沼田 藤岡 富岡 安中 みどり	甘楽町，吉岡町，上野村，長野原町，草津町，片品村，川場村，嬬恋村，高山村，板倉町	桐生	東吾妻町 邑楽町 中之条町		

都道府県	知事	議員	市（区）町村長								市（区）町村議員							
			3月		4月		5月		6月		3月		4月		5月		6月	
			市(区)	町村	市(区)	町村	市(区)	町村	市(区)	町村	市(区)	町村	市(区)	町村	市(区)	町村	市(区)	町村
埼玉県		4/29	吉川		行田 北本			毛呂山町	蕨				羽生 和光 さいたま 熊谷 行田 所沢 加須 東松山 狭山 鴻巣 深谷 北本 鶴ヶ島 日高	毛呂山町，川島町，横瀬町，神川町，伊奈町，三芳町，滑川町，吉見町，鳩山町，長瀞町，美里町	川越 川口 蓮田 幸手 越谷	寄居町		鳩山町

													ふじみ野 白岡					
千葉県		4/29			佐倉 習志野	鋸南町	流山 白井						成田 佐倉 鎌ケ谷 浦安 印西 白井 富里 千葉 銚子 船橋 館山 木更津 習志野 山武	酒々井町，多古町，長南町，鋸南町，横芝光町	市川 流山 勝浦			

都道府県	知事	議員	市（区）町村長 3月 市(区)	3月 町村	4月 市(区)	4月 町村	5月 市(区)	5月 町村	6月 市(区)	6月 町村	市（区）町村議員 3月 市(区)	3月 町村	4月 市(区)	4月 町村	5月 市(区)	5月 町村	6月 市(区)	6月 町村
東京都					稲城 三鷹 東村山 東大和	大島町，檜原村							府中 八王子 武蔵野 三鷹 青梅 昭島 小平 東村山 国分寺 国立 福生 狛江 東大和 清瀬	小笠原村，大島町，神津島村，瑞穂町，檜原村，御蔵島村	調布			

	神奈川県
	4/22
	4/29
	相模原、平塚、南足柄
	開成町
	大和
	湯河原町
東久留米、武蔵村山、多摩、稲城、羽村	横浜、相模原、伊勢原、南足柄、綾瀬、平塚、藤沢、小田原、茅ヶ崎、三浦
	中井町，葉山町，山北町，開成町
	横須賀、川崎、大和

都道府県	知事	議員	市（区）町村長								市（区）町村議員							
			3月		4月		5月		6月		3月		4月		5月		6月	
			市（区）	町村	市（区）	町村	市（区）	町村	市（区）	町村	市（区）	町村	市（区）	町村	市（区）	町村	市（区）	町村
新潟県		4/29					加茂						長岡 柏崎 新発田 小千谷 加茂	田上町，湯沢町，刈羽村，粟島浦村，弥彦村	新潟			
富山県		4/29																
石川県		4/29				川北町			野々市				輪島 野々市 珠洲	穴水町，川北町，津幡町，内灘町，志賀町	金沢 小松			
福井県	4/22	4/29		美浜町	敦賀								敦賀 小浜	池田町，高浜町，おおい町	福井			

山梨県		4/29			富士吉田 南アルプス	南部町				丹波山村			都留 甲府 富士吉田	小菅村, 昭和町, 忍野村, 山中湖村, 鳴沢村, 丹波山村				
長野県		4/29		山ノ内町	茅野 諏訪	松川町, 小谷村, 立科町, 豊丘村, 根羽村, 朝日村, 坂城町							駒ヶ根 大町 茅野 塩尻 松本 岡谷 諏訪	南箕輪村, 軽井沢町, 立科町, 辰野町, 箕輪町, 下條村, 豊丘村, 木祖村, 大桑村, 池田町, 小布施町, 川上村, 南牧村, 南相木村, 北相木村, 下諏訪町, 富士見町, 原村, 阿南町, 根羽村, 泰阜村, 大鹿村, 上松町,		山ノ内町		

都道府県	知事	議員	市(区)町村長 3月 市(区)	3月 町村	4月 市(区)	4月 町村	5月 市(区)	5月 町村	6月 市(区)	6月 町村	市(区)町村議員 3月 市(区)	3月 町村	4月 市(区)	4月 町村	5月 市(区)	5月 町村	6月 市(区)	6月 町村
														朝日村，坂城町，木島平村				
岐阜県		4/29			土岐 山県 多治見	垂井町，白川村，坂祝町	瑞穂	安八町					土岐 中津川 美濃 羽島 大垣 高山 多治見 関	白川村，養老町，垂井町，関ケ原町，神戸町，大野町，坂祝町，富加町	岐阜	輪之内町		

静岡県		4/29			静岡 富士宮 浜松	清水町，吉田町，小山町							富士宮 下田 湖西 浜松 熱海 三島 富士	松崎町，函南町，吉田町，清水町，小山町	沼津	東伊豆町		
愛知県		4/29		豊根村	常滑 田原 江南 豊明 瀬戸	美浜町，東栄町	日進						名古屋 豊田 蒲郡 犬山 常滑 高浜 豊明 日進 みよし 豊橋	東郷町，大治町，飛島村，美浜町，武豊町，幸田町，東栄町，豊山町，大口町，蟹江町，阿久比町，東浦町，設楽町，豊根村	知多			

都道府県	知事	議員	市(区)町村長								市(区)町村議員							
			3月		4月		5月		6月		3月		4月		5月		6月	
			市(区)	町村	市(区)	町村	市(区)	町村	市(区)	町村	市(区)	町村	市(区)	町村	市(区)	町村	市(区)	町村
													一宮					
													瀬戸					
													半田					
													春日井					
													豊川					
													津島					
													安城					
													江南					
													大府					
													尾張旭					
													岩倉					
													あま					
													長久手					

三重県	4/20	4/29		菰野町	津 鈴　鹿	東員町				朝日町			四日市 鈴　鹿 鳥　羽	朝日町，川越町				
滋賀県		4/29				豊郷町							近江八幡 大　津 彦　根	日野町	栗　東			
京都府		4/29			木津川 向　日 京田辺								木津川 京　都 宇　治 八　幡 京田辺 福知山	久御山町，和束町	城　陽			
		4/29		豊能町	大　阪 泉佐野 高　石 大阪狭		吹　田 藤井寺 寝屋川		堺				大　阪 堺 岸和田 豊　中	忠岡町，熊取町，田尻町，岬町	藤井寺 吹　田			

都道府県			大阪府
知事			
議員			
市(区)町村長	3月	市(区)	
		町村	
	4月	市(区)	山、高槻、八尾、富田林
		町村	
	5月	市(区)	
		町村	
	6月	市(区)	
		町村	
市(区)町村議員	3月	市(区)	
		町村	
	4月	市(区)	池田、泉大津、高槻、貝塚、守口、枚方、八尾、富田林、寝屋川、門真、高石、四條畷、大阪狭山
		町村	
	5月	市(区)	
		町村	
	6月	市(区)	
		町村	

兵庫県		6/10			姫路 明石 芦屋	福崎町							神戸 宝塚 姫路 明石 西宮 芦屋 伊丹 相生 三木 小野	播磨町，太子町	加西			
奈良県	5/2	4/29			五條 生駒 大和高田	天川村，下北山村，河合町							大和郡山 天理 桜井 生駒 大和高田	三郷町，斑鳩町，安堵町，川西町，三宅町，曽爾村，上牧町，王寺町，黒滝村，野迫川村，十津川村，下北山村，平群町，河合町，大淀町，下市町，				

都道府県	知事	議員	市（区）町村長								市（区）町村議員							
			3月		4月		5月		6月		3月		4月		5月		6月	
			市(区)	町村	市(区)	町村	市(区)	町村	市(区)	町村	市(区)	町村	市(区)	町村	市(区)	町村	市(区)	町村
														上北山村，川上村				
和歌山県		4/29		美浜町		すさみ町							橋本 新宮	九度山町，高野町，すさみ町，紀美野町，湯浅町	和歌山			
鳥取県	4/12	4/29				日吉津村								日吉津村，日南町		日野町		
島根県	4/29	4/29												知夫村，海士町				
岡山県		4/29											岡山 津山 玉野	里庄町，新庄村，西粟倉村				

広島県		4/29			広島 三次 尾道	大崎上島町							東広島 呉 尾道	熊野町，坂町	広島			
山口県		4/29					周南						宇部	和木町		平生町		
徳島県	5/17	4/29				那賀町，牟岐町，神山町，石井町							小松島	石井町，佐那河内村，北島町，牟岐町，松茂町	徳島			
香川県		4/29		多度津町	東かがわ		高松						東かがわ 善通寺	三木町，宇多津町，直島町	高松 坂出 さぬき	土庄町		
愛媛県		4/29													新居浜			

都道府県	知事	議員	市（区）町村長								市（区）町村議員							
			3月		4月		5月		6月		3月		4月		5月		6月	
			市（区）	町村	市（区）	町村	市（区）	町村	市（区）	町村	市（区）	町村	市（区）	町村	市（区）	町村	市（区）	町村
高知県		4/29				東洋町，北川村，土佐町						大豊町	宿毛 室戸	安田町，奈半利町，田野町，北川村，大川村，梼原町，三原村，黒潮町	高知	土佐町		
福岡県	4/22	4/29			直方 田川 春日	新宮町，志免町，芦屋町，糸田町，川崎町，吉富町		広川町					飯塚 筑後 大川 春日 大野城 嘉麻 朝倉	鞍手町，篠栗町，志免町，須恵町，新宮町，芦屋町，水巻町，岡垣町，遠賀町，糸田町，川崎町，大任町，福智町，みやこ町，吉富町	福岡 大牟田 久留米 直方 田川 八女 古賀 筑紫野	大木町		

佐賀県		4/29	鳥栖			大町町							多久 伊万里 鹿島	基山町, 大町町, 江北町				
長崎県		4/29			長崎 佐世保	小値賀町		東彼杵町						長与町, 時津町, 川棚町, 小値賀町	長崎 大村 佐世保	東彼杵町		
熊本県		4/29			人吉	南小国町, 小国町, 御船町, 錦町, あさぎり町, 湯前町, 高森町, 水上村							熊本 人吉 荒尾 水俣 合志	錦町, 玉東町, 産山村, 高森町, 御船町, 益城町, 山江村, 南小国町, 小国町, 津奈木町, 多良木町, 水上村		菊陽町		

都道府県	知事	議員	市（区）町村長								市（区）町村議員							
			3月		4月		5月		6月		3月		4月		5月		6月	
			市（区）	町村	市（区）	町　村	市（区）	町村	市（区）	町村	市（区）	町村	市（区）	町　村	市（区）	町村	市（区）	町村
大分県	4/27	4/29	国東		大分 別府								杵築 宇佐 別府 日田 津久見	玖珠町，姫島村	中津			
宮崎県		4/29				川南町，木城町，諸塚村				綾町		門川町	日南 宮崎 小林 串間	高原町，綾町，新富町，西米良村，木城町，川南町，都農町，諸塚村，椎葉村	延岡 日向			
鹿児島県		4/29				中種子町，南種子町							阿久根 垂水 枕崎	三島村，中種子町，大崎町，東串良町，南種子町				

沖縄県						東村												
東京都特別			台東		中央 文京 墨田 江東 大田 世田谷 渋谷 豊島 北 板橋 江戸川								千代田 中央 港 新宿 文京 台東 墨田 江東 品川 目黒 大田 世田谷 渋谷 中野 杉並		江戸川 足立 練馬			

都道府県	知事	議員	市(区)町村長								市(区)町村議員							
			3月		4月		5月		6月		3月		4月		5月		6月	
			市(区)	町村	市(区)	町村	市(区)	町村	市(区)	町村	市(区)	町村	市(区)	町村	市(区)	町村	市(区)	町村
													豊島 北 荒川 板橋					
合計	10	41	5	10	86	108	15	12	4	3	0	6	272	355	59	21	0	1

3　選挙公営の種類

区分	関係法令	都道府県知事	都道府県議会議員	市町村長	市町村議会議員
1　選挙管理委員会がその全部を行うもの					
投票記載所の氏名等の掲示	法一七五（二六三、二六四）	○	○	○	○
2　内容は候補者等が提供するが、その実施は選挙管理委員会が行うもの					
ポスター掲示場の設置	法一四四の二、一四四の四（〃、〃）	○	□	□	□
選挙公報の発行	法一六七、一七二の二（二六二、〃）	○	□	□	□
3　選挙管理委員会は便宜を提供するが、その実施は候補者が行うもの					
個人演説会の公営施設使用	法一六一、一六四（二六三、〃）	○	○	○	○

4 選挙管理委員会は実施には直接関与しないが、その経費の負担のみを行うもの					
選挙運動用自動車の使用	法一四一（二六四）	□	□	□	□
通常葉書の交付	法一四二（二六三、二六四）	○	○	○	○
通常葉書の作成	法一四二	△	△	△	△
選挙運動用ビラの作成	法一四二（二六四）	□	□	□	□
選挙事務所の立札・看板の作成	法一四三	△	△	△	△
選挙運動用自動車等の立札・看板の作成	法一四三	△	△	△	△
ポスターの作成	法一四三（二六四）	□	□	□	□
新聞広告	法一四九（二六三、二六四）	○	△	△	△

政見放送	法一五〇（〃、〃）	○			
経歴放送	法一五一（〃、〃）	○			
個人演説会場の立札・看板の作成	法一四三 一六四の二	△	△	△	△
特殊乗車券の無料交付	法一七六 （二六三、二六四）	○			

備考　○印は公営で行われるもの、△印は公営で行われないもの、□印は都道府県又は市町村の条例により公営で行うことができるもの、空欄は制度のないものを示す。

4 都道府県知事の選挙において政見放送を行うことができる基幹放送事業者

区分	テレビジョン放送	ラジオ放送
北海道	札幌テレビ放送株式会社 北海道テレビ放送株式会社 北海道文化放送株式会社 北海道放送株式会社 株式会社テレビ北海道	株式会社STVラジオ 北海道放送株式会社
青森県	青森朝日放送株式会社 青森放送株式会社 株式会社青森テレビ	青森放送株式会社
岩手県	株式会社アイビーシー岩手放送 株式会社岩手朝日テレビ 株式会社岩手めんこいテレビ 株式会社テレビ岩手	株式会社アイビーシー岩手放送
宮城県	株式会社仙台放送 株式会社東日本放送 株式会社宮城テレビ放送 東北放送株式会社	東北放送株式会社

秋田県	秋田朝日放送株式会社 秋田テレビ株式会社 株式会社秋田放送	株式会社秋田放送
山形県	株式会社さくらんぼテレビジョン 株式会社テレビユー山形 株式会社山形テレビ 山形放送株式会社	山形放送株式会社
福島県	株式会社テレビユー福島 株式会社福島中央テレビ 株式会社福島放送 福島テレビ株式会社	株式会社ラジオ福島
茨城県	株式会社テレビ東京 株式会社ＴＢＳテレビ 株式会社フジテレビジョン 株式会社テレビ朝日 日本テレビ放送網株式会社	株式会社茨城放送
栃木県	株式会社とちぎテレビ	株式会社栃木放送
群馬県	群馬テレビ株式会社	株式会社文化放送
埼玉県	株式会社テレビ埼玉	株式会社ＴＢＳラジオ

千葉県	千葉テレビ放送株式会社	株式会社ニッポン放送
東京都	株式会社テレビ東京	株式会社TBSラジオ
	株式会社TBSテレビ	株式会社ニッポン放送
	株式会社フジテレビジョン	株式会社文化放送
	株式会社テレビ朝日	
	日本テレビ放送網株式会社	
	東京メトロポリタンテレビジョン株式会社	
神奈川県	株式会社テレビ神奈川	株式会社アール・エフ・ラジオ日本
新潟県	株式会社テレビ新潟放送網	株式会社新潟放送
	株式会社NST新潟総合テレビ	
	株式会社新潟テレビ二十一	
	株式会社新潟放送	
富山県	株式会社チューリップテレビ	北日本放送株式会社
	北日本放送株式会社	
	富山テレビ放送株式会社	
石川県	石川テレビ放送株式会社	北陸放送株式会社
	株式会社テレビ金沢	
	北陸朝日放送株式会社	
	北陸放送株式会社	

福井県	福井テレビジョン放送株式会社 福井放送株式会社	福井放送株式会社
山梨県	株式会社テレビ山梨 株式会社山梨放送	株式会社山梨放送
長野県	株式会社テレビ信州 株式会社長野放送 信越放送株式会社 長野朝日放送株式会社	信越放送株式会社
岐阜県	株式会社岐阜放送	株式会社岐阜放送
静岡県	株式会社静岡朝日テレビ 株式会社静岡第一テレビ 株式会社テレビ静岡 静岡放送株式会社	静岡放送株式会社
愛知県	中京テレビ放送株式会社 株式会社ＣＢＣテレビ テレビ愛知株式会社 東海テレビ放送株式会社 名古屋テレビ放送株式会社	株式会社ＣＢＣラジオ 東海ラジオ放送株式会社
三重県	三重テレビ放送株式会社	株式会社ＣＢＣラジオ

滋賀県	びわ湖放送株式会社	東海ラジオ放送株式会社 株式会社京都放送
京都府	株式会社京都放送	株式会社京都放送
大阪府	朝日放送テレビ株式会社 株式会社毎日放送 関西テレビ放送株式会社 テレビ大阪株式会社 讀賣テレビ放送株式会社	朝日放送ラジオ株式会社 大阪放送株式会社 株式会社ＭＢＳラジオ
兵庫県	株式会社サンテレビジョン	株式会社ラジオ関西
奈良県	奈良テレビ放送株式会社	朝日放送ラジオ株式会社 大阪放送株式会社 株式会社ＭＢＳラジオ
和歌山県	株式会社テレビ和歌山	株式会社和歌山放送
鳥取県	株式会社山陰放送 山陰中央テレビジョン放送株式会社 日本海テレビジョン放送株式会社	株式会社山陰放送
島根県	株式会社山陰放送 山陰中央テレビジョン放送株式会社 日本海テレビジョン放送株式会社	株式会社山陰放送

岡山県	岡山放送株式会社	RSK山陽放送株式会社
	RSK山陽放送株式会社	
	テレビせとうち株式会社	
広島県	株式会社中国放送	株式会社中国放送
	株式会社テレビ新広島	
	株式会社広島ホームテレビ	
	広島テレビ放送株式会社	
山口県	テレビ山口株式会社	山口放送株式会社
	山口朝日放送株式会社	
	山口放送株式会社	
徳島県	四国放送株式会社	四国放送株式会社
香川県	株式会社瀬戸内海放送	西日本放送株式会社
	西日本放送株式会社	
愛媛県	株式会社テレビ愛媛	南海放送株式会社
	株式会社あいテレビ	
	株式会社愛媛朝日テレビ	
	南海放送株式会社	
高知県	高知さんさんテレビ株式会社	株式会社高知放送
	株式会社高知放送	

	株式会社テレビ高知	
福岡県	RKB毎日放送株式会社 株式会社TVQ九州放送 株式会社テレビ西日本 株式会社福岡放送 九州朝日放送株式会社	RKB毎日放送株式会社 九州朝日放送株式会社
佐賀県	株式会社サガテレビ	長崎放送株式会社
長崎県	株式会社テレビ長崎 株式会社長崎国際テレビ 長崎文化放送株式会社 長崎放送株式会社	長崎放送株式会社
熊本県	株式会社熊本県民テレビ 株式会社熊本放送 株式会社テレビ熊本 熊本朝日放送株式会社	株式会社熊本放送
大分県	大分朝日放送株式会社 株式会社大分放送 株式会社テレビ大分	株式会社大分放送
宮崎県	株式会社テレビ宮崎	株式会社宮崎放送

	株式会社宮崎放送	
鹿児島県	鹿児島テレビ放送株式会社	株式会社南日本放送
	株式会社鹿児島放送	
	株式会社鹿児島讀賣テレビ	
	株式会社南日本放送	
沖縄県	沖縄テレビ放送株式会社	株式会社ラジオ沖縄
	琉球朝日放送株式会社	琉球放送株式会社
	琉球放送株式会社	

本表については変更となっている場合があるので、事前に都道府県選挙管理委員会に問い合わせるとよい。

5　都道府県知事の選挙において政見放送の申し込みができる日本放送協会の指定放送局一覧表

区域	放送局
北海道	札幌放送局
青森県	青森放送局
岩手県	盛岡放送局
宮城県	仙台放送局
秋田県	秋田放送局
山形県	山形放送局
福島県	福島放送局
茨城県	水戸放送局
栃木県	宇都宮放送局
群馬県	前橋放送局
埼玉県	さいたま放送局
千葉県	千葉放送局
東京都	本部
神奈川県	横浜放送局
新潟県	新潟放送局
富山県	富山放送局
石川県	金沢放送局
福井県	福井放送局
山梨県	甲府放送局
長野県	長野放送局
岐阜県	岐阜放送局
静岡県	静岡放送局
愛知県	名古屋放送局
三重県	津放送局
滋賀県	大津放送局
京都府	京都放送局
大阪府	大阪放送局
兵庫県	神戸放送局
奈良県	奈良放送局
和歌山県	和歌山放送局
鳥取県	鳥取放送局
島根県	松江放送局
岡山県	岡山放送局
広島県	広島放送局
山口県	山口放送局
徳島県	徳島放送局
香川県	高松放送局
愛媛県	松山放送局
高知県	高知放送局
福岡県	福岡放送局
佐賀県	佐賀放送局
長崎県	長崎放送局
熊本県	熊本放送局
大分県	大分放送局
宮崎県	宮崎放送局
鹿児島県	鹿児島放送局
沖縄県	沖縄放送局

し

す

せ

そ

た

ち

6　五十音順索引

お知らせ

本書の発行後に、重要な法令改正等が行われた場合は、ぎょうせいオンラインショップ（https://shop.gyosei.jp）でお知らせします。

統一地方選挙の手引　令和５年

令和５年２月28日　第１刷発行

編　集　選挙制度研究会

発　行　株式会社　ぎょうせい

〒136-8575　東京都江東区新木場１-18-11
URL : https://gyosei.jp

フリーコール　0120-953-431
ぎょうせい　お問い合わせ　検索　https://gyosei.jp/inquiry/

〈検印省略〉

印刷　ぎょうせいデジタル㈱

ISBN978-4-324-11246-5
(5181423-00-000)
〔略号：統一地選（令５）〕